宋代宾礼研究

许玉龙 著

河南大学出版社
HENAN UNIVERSITY PRESS
·郑州·

图书在版编目(CIP)数据

宋代宾礼研究 / 许玉龙著. -- 郑州：河南大学出版社，2021.12
ISBN 978-7-5649-4938-9

Ⅰ.①宋… Ⅱ.①许… Ⅲ.①宾礼-研究-中国-宋代 Ⅳ.①K892.98

中国版本图书馆 CIP 数据核字(2021)第 261516 号

责任编辑	马　博　展文婕	
责任校对	时二凤	
封面设计	马　龙	

出　版	河南大学出版社			
	地址：郑州市郑东新区商务外环中华大厦2401号　邮编：450046			
	电话：0371-86059701(营销部)　网址：http://HUPRESS.henu.edu.cn			
排　版	河南大学出版社设计排版部			
印　刷	广东虎彩云印刷有限公司			
版　次	2021年12月第1版	印　次	2021年12月第1次印刷	
开　本	787 mm×1092 mm　1/16	印　张	15.5	
字　数	200 千字	定　价	58.00 元	

版权所有·侵权必究
本书如有印装质量问题，请与河南大学出版社营销部联系调换

目　　录

绪　论 …………………………………………………………… 1
　　第一节　选题缘由 …………………………………………… 1
　　第二节　相关概念界定 ……………………………………… 4
　　第三节　文献综述 …………………………………………… 6
　　第四节　主要内容及研究方法、史料、创新点 …………… 22
第一章　北宋之前历代宾礼沿革 ……………………………… 24
　　第一节　先秦时期的"宾"及宾礼演变 …………………… 25
　　第二节　两汉、魏晋南北朝时期的宾礼 …………………… 38
　　第三节　唐代的宾礼 ………………………………………… 47
　　本章小结 ……………………………………………………… 55
第二章　宋代礼书中的宾礼——基于礼仪修定及"宾"意涵的探讨
　　……………………………………………………………… 57
　　第一节　北宋前期礼书中的宾礼——继承与转型 ………… 57
　　第二节　北宋末至南宋时期礼书中的宾礼——变调与反正 … 65
　　第三节　北宋后期宾礼内涵演变的思想渊源——以宋人解
　　　　　　《周易》"观六四"卦为例 …………………………… 81
　　本章小结 ……………………………………………………… 89

第三章　宋朝对各政权的宾礼——基于宾礼仪式的探讨 ……… 91
第一节　宋对蕃国（部、客）的宾礼 ……………………… 92
第二节　"澶渊之盟"后的对辽宾礼——以朝见仪为中心 … 109
第三节　北宋末年至南宋时期的对金宾礼 ………………… 128
第四节　宋代宾礼的特质 …………………………………… 145
本章小结 ……………………………………………………… 152

第四章　宋代宾礼的影响因素 …………………………………… 154
第一节　"夷夏"观念与宋代宾礼 …………………………… 155
第二节　地缘关系与宋代宾礼 ……………………………… 193
本章小结 ……………………………………………………… 207

结　语 ……………………………………………………………… 209

参考文献 …………………………………………………………… 217

后　记 ……………………………………………………………… 243

绪　　论

礼是构成中华文明的重要元素,其创制与行用是古代汉文化圈诸国的重要活动。儒家经典将礼分为吉、凶、军、宾、嘉五种,后世亦以五礼体系修定礼典。作为五礼之一的宾礼,是一国接待敌国或藩国主、使的礼仪。作为政治的外延,宾礼撰修及行用的变化,在某种层面上正是政权间关系演变的具体体现。

第一节　选题缘由

《周礼》记大宗伯之职"以宾礼亲邦国。春见曰朝,夏见曰宗,秋见曰觐,冬见曰遇,时见曰会,殷见曰同,时聘曰问,殷眺曰视"。① 此既指出宾礼的实际政治功能,又点明其所适应的礼仪场合。维系周天子与诸侯以及各诸侯之间的关系,正是西周宾礼设计的初衷。在此框架内,西周时期确立了以血缘为纽带的邦国亲疏关系,此时的宾礼实为规范周天子与诸侯之间朝聘秩序。

春秋战国时期"以周礼为核心的传统社会政治秩序和道德规范

---

① (汉)郑玄注,(唐)贾公彦疏:《周礼注疏》卷18,见(清)阮元校刻《十三经注疏》,中华书局,1980,第759页下栏。

全面瓦解"。① 周天子与诸侯之间的这条礼仪纽带出现断裂的趋势，诸侯势大使宾礼逐渐下行，宾礼成为诸侯间朝聘活动的规范。秦、汉大一统，分封制的彻底崩解，原有的宾礼仪范丧失了存续的基础。但先秦宾礼的残影仍在，郡国诸侯虽时被汉帝待之以宾礼，但此时的宾礼内容更偏向于汉帝待四夷之礼，这表明"封建"制度瓦解后中心与边缘的矛盾日渐显现。

此时期新的礼仪制度并未成型，复古与继新的争端成为两汉至曹魏礼制实践的重要内容。尽管关于礼仪、礼制的讨论层出不穷，秦汉三国时期却并未形成如西周一般的五礼体系。此时期的礼仪争论对两晋至隋唐的礼仪制度产生了深远的影响。② 行用于后世的五礼制度重新确立于两晋南北朝时期，③之后历代礼制皆在五礼体系内运行。《晋书·礼志下》记晋代的宾礼仍为"朝宗、觐遇、会同之制"，与《周礼》对宾礼的记述同。④ 南北朝诸政权并立，宾礼逐渐成为一种兼具敌国与四夷的礼仪。

之后随着疆域的扩张，新的大一统局面的形成，隋、唐帝国在各项制度方面均有新的创建，于礼制建设方面亦然。唐玄宗时期修成《大唐开元礼》，可被视为隋唐时期礼制建设方面最重要的成就。此书将宾礼限定为蕃国之主与使节前来朝聘之礼，其所体现与维护的是盛唐对四夷的超然地位。

宋初修礼活动始于太祖年间，"本唐《开元礼》而损益之"，⑤修成

---

① 张平、纪兴：《论礼崩乐坏与礼学的形成》，《燕山大学学报》（哲学社会科学版）2002年第2期。
② 参见杨华：《论〈开元礼〉对郑玄和王肃礼学的择从》，《中国史研究》2003年第1期。
③ 参见梁满仓：《魏晋南北朝五礼制度考论》，社会科学文献出版社，2009，第126—127页。
④ 参见（唐）房玄龄等：《晋书》卷21《礼志下》，中华书局，1974，第649页。
⑤ （元）脱脱等：《宋史》卷98《礼志一》，中华书局，1977，第2421页。

《开宝通礼》。这次修礼虽事起仓促,但也是北宋初期欲有为的进取倾向在礼仪修定中的体现。宋真宗时期的制礼活动,分列各政权的仪注,是日益多元化的政权间关系在礼仪层面的体现。区域关系中宋辽对等及二者高于其他政权的关系同时存在,是宾礼仪文具体化的重要原因之一。与之相同,宋金之间的宾礼也是双方在区域关系中长期对峙的体现。与宋、辽、金同时期的高丽,在借鉴唐宋文化的基础上亦修定五礼,但其宾礼内容及形式则与宋的宾礼内容迥然相异,这是高丽与宋相异的区域地位决定的。

宾礼的演变反映出政权间关系的变化,但是这种反映是否是经过时人粉饰的,又需做具体考虑。赵冬梅指出礼仪反映的通常是过去的旧秩序[①],同理,宾礼仪文所展现的也多是过往政权之间的关系,而一些偶发因素往往会影响到宾礼的具体行用。宋代宾礼与现实政权间关系出现相悖的情况并不稀见,如南宋时期对金宾礼书写及"受书"礼在实际礼仪活动中的行用,高丽时期的宾礼取舍及其在各政权往来中的礼仪行用等。时人观念及政权间地缘关系的变化往往会导致礼仪行为与政权间关系现实的疏离。

因此,宾礼的演变与历史时期中原与周边政权关系的变化紧密相关,通常可以将宾礼视为各政权间关系演变、实力消长的体现。宾礼的行用依赖于政权间关系格局,一旦这种稳定的格局被打破,"礼"的存续也将受影响。通过对宋代宾礼的实际状况进行考察有助于从侧面把握区域范围内各政权关系的演变,亦有助于从整体上把握区域关系格局变化的脉络。宾礼虽能体现不同政权间的关系亲疏、地位高低,但在特定的区域局势下,宾礼并不能如实地反映区域局势的实况与全貌。因此,通过对宋代宾礼仪文书写及礼仪行用情况的综

---

① 参见赵冬梅:《文武之间:北宋武选官研究》,北京大学出版社,2010,第10页。

合分析研究,探讨各政权在宾礼中对自身及周边政权的定位,深究宾礼仪文所体现的政权间关系与现实区域关系的差异,就目前而言,仍有一定的学术价值。

尽管近代以来的国际关系格局相较于帝制时期发生了天翻地覆的变化,但是在探讨当今国际关系格局以及处理国际关系问题时,仍有必要综合考虑历史时期区域关系格局的维系及变动问题。东亚诸国在历史时期长期受到儒家思想的影响,其制度、文化等方面多模仿中原政权。历史时期,在当今的东亚范围内长期存在着一个以中原政权为中心(或者说"中心之一")的朝贡体系,"礼"是维系这一体系的重要手段,体系内的诸政权按照一定的礼法开展使节往来。"礼"可被视为诸政权相互认可的行为规范。现代国际体系虽强调契约精神,并据此形成一系列的国际关系条约、协议,但是这些条约与协议对签署国的约束力有限。在面对地缘冲突时,仍需要域内大国的调停,需要通过双边或者多边和谈促成区域局势的稳定,与以"礼"为基础的朝贡体系间存在某些相似因素。当前,由朝鲜半岛问题引发的区域局势动荡可能会长期存在,某些国家的单边行为往往会加剧这种动荡,这深刻地影响着东亚国际关系格局。因此,研究宾礼及两宋时期宋与周边政权之间关系的维系,有助于了解"礼"在维护区域关系稳定方面的作用,加深对相关问题历史渊源的了解,具有一定的现实意义。

第二节 相关概念界定

首先,关于"宾"的含义。"宾礼"中"宾"的具体所指在各历史时期都有不同,西周时期的宾礼大略指诸侯之"朝聘者"①,同时兼及四夷。不过五等诸侯为"大宾",四夷君长为"小宾"。春秋战国时期,周王式微,宾礼逐渐演变为诸侯之间的聘使往来礼仪,此时之"宾"大略与西周时期的"客"同,指诸侯之卿、大夫。两汉时期,汉帝时常以家人之礼(事实上即是宾礼)待来朝之刘姓诸王,但"宾"多指来朝之四夷君长及其使节。两晋南北朝时期五礼制度重建,宾礼中的"宾"既指蕃王,又指四夷君长,先代后裔(二王三恪)亦为现世之宾。至盛唐时期,礼典中所认同的"宾"专指四夷君长及其使者。宋人在继承唐礼的基础上,基本上延续了唐人对"宾"意涵的理解。尽管宋徽宗时期将朝参之礼纳入宾礼范畴,视诸臣为"宾",但这只是君主欲有为而弹出的变调,两宋大部分时段内,"宾"专指四夷之使节及先代后裔。以上所指皆契合古人所言之"诸侯见天子称之曰'宾',不纯臣"之意。② 朱溢的研究指出中国历史时期的宾礼实施对象是"不完全或完全不臣服于本朝皇帝的政治体或政治机构的首领、使者"。③ 故本文研究所涉及宋代宾礼中的"宾"即专指其他政权之使者。

其次,关于"宾礼"。王贞平在讨论唐代的宾礼时,将宾礼划分为"广义宾礼"与"狭义宾礼"。"广义宾礼"指其他政权使者入唐境之后直至其离开唐境这一段时间内所受到唐廷及地方官员的礼遇;而"狭义宾礼"则专指使者在唐都受到的礼遇。④ 照此分类,先秦时期礼书

---

① (汉)郑玄注,(唐)贾公彦疏:《周礼注疏》卷18,见(清)阮元校刻《十三经注疏》,中华书局,1980,第760页上栏。
② 如清人黄以周在论及诸侯的朝觐礼仪时即引用相关经籍论述了诸侯是否"不纯臣"的话题,最终认为周天子待诸侯以宾礼,诸侯为"不纯臣"。详见(清)黄以周著,詹亚园点校:《礼书通故》卷29《觐礼通故二》,见氏著、詹亚园、韩伟表主编《黄以周全集》,上海古籍出版社,2014,第1158页。
③ 朱溢:《中古中国宾礼的构造及其演进——从〈政和五礼新仪〉的宾礼制定谈起》,《中华文史论丛》2015年第2期。
④ 参见王贞平:《唐代宾礼研究——亚洲视域中的外交信息传递》,中西书局,2017,序言第1页。

中所记"宾礼"从诸侯准备朝聘周天子开始,至其离开周境为止,应属于"广义宾礼"范畴。但是至两汉以后,仪文中所见的宾礼基本上围绕使者在国都或者朝堂之上的礼仪活动展开,基本应被视为"狭义宾礼",本文研究的宋及高丽的宾礼基本应属于"狭义宾礼"的范畴。

第三节　文献综述

20世纪以来,学界关于礼制的研究已取得较为丰硕的成果,其中尤以吉礼为大宗,受史料所限,专门以宾礼为主要研究对象的研究相对稀少。至20世纪末以来,针对宾礼与交聘礼仪的研究始逐渐增多,但针对各时期的研究仍分布不均,两宋时期的宾礼研究仍有可以深入的空间。至于宾礼书写与行用背后的政权间关系问题,学者们做了相应研究,出现了一批有创见的论著,且相关理论逐渐体系化。对于宋代区域内各政权使节往来的研究,亦有丰富的成果问世。本节从两宋时期的宾礼和10—13世纪东亚区域内政权间关系两方面对现有研究进行简要阐述。

一、宋代宾礼研究概况

按现有研究与本论题的相关度,大致分三部分进行介绍。

1. 对礼仪制度的综合性研究,其中涉及两宋同时期各政权的宾礼

国内最早针对宾礼的系统研究见于李无未《中国历代宾礼》,该书对历朝的宾礼进行了详细勾勒,其中对两宋时期的宾礼有所关注;该书不止留意正史中礼志的记载,对使节往来中的交际之礼、庶人相

见礼仪亦有所涉及,但基本以礼仪环节的叙述为主。① 胡戟②、杨志刚③等对历代礼仪沿革做了相应考述,对五礼体制下的宾礼诸种形式的沿革亦有述及。陈成国对中国历史时期的礼制进行了详细叙述,其《中国礼制史·宋辽金夏卷》一书基于外交礼仪受外交政策及立国方针支配的观点,从赵宋外交出发,对宋代的外交礼仪做了相应考察,同时对辽、金外交仪礼、外国使接见仪以及西夏的外交仪礼都有相应的论述。④ 徐美莉系统地讨论了中国古代客礼的意义、仪式及应用范围,并对客礼与宾礼的关系进行具体分析,认为客礼在古代只是宾礼的一部分,并不等同于宾礼,"宾礼是将平等意义上的客礼与表示尊卑关系的君臣礼相聚合的结果;宾礼制度之中虽然含有客礼的因素,但宾礼制度的总精神与客礼完全相反,宾礼的总精神是严格标志君臣之分,而客礼则昭示着平等";徐氏认为《宋史》中所收录的宾礼即包括"臣礼"和"客礼"两种不同的内容。⑤

2. 关于宋代宾礼的研究

关于唐宋宾礼的研究概况,朱溢在《中古中国宾礼的构造及其演进——从〈政和五礼新仪〉的宾礼制定谈起》《唐至北宋时期宾礼的礼仪空间》等文中已有所提及,本小节在以上诸文所做综述的基础上,对该时期宾礼的研究成果进行简述。

首先,两宋时期的宾礼基本依据唐礼呈现的形式,结合当时区域局势的变动做出相应的改动。关于宋代宾礼的建构研究,如杨渭生对宋代的礼制与宗法有所提及,其中多有涉及宋代宾礼的内容。⑥

---

① 李无未:《中国历代宾礼》,北京图书馆出版社,1998。
② 胡戟:《中华文化通志·礼仪志》,上海人民出版社,1998。
③ 杨志刚:《中国礼仪制度研究》,华东师范大学出版社,2001。
④ 陈成国:《中国礼制史·宋辽金夏卷》,湖南教育出版社,2001。
⑤ 徐美莉:《中国古代的客礼》,《孔子研究》2008年第4期。
⑥ 杨渭生等:《两宋文化史研究》,杭州大学出版社,1998。

金成奎认为宋代宾礼是在唐代宾礼的基础上结合当时区域局势的变化而形成的，宋代在维持"世界中心观"的基础上出现对敌国的宾礼是此时期宾礼的新变化。相较于《大唐开元礼》，辽、金宾礼更接近宋礼，通过金代宾礼的相关仪文可以窥探宋代宾礼无法完整体现的内容。① 王志跃认为史官修《宋史》时依据《政和五礼新仪》将原属嘉礼的朝会礼等划为宾礼，既打破了陈规，也彰显了宋礼的时代特点。②

朱溢在对比唐宋宾礼形式异同的基础上指出宋代"宾礼的制定原则发生了大幅变化"，又进一步指出宋代依政权确定蕃使来朝礼仪，旨在凸显"对不同周边政权进行差别对待"，这主要由于北宋周边局势的变化迫使北宋"放弃了对一元化天下秩序的追求"。③ 其又从帝制时期宾礼概念界定不明的情况出发，从《政和五礼新仪》对宾礼的调整入手，对宾礼的内涵及其变化进行探讨，确认了中古中国"宾礼的实施对象始终是那些不纯臣或完全不臣服于本朝皇帝的政治体或政治机构的首领、使者，只不过在不同的历史情境下，宾礼的具体对象不同而已"的结论。④

其次，关于对礼书中的宾礼及仪文内容的具体考辨。张文昌对唐宋时期的礼典、礼书做了详细梳理，其中对宋代相关礼书中的宾礼内容有涉及。⑤ 汤勤福、王志跃结合现存的其他历史文献对《宋史·礼志》的相关内容进行考证、辨析，其中对宾礼部分的辨证有助于全

---

① 参见（韩）金成奎：《宋代东亚区域内宾礼的成立与性格》（金成奎，"宋代 東아시아에서 賓禮의 成立과 그 性格"，《东洋史学研究》2000年总第72辑。
② 王志跃：《宋代礼制研究》，人民出版社，2017，第129页。
③ 朱溢：《北宋宾礼的建立及其变迁——以礼仪制定原则的讨论为重点》，《学术月刊》2014年第4期。
④ 朱溢：《中古中国宾礼的构造及其演进——从〈政和五礼新仪〉的宾礼制定谈起》，《中华文史论丛》2015年第2期。
⑤ 张文昌：《制礼以教天下——唐宋礼书与国家社会》，"国立"台湾大学出版中心，2012。

面了解《宋史·礼志》记载失当之处。① 尹承对《太常因革礼》新礼部分的宾礼进行讨论,对宋代初期的宾礼与《大唐开元礼》中所见之宾礼的异同进行了细致的比较,认为宾礼见辞与其他纯粹的礼仪项目不同,可被视作"实际行用的外交制度";宋初的宾礼仪制相较于《大唐开元礼》多出"使节进书、升殿通问后返回殿庭,通名朝拜,皇帝对使人赐物"等环节;宋初的宾礼多行于内朝。同时尹氏亦认为北宋朝廷对相关礼制有一个制度共识,制度的空间不允许朝臣逾越这一共识而取悦皇帝;并指出唐宋宾礼环节及行用空间的不同,可被视为判断周边政权究竟是借鉴唐礼还是宋礼的重要标准。② 汤勤福有专文涉及宋、金宾礼条目的类比。③

再次,关于宾礼的行用问题。藤善真澄通过对日本来华僧人成寻所著《参天台五台山记》一书进行分析,探讨了北宋时期宾礼的行用状况。④ 曹家齐讨论了北宋接待外国使客的制度,并对其中的相关礼仪环节有所交代。⑤ 朱溢对北宋时期外交机构的形成与演变进行了深入考察,认为北宋相较于唐代,针对不同的政权有不同的外交事务管理机构,主要原因在于宋代复杂的官制体系及官制改革的影响,同时此时北宋所面临的外部局势比唐代更为复杂、紧张,这是北宋应对复杂局势的方法。⑥ 另朱氏也以礼仪空间为切入点,关注唐宋时期中央朝廷面对新的历史环境对宾礼所做的调整,并强调对不

---

① 汤勤福,王志跃:《宋史礼志辨证》,上海三联书店,2011。
② 参见尹承:《〈太常因革礼〉研究》,博士学位论文,山东大学,2015,第89页。
③ 汤勤福:《宋金〈礼志〉比较研究》,《史学集刊》2018年第4期。
④ (日)藤善真澄:《参天台五台山记研究》(藤善真澄,"参天台五臺山記の研究"),转引自朱溢:《中古中国宾礼的构造及其演进——从〈政和五礼新仪〉的宾礼制定谈起》,《中华文史论丛》2015年第2期。
⑤ 曹家齐:《宋朝对外国使客的接待制度——以〈参天台五台山记〉为中心之考察》,《中国史研究》2011年第3期。
⑥ 朱溢:《北宋外交机构的形成与演变——以官僚体制和周边局势的变动为线索》,《史学月刊》2013年第12期。

同政权的区别对待是"澶渊之盟"后宾礼的首要特色。①

有关南宋宾礼行用问题的讨论主要集中于两宋在礼仪制度方面的一惯性问题,南宋在礼仪制度、仪注等方面多与北宋类同;另一方面,南宋与金的受书礼仪之争历时颇久,这吸引了研究者较多的注意。赵永春②、范有芳③等对宋金之间以"受书礼"为中心的礼仪争端问题进行了史实方面的梳理与说明。吴淑敏认为宋孝宗朝的"受书仪"之争实质是南宋为从形式上改变宋弱金强的政权间关系格局而做出的努力,也是对南宋朝局中"恢复"议论的回应,"受书仪"争端的激化与消弭反映南宋朝臣在"恢复"议题上意见的变化。④

上述研究多是就"狭义宾礼"范畴下的宾礼诸问题展开,然而当前研究更多地关注"广义宾礼"范畴下的政权间交聘礼仪,在这些研究中虽涉及"狭义宾礼"的内容,但未成为主要关注对象。聂崇岐从宋辽之间的邦交实况、使节选派、国书体式、仪注、礼仪行用中的外使接待等多方面对宋辽交聘礼仪进行了全方位的分析,其中仪注及接待礼仪部分与本文所述内容相关。⑤ 李辉对宋金之间的交聘礼仪、使节选派等问题进行了梳理考辨,其中对《金史·交聘表》的补正对

---

① 朱溢:《唐至北宋时期宾礼的礼仪空间》,《成大历史学报》2014 年总第 47 期。
② 赵永春:《宋金关于"受书礼"的斗争》,《民族研究》1993 年第 6 期;赵永春《宋金关于交聘礼仪的斗争》,《昭乌达蒙师专学报》1996 年第 3 期。
③ 范有芳:《宋孝宗为改变不平等"受书礼"的斗争》,《松辽学刊》1997 年第 1 期。
④ 吴淑敏:《"隆兴和议"后的宋金"受书仪"之争》,《北京社会科学》2019 年第 4 期。
⑤ 聂崇岐:《宋辽交聘考》,见氏著《宋史丛考》,中华书局,1980,第 283—375 页。

全面了解金宋之间的交聘活动颇有裨益。① 曹显征②、王慧杰③的研究皆涉及辽宋交聘礼仪方面的内容。王大鹏对宋金双方的宴饮、朝见、受书之仪均做了论述和说明。④ 高同同对两宋与高丽之间的聘问活动进行了全面考察,对相关聘问礼仪进行论说,并认为"地主国对使节再朝活动有着极为严苛的规定",使客的一应活动皆受限制与监督。⑤ 这实际是指明礼仪在规范约束使客方面的作用。

二、两宋时期政权间关系研究概况

宾礼的出现、礼仪内容形式的演变都以一定的区域关系格局为基础,亦在一定的体系框架之下运作。在某种程度上可将宾礼视作宾主双方政权地位的体现。因此,有必要对政权间的关系以及对此时期朝贡体系的研究概况进行相应回顾。

1. 两宋时期诸政权之关系

关于两宋时期政权间关系问题的研究肇端于20世纪上半叶,一批历史学者对此做了相应的考察,如谢诒徵⑥、聂崇岐⑦、傅乐焕⑧

---

① 李辉:《宋金交聘制度研究1127—1234》,上海古籍出版社,2014。
② 曹显征:《辽宋交聘制度研究》,博士学位论文,中央民族大学,2006,第52—61页。
③ 王慧杰:《宋朝遣辽使臣群体研究》,社会科学文献出版社,2016,第161—202页。
④ 王大鹏:《宋金交聘礼仪研究》,硕士学位论文,辽宁大学,2013,第29—35页。
⑤ 高同同:《宋朝与高丽聘问研究》,硕士学位论文,暨南大学,2017,第119页。
⑥ 谢诒徵:《宋之外交》,大东书局,1935。
⑦ 聂崇岐:《宋辽交聘考》,见氏著《宋史丛考》,中华书局,1980,第283—375页。
⑧ 傅乐焕:《宋辽交聘表稿》,见氏著《辽史丛考》,中华书局,1984,第179—285页。

等。20世纪下半叶,姚从吾①、陶晋生②、杨渭生③、李华瑞④、赵永春⑤、王民信⑥等对此时期诸政权的关系问题做了大量研究。国外学者针对此问题也有相关论述,如卢启铉⑦等。

21世纪以来,有关此时期诸政权关系史的研究成果层出不穷,目前已有部分综述类文章对此方面的研究现状进行总结。袁志鹏《澶渊之盟研究述论》⑧、王欣欣和吕洪伟《近二十年大陆地区宋辽关系研究述评》⑨等文对宋辽关系史作了较为系统的综述;穆鸿利《关于宋金关系的研究与反思——从〈宋金关系史研究〉一书引发的思考》⑩一文对20世纪的宋金关系史研究有简要的回顾;历年的《宋史研究综述》也多涉及对此时期政权间关系研究进行评述的内容;周立志《宋朝外交运作研究》对此时期国际关系的研究概况做了相应综述,等等。笔者无意对相关研究成果一一列举,仅择其要陈述如下。

关于宋辽关系的研究,陶晋生探讨了两宋在面对辽金竞争与压迫的情况下,基于现实,采取务实的外交策略,与辽、金保持了大致的对等关系;其次对宋辽地方之间的交涉与文书往来问题进行了探讨;

---

① 姚从吾:《辽金元史讲义》,正中书局,1973。
② 陶晋生:《宋辽关系史研究》,联经出版事业公司,1984。
③ 杨渭生:《宋丽关系史研究》,杭州大学出版社,1997。
④ 李华瑞:《宋夏关系史》,河北人民出版社,1998。
⑤ 赵永春:《金宋关系史研究》,吉林教育出版社,1999。
⑥ 王民信:《高丽与契丹关系研究》,见氏著《王民信高丽史研究论文集》,"国立"台湾大学出版中心,2010,第79-190页。
⑦ (韩)卢启铉:《高丽外交史》,延边大学出版社,2002。该书韩文版于1994年由韩国甲寅出版社出版。
⑧ 袁志鹏:《澶渊之盟研究述论》,《衡水学院学报》2010年第3期。
⑨ 王欣欣、吕洪伟:《近二十年大陆地区宋辽关系研究述评》,《黑龙江民族丛刊》2013年第4期。
⑩ 穆鸿利:《关于宋金关系研究的反思与探索——从〈宋金关系史研究〉一书引发的思考》,《社会科学战线》2002年第1期。

最后对金朝在中国历史中的地位问题进行了分析。① 陶玉坤对辽宋之间的边疆、间谍、契丹归明人等问题进行了深入的探讨,该文认为北宋对契丹归明人政策的调整与辽宋关系的变化有直接关系;同时该文也指出对辽宋关系的发展脉络从宏观上进行把握,有助于对辽宋之间关系的具体问题进行合理的分析。② 赵永春认为"澶渊之盟"是具有双重性的盟约,其奠定的宋辽和平局面是值得肯定的,但是以岁币换和平的方式为双方关系的发展埋下了隐患。③

在宋金、宋丽关系方面,倪洪以"大宋史"和"东亚世界"的视野,探讨了宋金"海上之盟"确立前后东亚世界政治格局的变化,海上之盟打破了以辽为中心的东亚政治旧格局,确立了以金为中心的东亚政治新格局,改变了宋与北族政权的实力对比,是推动时局鼎革的重要因素之一。④ 全海宗《中韩关系史论集》⑤中部分文章涉及宋丽之间的外交关系问题,如《朝中关系概观》和《论宋丽交流》等。这些文章大致认为宋丽两国的使节往来在朝贡体系的框架之内运行。魏志江认为在宋丽关系中,宋始终奉行"联丽制辽"的政策,而高丽则奉行对辽宋的"二元"朝贡体制,奠定了辽在东亚地区秩序中的中心地

---

① 陶晋生:《对等:辽宋金时期外交的问题》,"中央"研究院历史语言研究所,2013。
② 陶玉坤:《辽宋关系研究》,博士学位论文,内蒙古大学,2005。
③ 赵永春:《试论"澶渊之盟"对宋辽关系的影响》,《社会科学辑刊》2008年第2期。
④ 倪洪:《宋金海上联盟时期东亚政治格局演变研究》,博士学位论文,上海师范大学,2016。
⑤ (韩)全海宗著,全善姬译:《中韩关系史论集》,中国社会科学出版社,1997。

位。① 赵丽媛②和郑福祥③分别论述了不同时期的宋丽关系演变。

关于政权间的多边关系问题,陶晋生《宋辽关系史研究》、黄纯艳《宋代朝贡体系研究》、黄宽重《高丽与金、宋的关系》④都关注到辽、宋、高丽以及宋、金、高丽之间的三角关系。虞云国注意到十至十三世纪中国疆域之内各并立政权之间的互动关系以及在多边关系中均衡态势的维持问题。⑤ 魏志江对辽金与高丽的关系做了全面论述。⑥ 林国亮以高丽视角探讨了高丽与辽、宋、金关系的演变以及高丽与辽、宋、金关系差异的原因,深究"高丽视野下东亚国际政治外交运行模式(册封体制)、内在动力及其深层次理论支持"。⑦

2. 关于政权间交聘活动的研究

有关政权间交聘活动的研究,聂崇岐《宋辽交聘考》对宋辽之间的交聘制度作了全面考察,文末所附宋辽往来聘使表直观地反映出宋辽之间的使节往来概貌。傅乐焕《宋辽交聘表稿》、张亮采《补辽使交聘表》⑧皆对宋辽之间的交聘情况及使节往来进行了相关考述、补

---

① 魏志江:《辽宋丽三国关系与东亚国际秩序》,复旦大学韩国研究中心编《韩国研究论丛》第4辑,上海人民出版社,1998,第310-325页。该文后收录于氏著《中韩关系史研究》,中山大学出版社,2006,第44-56页。
② 赵丽媛:《十一世纪中下叶宋丽关系研究》,硕士学位论文,陕西师范大学,2013。
③ 郑福祥:《两宋之交(1100-1164年)宋丽关系研究》,硕士学位论文,陕西师范大学,2014。
④ 黄宽重:《高丽与金、宋的关系》,载《南宋史研究集》,新文丰出版公司,1985,第265-306页。
⑤ 虞云国:《试论十至十三世纪中国境内诸政权的互动》,《中华文史论丛》总第79期,2005,第245-266页。
⑥ 魏志江:《中韩关系史研究》,中山大学出版社,2006。
⑦ 林国亮:《高丽与宋辽金关系比较研究——以政治外交为中心》,博士学位论文,延边大学,2011。
⑧ 张亮采:《补辽使交聘表》,中华书局,1958。

正,并对宋辽之间所遣使节进行了归类总结。黄凤岐①和顾吉辰②对宋辽、宋夏间的交聘活动及交聘制度做了相应考述。孙建民和顾宏义对宋丽之间的交聘关系进行了简要梳理。③

吴晓萍对宋代的聘使制度以及宋与诸政权的交聘礼仪进行了详细论述。④ 贾玉英将交聘作为一种制度考察,探讨其形成与演变、机构与职能,并指出泛使是指往来不常的特别使节。⑤ 苗书梅和刘秀荣对宋代管理外交使节的制度进行了扼要概述。⑥

曹显征对辽宋之间交聘活动的形成、制度化的过程做了相应考述,将研究重点集中在宋辽交聘活动中的接伴与馆伴使方面,"通过辽宋两朝不同时期的交聘政策、接伴使、馆伴使、国信使等制度的实行、交聘机构的设置及使臣的任命、选派和奖惩制度等的分析,从深层次上探究辽宋两朝交聘关系从确立到破裂的原因及实质"。⑦ 但是其对结伴使、馆伴使的研究多从宏观立论,对其中的一些重要关节有所忽视。王慧杰重点关注宋辽关系往来中的遣辽使臣群体,从使节往来、政治、官制、生态环境及社会生活诸方面对遣辽使臣群体做系统考察,并对宋遣辽使臣在外交信息传递、经济、文化交流方面的作用给予较为积极的评价。李辉对南宋、金的聘使制度、南宋国信使

---

① 黄凤岐:《辽宋交聘及其有关制度》,《社会科学辑刊》1985年第2期。
② 顾吉辰:《宋——西夏交聘考》,《固原师专学报》(社会科学版)1986年第3期。
③ 孙建民、顾宏义:《宋朝高丽交聘考》,《信阳师范学院学报》(哲学社会科学版)1997年第1期。
④ 吴晓萍:《宋代外交制度研究》,安徽人民出版社,2006。
⑤ 贾玉英:《宋辽交聘制度之管窥》,载张希清主编《澶渊之盟新论》,上海人民出版社,2007,第388-399页。
⑥ 苗书梅、刘秀荣:《宋朝外交使节管理制度初论》,载张希清主编《澶渊之盟新论》,2007,第400-411页。
⑦ 曹显征:《辽宋交聘制度研究》,博士学位论文,中央民族大学,2006。

群体以及宋金交聘史料做了系统梳理。① 曹渊启对北宋末期宋金的聘使活动进行了梳理。②

周立志《南宋与金交聘研究》认为宋高宗时期向金朝贡可被视为朝聘的一种特例,宋金之间的交聘从整体上看是不平等的,这种不平等是双方关系的主流,南宋士人群体对此有清晰的认知,但也促使宋人对金认知方面出现更加严重的扭曲。同时该文将绍兴十二年宋金媾和所形成的交聘体制称为"绍兴十二年体制"。③ 其《宋朝外交运作研究》一文将宋代的外交运作区分为针对辽、金的聘问以及诸藩国对宋的朝贡两部分来看待,将边界置于外交运作的视野之下,具体而深入地分析了边界对宋金关系史、政治史的意义。该文将宋代的外交运作区分为边境外交与都城外交两种类型,并由此逐步延伸,分析南宋时期"入贡"与"却入贡"的行为,敏锐地捕捉到宋代外交中的藩国秩序在实际政务运作与时人文本表述中不一致的现象。赵宋在实际外交运作中,宋对藩国秩序拥有决定权,宋朝基于自身对诸藩国的认知构建起差别有致的藩国秩序,并因诸藩国势力的消长不断对其进行调试,以避免来自藩国的非议;然而文献中所记载的藩国秩序多经过文献编撰者的精心罗列,是文献编撰者"藩国观"的体现,与赵宋朝廷实际外交运作中的藩国秩序有一定的差别。④

陈少丰对宋代海外诸国如宋朝贡的问题做了全面考察,其中对赵宋接待各方使节活动的梳理有助于全面理解两宋的宾礼。⑤ 王霞着重关注两宋与高丽之间的人员交流,包括官方使节、商人、僧道等

---

① 李辉:《宋金交聘制度研究(1127—1234)》,上海古籍出版社,2014。
② 曹渊启:《宋金初期交聘研究(1117—1127)》,硕士学位论文,辽宁师范大学,2018。
③ 周立志:《南宋与金交聘研究》,硕士学位论文,河北大学,2010。
④ 周立志:《宋朝外交运作研究》,博士学位论文,河北大学,2013。
⑤ 陈少丰:《宋代海外诸国朝贡使团入华之研究》,博士学位论文,福建师范大学,2013。

不同社会身份的人群,探讨人员往来对宋丽关系的影响。① 陈俊达等探讨了高丽与辽之间的战和与使节往来等问题,并对辽丽外交的部分概念及理论问题有相应说明。② 其《高丽遣使辽朝研究》一文对高丽遣使辽朝作了深入研究,该文认为高丽使者的名目表明辽丽地位的不对等。同时该文从高丽使者的选任与奖惩进行了分析,对其中出现的"借衔出使"现象有所关注,该文亦注意到在高丽人观念中,出现了由视辽为"禽兽之国"到视事辽为"保邦上策"的转变。③

纪昌兰认为押伴是宋代陪伴辽金以外其他国家使臣官员的称呼,其等级规格比之对辽、金之接伴、送伴稍逊。④ 胡明颖、王晓龙详细分析了宋代地方政府迎送外使的制度,认为宋代形成了较为固定的迎送模式。⑤

3. 关于宋代朝贡体系的研究

对于辽、宋、金、高丽等政权间的关系,历来有多重称呼,有言其为朝贡体系者,有言封贡体系者。⑥ 二者皆有一定的合理性,又皆不能涵盖此时国际关系的全貌。当前学界多将此时期各政权之往来构

---

① 王霞:《宋朝与高丽往来人员研究》,中国社会科学出版社,2018。
② 陈俊达等对丽辽关系作了较为深入而全面研究,详见陈俊达:《试论高丽人的"中国观"》,《通化师范学院学报》2014年第3期;陈俊达、杨军:《高丽赴辽使者群体研究》,《黑龙江社会科学》2016年第5期;陈俊达:《高丽使辽使者类型及其派遣考论》,《西北民族大学学报》(哲学社会科学版)2016年第5期;陈俊达:《辽朝与高丽使者往来分期探赜——兼论东亚封贡体系确立的时间》,《西北民族大学学报》(哲学社会科学版)2017年第4期;陈俊达:《试论高丽人的"辽朝观"》,载姜锡东主编《宋史研究论丛》第20辑,科学出版社,2017,第349—357页。
③ 陈俊达:《高丽遣使辽朝研究》,硕士学位论文,吉林大学,2016。
④ 纪昌兰:《宋代外交往来中的押伴》,《中州学刊》2018年第1期。
⑤ 胡明颖、王晓龙:《宋代地方政府公务迎送制度考论——以迎送外使为中心》,《重庆交通大学学报》(社会科学版)2018年第5期。
⑥ 前者如黄纯艳《宋代朝贡体系研究》,商务印书馆,2014;后者如杨军:《东亚封贡体系确立的时间——以辽金与高丽的关系为中心》,《贵州社会科学》2008年第5期。

筑的关系网络笼统地称为朝贡体系。五礼体制确立于南北朝时期，而于唐宋时期逐渐完善。宾礼的运作依托于一定的区域关系格局，这于唐代而言是依赖唐帝国构建的朝贡体系，至于两宋及其周边政权，则依赖于宋辽、宋金所构建的交聘与朝贡并存的区域关系体系。朝贡体系的研究始于费正清，此后，王赓武、杨联升等皆有相关表述，具体可见费正清主编《中国的使节秩序：传统中国的对外关系》[1]一书。有关中国历史时期的朝贡制度的相关研究，李云泉[2]、权赫秀[3]、付百臣[4]等都做了详细的回顾；黄纯艳在其《中国古代朝贡体系研究的回顾与前瞻》[5]一文及《宋代朝贡体系研究》一书的绪论部分[6]对朝贡制度的相关理论及争论、宋代朝贡体系研究的现状等问题做了全面系统的述评与回应，本文写作时有参考，在此不再过多罗列，仅列举与本文所讨论的 10—13 世纪的"宾礼"及相关问题有关的内容。

黄枝连认为"天朝礼治体系"是"以中国封建王朝为中心，以礼仪为主要形式的一种国际关系形态"[7]，黄氏在其"天朝礼治体系研究"系列论著中对历史时期中国与朝鲜半岛的关系有较为系统的研究。其《东亚的礼义世界——中国封建王朝与朝鲜半岛封建关系史论》一书将唐宋辽金元时期与朝鲜的关系置于这一理论框架下去综合考

---

[1] （美）费正清编，杜继东译：《中国的世界秩序：传统中国的对外关系》，中国社会科学出版社，2010。
[2] 李云泉：《朝贡制度史论中国古代对外关系研究》，新华出版社，2004。
[3] 权赫秀：《中国古代朝贡关系研究评述》，《中国边疆史地研究》2005 年第 3 期。
[4] 付百臣主编：《中朝历代朝贡制度研究》，吉林人民出版社，2008。
[5] 黄纯艳：《中国古代朝贡体系研究的回顾与前瞻》，《中国史研究动态》2013 年第 1 期。
[6] 黄纯艳：《宋代朝贡体系研究》，商务印书馆，2014，第 1—21 页。
[7] 黄枝连：《天朝礼治体系研究（中）东亚的礼义世界：中国封建王朝与朝鲜半岛封建关系史论》，中国人民大学出版社，1994，序言第 4 页。

虑,从"礼"的角度探讨东北亚区域内国际局势的演变。黄氏借助国际关系学的相关分析理路对"礼"以及"天朝礼治体系"进行分析,有一定的借鉴意义。李云泉对中国历史时期的朝贡制度进行了系统梳理,对于了解朝贡制度的来龙去脉有所助益。① 付百臣对中国与朝鲜半岛在历史时期形成的朝贡关系作了系统考证,其中关于宋辽金元与高丽的关系部分亦有涉及。高明士以"中国的天下秩序"来概括朝贡制度,并将这种秩序分为内臣、外臣与不臣三个层次,通过中国与四夷所构建的"礼"的秩序来维持,而"册封"与"朝贡"皆属于这一"礼"的秩序;同时指出隋唐时期边疆羁縻府州的出现意味着"中国的天下秩序"中外臣的内臣化。②

黄纯艳《宋代朝贡体系研究》是目前为止研究宋代朝贡体系最为系统的一部著作。该书在论述 10—13 世纪的国际关系时,与陶晋生先生所论相似,认为当时的东亚世界存在着宋辽、宋金等并立的朝贡体系,宋辽、宋金与前来朝贡诸国之间构成三角关系,宋辽、宋金之间都试图谋求在区域内的对等地位。通过该书,笔者认为黄氏所提之并存的朝贡体系,事实上可被视作传统的交聘与朝贡并存的政权间关系,即宋辽、宋金之间构成交聘关系,而辽(金)丽、宋丽与辽(金)夏、宋夏之间构成封贡关系。另外其《南宋朝贡体系的构成与运行》③、《北宋东亚多国体系下的外交博弈——以外交谈判为中心》④、《朝贡体系与宋朝国家安全》等文章对宋代的朝贡体系也有深

---

① 李云泉:《朝贡制度史论——中国古代对外关系体制研究》,新华出版社,2004。
② 高明士:《天下秩序与文化圈的探索:以东亚古代的政治和教育为中心》,上海古籍出版社,2008。
③ 黄纯艳:《南宋朝贡体系的构成与运行》,《上海师范大学学报》(哲学社会科学版)2011 年第 5 期。
④ 黄纯艳:《北宋东亚多国体系下的外交博弈——以外交谈判为中心》,《中国边疆史地研究》2017 年第 1 期。

入的探讨。其中后者认为朝贡体系并非仅为了满足王朝的虚荣,该体系的稳定与破坏直接影响着宋王朝的国家安全,是一个复杂的国际安全体系,朝贡体系内的诸国"构成了一个安全共同体"。①

此外,金成奎②、土肥祐子③、神田勇挥④、孙晓玲⑤等亦对此时期的朝贡制度及朝贡体系作了专门的研究,陶莎⑥等的研究对相关内容皆有所涉及。

4. 关于政权间观念交融与冲突的研究

政权间关系不仅包括诸方政治、军事、文化上的交流,一些认知、观念上的交融与冲突应同样被视为政权间关系的重要内容,其对宾礼的建构与行用亦产生了重要影响。

宋德金认为汉族建立的王朝强调"严华夷之分",而类似金朝等非汉族建立的王朝则淡化这种华夷之别,而重视对自身正统的塑造,金朝正统观的演变对金代文化产生了重要影响。⑦ 郭康松认为辽朝从建立至灭亡,其夷夏观念出现了重大的变化,经历了自认蕃夷到自居正统与华夏的转变,并认为"'华夏'是一个动态的系统,是由各民

---

① 黄纯艳:《朝贡体系与宋朝国家安全》,《暨南学报》(哲学社会科学版)2018年第2期。

② (韩)金成奎:《宋代朝贡机构的编制及其特点》(金成奎,"宋代における朝貢機構の編制とその性格"),转引自黄纯艳:《朝贡体系与宋朝国家安全》,《暨南学报》(哲学社会学版)2018年第2期。

③ (日)土肥祐子:《南宋时期的占城朝贡——以〈中兴礼书〉中所见朝贡物品及回赐为中心》(土肥祐子,"南宋期の占城の朝貢——《中興礼書》にみる朝貢品と回賜"),转引自黄纯艳:《朝贡体系与宋朝国家安全》,《暨南学报》(哲学社会学版)2018年第2期。

④ (日)神田勇挥:《论金朝朝贡册封体制的衰亡》,硕士学位论文,吉林大学,2012。

⑤ 孙晓玲:《宋代朝贡制度研究》,硕士学位论文,山东师范大学,2015。

⑥ 陶莎:《辽朝对高丽政策研究》,博士学位论文,吉林大学,2016。

⑦ 宋德金:《正统观与金代文化》,《历史研究》1990年第1期。

族长期互相认同、兼容、融合而成的"。① 葛兆光先生认为宋代"中国"意识的凸显,是由于诸并立政权关于天下、中国、四夷的观念中滋生出的"实际的敌国意识和边界意识",这是近代民族与国家意识形成的远源。② 刘扬忠从文学的角度对辽代"中国""正统"观念的演变进行了详细分析。③

赵永春在其研究中对辽、金两代的"中国""正统"等观念做了大量研究,在其论述中认为辽金两代基本上在承认自身为"中国""正统"的基础上,并不否定宋之"中国"、"正统",这表明此时期传统文化观念中的中国观念由单一"中国"向复数"中国"的转变。④ 熊鸣琴对金代"中国"观的研究立论基本与赵永春类似,但是其在金是否认同南宋为"中国"问题上,指出赵氏认为金人不否定南宋的"中国"身份,所据观点为金遗民之著述,而金朝存续期间,并无相关论调。⑤ 熊氏同样认为宋代的"中国"观超越了"夷夏"族群意识,为后世接纳金、元等为中国奠定了相应的理论基础。⑥

以上大略是有关历代宾礼及两宋时期政权间关系的研究概况,受笔者学识所限,其中难免有疏漏。通过对上述研究的回顾可以发现,目前针对宋代宾礼的研究成果日渐丰富,中、日、韩学者皆做了一

---

① 郭康松:《辽朝夷夏观的演变》,《中国史研究》2001年第2期。
② 葛兆光:《宋代"中国"意识的凸显——关于近世民族主义思想的一个远源》,《文史哲》2004年第1期。
③ 刘扬忠:《辽朝"中国"化的历史进程及其文学书写》,载于张福贵主编《华夏文化论坛》第2辑,吉林大学出版社,2007,第73—84页。
④ 参见赵永春:《试论金人的"中国观"》,《中国边疆史地研究》2009年第4期;《试论辽人的"中国"观》,《文史哲》2010年第3期;《金人自称"正统"的理论诉求及其影响》,《学习与探索》2014年第1期;赵永春、马溢澳:《金人自称"中国"的阶段性特点及其发展进程》,《黑龙江社会科学》2017年第2期。
⑤ 参见熊鸣琴:《金人"中国"观特质新论》,《江西社会科学》2014年第8期;熊鸣琴:《金人"中国"观研究》,上海古籍出版社,2014。
⑥ 熊鸣琴:《超越"夷夏":北宋"中国"观初探》,《中州学刊》2013年第4期。

定的研究。当前针对"广义宾礼"的研究多于对"狭义宾礼"的探讨,在"狭义宾礼"的研究方面,宾礼的建构、具体仪文辨证及宾礼行用等诸方面皆有相关成果问世。但是关于具体的宾礼仪文、仪式及其与政权间关系演变的联系尚有可深入的空间。另外关于区域内政权间关系的研究已蔚为可观,并基本上确认政权间关系的演变对宾礼建构及行用产生了重要影响。但是究竟怎样产生影响?这个问题仍值得进一步关注。

第四节 主要内容及研究方法、史料、创新点

一、研究方法与所据材料

本文在对相关内容进行具体研究过程中,借鉴了地缘政治学、文化人类学的相关理论与方法,但基本以历史实证为基础。在具体研究中采取对比分析法,综合比较唐宋等朝代宾礼的演变。采用多重证据法,综合借鉴不同政权间的正史记载,针对相关史事进行辨析。在一些具体问题分析中,采取经史互证、文史互证等研究方法。

本研究所据历史文献主要以历朝相关礼书、礼志为主,结合正史、笔记等对相关史事的记载,同时参考经学典籍对宾礼的相关记述,对两宋及高丽前期的宾礼进行具体考辨,探讨宾礼建构及行用与政权间关系演变的联系。

二、本文的创新点

基于本文研究主题,笔者认为在如下五点内容上有一定的创新性。

首先,有关中国古代礼仪制度的研究中,吉礼、嘉礼等是学者们

关注较多的领域。针对宾礼(尤其是宋代宾礼)的研究相对较少。近年来研究者对宋代宾礼给予较多关注,对相关问题的研究已经较为深入,但目前仍无一部专门研究宋代宾礼的专书。本文的研究内容尽管不能填补某项空白,但或许可以加深对相关问题与内容的认识。

其次,本文通过北宋末期皇帝与士人之间对儒家经典中"宾"的不同认知,探讨"宾"意涵变化及王朝礼仪篇目设置间的关系,对理解北宋晚期及之后的宾礼演变有一定的积极意义。

再次,本文在研究宋代宾礼过程中,并不拘泥于仪文或礼仪制度变化的梳理,而是注重探讨礼仪行用与礼仪建构之间的偏差,从侧面对宋代宾礼进行审视,以全面了解宋代宾礼的书写、行用以及对其所处区域关系格局的影响。

然后,本文通过对宋及以前宾礼的分析,对宾礼逐渐式微这一历史现象进行了简单的回应,认为在10—13世纪,宾礼在东亚范围内呈现出"多中心化"的特点,一定程度上导致了宾礼教化四夷作用的衰减,这是宾礼式微的根本原因。同时指出宋代宾礼呈现出"政治化"与"去政治化"相交融的趋势。

最后,本文研究宋代宾礼注意到仪式环节、仪式动作的设计中蕴含着礼仪制定者政治情感与诉求的表达,因此认为研究宾礼过程中应注意从中发掘制度设计者的主观意图,探讨其要向礼仪参与者以及观礼者传达怎样的讯息,把握礼仪与政治、政权间关系发展的联系。

第一章
北宋之前历代宾礼沿革

在对宋代宾礼进行详细论述之前,有必要对宾礼在10世纪以前的发展演变做简要梳理,以追溯历史时期宾礼形态的演变情况,明晰宾礼在宋以前各时段发展演变的特点,以深入了解宋代宾礼形态最终形成的历史渊源。

杜佑在《通典》梳理历史时期的宾礼时,在开篇点明:"自古至周,天下封建,故盛朝聘之礼,重宾主之仪。天子诸侯,卿大夫士,礼数服章,皆降杀以两。"①这指明先秦时期宾主礼仪的行用依据"天子——诸侯——卿——大夫——士"的等级秩序,规格依次递减。后历春秋战国,至"秦罢侯置守,无复古仪",至曹魏时期始复"粗有其礼"。②两晋南北朝时期,随着诸政权并立局势的确立,战事之余,政权间的往来愈加频繁,且由于此时五礼体系被明确提出③,宾仪在此时期有了一定的发展。但由于此时期中国范围内政权更迭频繁,宾仪并无稳定的行用环境,因此相关宾礼内容出现频废频立的情况。至唐代,

---

① (唐)杜佑撰,王文锦、王永兴、刘俊文等点校:《通典》卷74《礼三十四·宾礼一》,"总叙",中华书局,1988,第2015页。
② (唐)杜佑撰,王文锦、王永兴、刘俊文等点校:《通典》卷74《礼三十四·宾礼一》,"天子受诸侯蕃国朝宗觐遇",中华书局,1988,第2015页。
③ 参见梁满仓:《论魏晋南北朝时期的五礼制度化》,《中国史研究》2001年第4期。该文指出:"五礼礼制系统成熟于隋唐,其生长发育期却在魏晋南北朝。"

随着国力的强盛以及唐文化对域内、域外政权的吸引,唐与周边政权的往来繁密,这促使唐代确立起较为完备的宾礼体系,并对后世的宾礼(尤其是宋、明等代宾礼)产生重要影响。下文将分别对先秦、两汉至南北朝以及唐代的宾礼做简要梳理。

第一节 先秦时期的"宾"及宾礼演变

在两宋官方话语中,提及文物制度,言必称三代,这一方面反映出宋人对三代的推崇,另一方面则是三代制度的创建对后世产生了深远影响,这在礼仪制度方面体现得尤为明显。目前有关先秦时期礼仪制度的记载多集中于"三礼"中。《周礼》虽有战国时人虚构内容,但名义上专记西周制度①,故其中所见宾礼内容大体也是时人认知中的"王朝之礼"的体现,即西周时的"定制之礼"。②《仪礼》《礼记》出现的时代与"七十子后学"活跃时段重合,故是书所记应当为春秋战国时期的礼仪,③所涉及的宾礼内容基本上可被视为士礼与诸侯之礼,体现出春秋战国礼崩乐坏之际,宾礼行用范围逐渐扩大的趋势。④

一、西周时期的宾礼

《周礼》中所见宾礼内容较为完整地展现了周王对诸侯及四夷之礼,那么此时期宾礼的实施对象及"宾"的具体所指为何?宾礼的相关环节是怎样的?

---

① 参见李无未:《中国历代宾礼》,北京图书馆出版社,1998,第11页。
② 参见(清)皮锡瑞:《经学通论》卷3《三礼》,中华书局,2018,第302页;李无未:《中国历代宾礼》,北京图书馆出版社,1998,第11页。
③ 参见陈桐生:《七十子后学散文研究》,暨南大学出版社,2011,第103页。
④ 参见李无未:《中国历代宾礼》,北京图书馆出版社,1998,第18页。

（一）宾礼行用的对象

关于宾礼的行用对象，通过对《周礼》及后人注疏进行梳理，可以将其归纳为如下四种情况：

西周时期的宾礼是周王待诸侯邦国之礼。《周礼·大宗伯》提到"以宾礼亲邦国"，郑玄认为这是使诸侯国相亲附之意。①《周礼》中记载宾礼主要包括以下八种礼仪形式："春见曰朝，夏见曰宗，秋见曰觐，冬见曰遇，时见曰会，殷见曰同，时聘曰问，殷覜曰视"。②"朝、觐、宗、遇、会、同，君之礼也；存、覜、省、聘、问，臣之礼也"。③这皆是就诸侯朝、聘周天子而言，表明此时的宾礼是一种王礼。有关此八种类型的宾礼，学者们已有较多论述④，此处不再赘述。

西周时期的宾礼还包括诸侯邦国之间的聘问礼仪。《周礼》中记载了另外一种情况："凡诸侯之邦交，岁相问也，殷相聘也，世相朝也。"贾公彦疏证曰："言诸侯邦交谓同方岳者，一往一来为交，谓已是小国朝大国，已是大国聘小国，若敌国则两君自相往来，故司仪有诸公诸侯皆言相为宾是也。"⑤这指出，此时地位大致相等的诸侯之间也存在互相为宾的情况。因此，宾礼同时也是诸侯国之间的交往礼仪，却并非是对等之礼，其礼仪规格与诸侯国实力的强弱有关。

西周时期的宾礼同时涵盖嘉礼中的部分内容。《周礼》记述嘉礼

---

① （汉）郑玄注，(唐)贾公彦疏：《周礼注疏》卷18，见(清)阮元校刻《十三经注疏》，中华书局，1980，第759页下栏。
② （汉）郑玄注，(唐)贾公彦疏：《周礼注疏》卷18，见(清)阮元校刻《十三经注疏》，中华书局，1980，第759页下栏。
③ （汉）郑玄注，(唐)贾公彦疏：《周礼注疏》卷37，见(清)阮元校刻《十三经注疏》，中华书局，1980，第893页中栏。
④ 参见李无未：《中国历代宾礼》北京图书馆出版社，1988；李无未：《周代朝聘制度研究》，吉林人民出版社，2005，第85—122页；舒蓉：《上古宾礼研究》，硕士学位论文，青岛大学，2006。
⑤ （汉）郑玄注，(唐)贾公彦疏：《周礼注疏》卷37，见(清)阮元校刻《十三经注疏》，中华书局，1980，第893页上栏。

的内容时提到:"以嘉礼亲万民","以飨燕之礼亲四方之宾客","以贺庆之礼亲异姓之国","以九仪之命正邦国之位"。① 飨燕与贺庆也是宾礼执行中的重要环节,其出现于嘉礼而不见于宾礼,必有所因。如古人所注意到的吉、凶、宾、军四礼所牵涉的多是邦国之大事,普通民众行礼者少,独嘉礼"万民所行者多",但邦国亦行此礼。② 在西周时以宾礼代表王朝之仪、嘉礼表示万民之礼尚可。当春秋战国之后,随着礼的行用的下移,宾、嘉部分礼仪形式的互通较为常见。故嘉礼与宾礼的部分内容并无严格的分野,出现仪式重叠,礼仪称呼上的区分只是人为划分造成的,这种情况也存在于嘉礼与吉礼之间。③

宾礼的行用也包括蛮夷使臣来朝觐的情况。《周礼》卷三八载:"象胥掌蛮夷闽貉戎狄之国使,掌传王之言而谕说焉,以和亲之。"郑玄注说此指"蕃国之臣来频聘者"。④ 郑锷指象胥为"'传其辞'言使达中国之语,于朝王时言语可以相通也","必于象胥言者,盖驭夷狄之道,尤不可不谨也。事之大者而俾卑者处之,则夷狄无所畏惮;事之小者而俾尊者主之,则轻其国体而取笑四夷矣"。⑤ 郑刚中则言:"中国之客自有大小行人掌正其位",象胥乃负责四夷之臣来使。⑥ 故综合上述观点可知:西周对夷狄来使,以等次较低的象胥接待,以在礼仪上隆重周之地位而贬抑夷狄,这是西周宾礼的一部分。

---

① (汉)郑玄注,(唐)贾公彦疏:《周礼注疏》卷18,见(清)阮元校刻《十三经注疏》,中华书局,1980,第760页下栏。
② (汉)郑玄注,(唐)贾公彦疏:《周礼注疏》卷18,见(清)阮元校刻《十三经注疏》,中华书局,1980,第760页下栏。
③ 参见李无未:《中国历代宾礼》,北京图书馆出版社,1988,第10—11页。
④ (汉)郑玄注,(唐)贾公彦疏:《周礼注疏》卷38,见(清)阮元校刻《十三经注疏》,中华书局,1980,第899页下栏。
⑤ (元)毛应龙撰:《周官集传》卷12,《四库全书》文渊阁影印本,第95册,台湾商务印书馆,1986,第936页上栏。
⑥ (清)李光坡著,陈忠义点校:《周礼述注》卷22《秋官司寇第五》,商务印书馆,2019,第408页。

综合以上,西周时期宾礼行用的对象包括西周分封的各诸侯及四夷之来朝者,是一种内、外结合的"王朝之礼",表明宾礼从其出现起即是一种目标明确的礼仪。

(二)《周礼》中"宾"的意涵

根据西周宾礼所适用的四种情况可知,在实际执行中所谓的"宾"具备多重含义,根据对《周礼》及先秦其他典籍中记述的"宾客"等内容的梳理,可知此时"宾"的意涵包括但不限于上述四种情况,详见表一。

表一 《周礼》中的"宾"意涵

"宾"的意涵	出处
五等诸侯	《尚书·周书·梓材》:"国朝享于王,又亲仁善邻,为兄弟之国,万方皆来宾服,亦已奉用先王之明德。"
"二王后"	"若顾命成王丧,诸侯来朝而遇国丧……并有二王之后皆是宾客。"①
平等互敬之意	《周礼》卷十:"令五家为比,使之相保……五州为乡,使之相宾。"②
"宾""客"连书,指不同等级的朝觐者。	"大宾客令野修道委积,谓五等诸侯来朝者。此小宾客诸侯使卿大夫来聘。"③
"敌国"之意	"周之秩官有之曰:敌国宾至,关尹以告,行理以节逆之。"④

通过上述举例可知,"宾"从其在礼仪中出现起并不是一个含义固定的字眼,其所涵盖的范围较广。"宾客"囊括诸侯国与外夷两个

---

① (汉)郑玄注,(唐)贾公彦疏:《周礼注疏》卷6,见(清)阮元校刻《十三经注疏》,中华书局,1980,第676页下栏。

② (汉)郑玄注,(唐)贾公彦疏:《周礼注疏》卷10,见(清)阮元校刻《十三经注疏》,中华书局,1980,第707页上栏。

③ (汉)郑玄注,(唐)贾公彦疏:《周礼注疏》卷11,见(清)阮元校刻《十三经注疏》,中华书局,1980,第713页上栏。

④ (汉)郑玄注,(唐)贾公彦疏:《周礼注疏》卷15,见(清)阮元校刻《十三经注疏》,中华书局,1980,第739页中栏。

大类。① 依据与周天子关系的亲疏区分大小,一般要服以内的诸侯及其使臣为大宾客,夷狄君臣为小宾客。"宾"与"客"在多数情况下只是表明"宾客"的两个等级:"宾"指诸侯国或夷狄之君,"客"指诸侯国或夷狄使节。同时,《周礼》中对诸侯国相互往来的情况亦有涉及,交往的双方诸侯相互为宾。由是言之,西周时期的"宾"指诸侯为周王之"宾"以及诸侯间相互为"宾"两种情况。

(三) 礼仪环节中的等级性

《周礼》所记西周宾礼的礼仪流程经历郑、贾等的注解、疏证而逐渐清晰化,除在卷三七中有较为系统的陈述外,亦散见于全书对各官职的注疏中。之后杜佑著《通典》,依据《周礼》对西周时期天子受诸侯朝宗觐遇、天子受诸侯遣使来聘、天子遣使迎劳诸侯的一般性仪节做了系统描述。②

西周时期的宾礼行用开始于诸侯进入周王实际统治的区域(国境)。在大环节上包括迎劳、受朝、饮燕、辞归等内容。诸侯亲朝与遣使朝聘受到周王礼遇的规格有较大的差异。此外,相关礼仪动作及环节宣示了周王的权威及诸侯对于周王的臣服。如天子受诸侯朝时"(王)正朝当宁而立……公东面,诸侯西面"③,意在通过诸侯的位次,彰显公、侯之于天子的臣僚地位。在遣使迎劳礼中,诸侯于帷门外迎周王使者,使者不答拜,概因诸侯所拜者为周天子,故"为人使,不当其礼也",强调王使与诸侯之间为对等关系,而表明周王居于诸侯与周臣之上的地位。又周王使者先于诸侯升阶,其原因是由于周

---

① 在西周时期,二王后一般都受西周册封而位诸侯之列,故亦可将之视为一般之诸侯。
② 参见(唐)杜佑撰,王文锦、王永兴、刘俊文等点校:《通典》卷74《礼三十四·宾礼一》,中华书局,1988,第2015—2020页。
③ (唐)杜佑撰,王文锦、王永兴、刘俊文等点校:《通典》卷74《礼三十四·宾礼一》,"天子受诸侯蕃国朝宗觐遇",中华书局,1988,第2017页。

王使者"奉王命,尊也"。① 升阶后使者东面,诸侯西面。通过宾礼仪式展开,相关仪式动作的举行展示了周王的威权,针对不同等级的"宾客"展开的具体仪式环节表明宾礼在突出周王的威权之外,对"宾客"亦有严格的等级区分。

二、春秋战国时期的宾礼

春秋战国时期的礼仪多记载于《仪礼》与《礼记》,但是二书并未完全按照周礼的五礼体系进行编撰。目前二书中所涉及之宾礼内容主要包括:《仪礼》中的"士相见礼"、"聘礼"、"觐礼",这是较为系统地记述春秋战国时期宾礼的文献;《礼记》中的"曲礼"、"聘义";与其他礼仪有交叉的条目,如《仪礼》中"燕礼"、"公食大夫礼",《礼记》中"燕义"等。此外《春秋》等书亦多记载诸侯间交聘实例,可与以上两书所记具体仪文相印证。

(一) "宾"概念的变化

如前文所述,周代的宾礼主要是周王受诸侯朝贺之礼,其中虽提及邦国之间的交聘,但这并非周代宾礼的主流,此时的宾礼仍属于王礼。那么在东周王权逐渐丧失对诸侯约束的情况下,宾的概念发生了怎样的改变?

首先,春秋及之后的宾礼弱化了诸侯与周王之间的宾主关系。春秋战国时期,周王虽然名义上仍为天下共主,但是早已丧失了对各诸侯国的约束,诸侯国之间纷争不断,轮流成为区域霸主。此种天下格局的演变使周所建立的宾礼体系也随之改变。由于周王对诸侯国并未产生实质的约束力,故此时期诸侯朝聘周王的活动锐减。《仪礼》中虽仍记载有诸侯对周王的觐礼,但是其所涉及内容已较为狭

---

① (唐)杜佑撰,王文锦、王永兴、刘俊文等点校:《通典》卷74《礼三十四·宾礼一》,"天子遣使迎劳诸侯",中华书局,1988,第2023页。

窄,而同书之"聘礼"则不再指诸侯国聘问周王,而是指诸侯国之间互相遣使。

其次,诸侯间相互为宾的情况成为常态,客礼成为主流。郑玄注《仪礼》曰:"大问曰聘,诸侯相于久无事,使卿相问之礼。小聘使大夫。"①《仪礼》"聘礼"是诸侯之间互相遣使聘问,在表述上并无宾、客之分,多数情况下以"宾"作为使臣的称呼。"聘"之分大小,大聘使卿,"小聘使大夫",这种情况与诸侯实力增长密切相关,各诸侯之间逐渐摆脱周王的束缚,在礼仪形式上出现僭越的情况。故此时的宾礼实乃由西周之"客"礼演化而来,由王礼转化为诸侯之礼。

《仪礼》"士相见礼"记卿、大夫、士等互相见与见君之礼。其中保留了臣僚在与诸侯相见时的称谓:"凡自称于君,士大夫则曰下臣,宅者在邦则曰市井之臣,在野则曰草茅之臣,庶人则曰刺草之臣,他国之人则曰外臣。"②集中反映了此时诸侯地位的上升。这表明各诸侯国间相互为宾。

最后,对相关礼仪的规定更加详细。相较于西周时期的部分仪节,春秋战国时期的礼仪环节则更加清晰。以使节出访意外身亡的应对为例,《周礼》卷三八记掌客执掌道:"凡宾客死,致礼以丧用。"③此记载涉及诸侯及其使臣出访西周因故身亡,周应当以丧礼殡之。《仪礼》记载颇详,具体形式如下:

宾入竟而死……君吊,介代宾为主人;宾入境而死,主人为之具而殡,介摄其命,君吊,介为主人。……主人归礼

---

① (汉)郑玄注,(唐)贾公彦疏:《仪礼注疏》卷19《聘礼第八》,见(清)阮元校刻《十三经注疏》,中华书局,1980,第1046页上栏。
② (汉)郑玄注,(唐)贾公彦疏:《仪礼注疏》卷7《士相见礼》,见(清)阮元校刻《十三经注疏》,中华书局,1980,第975页上栏。
③ (汉)郑玄注,(唐)贾公彦疏:《周礼注疏》卷38,见(清)阮元校刻《十三经注疏》,中华书局,1980,第902页中栏。

币以用,介受宾礼,无辞也。介复命,柩止于门外。介卒复命出,奉柩送之,君吊,卒殡。①

大夫介在出使中卒,亦按照上述礼仪殡之。这正与"事死如生"②的礼仪内涵暗合。从以上总结中可以看出,春秋时期的朝聘活动中,使节丧,作为"主"的诸侯应吊祭丧者,此时涉及宾主之位的转换。而对相关仪节的细化,正是宾礼由王礼转变为诸侯之礼后,为适应诸侯国间使节频繁往来的需要而做出的改变。

(二)春秋战国时期朝聘中的僭越之举

以上内容反映出宾礼在儒家经典中的一些变化,那么其在历史中究竟如何?其实小国诸侯朝大国诸侯成为常态,大国诸侯时常不朝周王,应该是此时期诸侯与周王关系最恰当的注脚。

首先,诸侯经常不朝周王。春秋战国时期,周王与诸侯国之间的关系时好时坏,故时常出现诸侯不朝周王的情况。如《左传》桓公五年,"王夺郑伯政,郑伯不朝",③此举表明诸侯实力凌驾于周王之上的现实,致使诸侯主动朝王即被周天子极度重视,如《左传》宣公九年记:"春,王使来征聘。夏,孟献子聘于周,王以为有礼,厚贿之。"④此例从侧面反映出春秋时期诸侯向周王朝觐已较为稀见,遵"礼"行为不多,故而才以重利嘉奖,反证出此时诸侯僭越之举已稀松平常。

其次,朝聘不以时,或小国朝域内大国。目前西周时期诸侯朝觐周王的时限,多数人认为是"六年五服一朝",苏轼释此句为"一朝,毕

---

① (汉)郑玄注,(唐)贾公彦疏:《仪礼注疏》卷24,见(清)阮元校刻《十三经注疏》,中华书局,1980,第1071页下栏。
② (晋)杜预撰,(唐)陆德明音义:《春秋经传集解》卷30《哀公下》,哀公十五年,四部丛刊初编本。
③ (晋)杜预注,(唐)孔颖达疏:《春秋左传正义》卷6,桓公五年,见(清)阮元校刻《十三经注疏》,中华书局,1980,第1748页上栏。
④ (晋)杜预注,(唐)孔颖达疏:《春秋左传正义》卷6,宣公九年,见(清)阮元校刻《十三经注疏》,中华书局,1980,第1874页中栏。

朝也,朝以远近为疏数,六年而遍五服,毕朝也"①,也即是《周礼》中所谓"侯服岁一见,甸服二岁一见,男服三岁一见,采服四岁一见,卫服五岁一见,要服六岁一见,蕃国世一见"的注脚。② 此处"见"与"朝"等,皆指诸侯亲朝之意。③ 随着"礼乐征伐自诸侯出"的局面形成,此时出现"诸侯之于天子也,比年一小聘,三年一大聘,五年一朝"④的规定。孔颖达认为此时虽政自诸侯出,但是诸侯之霸主"不可自同天子以明王旧制大烦诸侯"⑤,所以简化相关礼节。秦蕙田认为这是晋文公称霸时确立的"五年一朝"模仿尧舜时代的礼法,而"比年一小聘,三年一大聘"则是西周时期诸侯相交的法度。⑥ 诸侯间朝聘礼仪的完善正表明西周时期所确立的宾礼规则的崩解。

(三) 礼仪环节中的新变化

春秋战国时期的相关宾礼环节在后人注解、疏证《仪礼》时已进行了较为简明的总结。如关于聘礼、公食大夫礼、觐礼,清人所修《钦定仪礼义疏》的原目部分即是对相关礼仪流程的高度概括⑦,兹不再述。

此时期宾礼环节较之西周时期的变化之一为习仪环节的出现。

---

① (宋)苏轼:《书传》卷16《周官第二十二》,《四库全书》文渊阁影印本,第54册,台湾商务印书馆,1986,第637页下栏。
② 参见(汉)郑玄注,(唐)贾公彦疏:《周礼注疏》卷29,见(清)阮元校刻《十三经注疏》,第835页下栏。
③ 参见(清)秦蕙田:《五礼通考》卷220《宾礼一》,《四库全书》文渊阁影印本,第141册,台湾商务印书馆,1986,第6页上栏。
④ (汉)郑玄注,(唐)孔颖达疏:《礼记正义》卷11《王制第五》,见(清)阮元校刻《十三经注疏》,中华书局,1980,第1327页下栏。
⑤ (晋)杜预注,(唐)孔颖达疏:《春秋左传正义》卷42,昭公三年,见(清)阮元校刻《十三经注疏》,中华书局,1980,第2030页中栏。
⑥ 参见(清)秦蕙田:《五礼通考》卷220《宾礼一》,《四库全书》文渊阁影印本,第141册,第7页上栏。
⑦ (清)乾隆官修:《钦定仪礼义疏》原目,《四库全书》文渊阁影印本,第106册,台湾商务印书馆,1986,第14页上栏。

西周时期即有司仪官职,习仪为其执掌之一,不过基本上执掌祭祀礼仪的习学。春秋战国时期,诸侯间互遣使节,在进入主国国境前进行相关礼仪的习学,宾礼中习仪开始为诸侯国所重。此时的习仪主要集中于入国境前,"未入竟(境)一肄","肄,习也,习聘之威仪",即"未至主国,预习聘享威仪之事"。① 其所学礼仪包括使节升坛位次、着装等内容。习仪基本遵循"习公事,不习私事"的原则,"君聘享,夫人聘享及问大夫,皆致君命",是为"公事";"私觌于君,私面于卿大夫"是为"私事",这指明礼仪习学内容主要为朝堂之仪,即使节代表其君向主方之君互致敬意的礼仪。② 此时注重宾礼行用前的礼仪习学,主要原因是周天子式微之后,宾礼下行,诸侯国之间的宾礼形式开始逐渐多样化,为保证礼仪环节的顺利进行,习学主国礼仪成为一个必要的环节。

三、先秦时期宾礼的政治意涵

礼是政治的外延,一种礼仪的出现必然有其现实的政治目的,仪文也必然是现实政治在礼仪中的直观体现。那么先秦时期宾礼的演变体现了宾礼怎样的政治意涵,其与政治演变之间存在怎样的联系?

(一)以宾礼亲邦国

《周礼》用"以宾礼亲邦国"来概括宾礼的主要作用,意指通过执行相关礼仪使诸侯相亲附,以加强周天子与诸侯国之间的联系,同时协调诸侯国之间的关系,以维护周天子天下共主的地位。宾礼的行用表明周王与诸侯之间具备了一种主宾关系外衣掩盖下的泛化了的君臣关系,诸侯之于周天子处于不纯臣的地位。宋人郑锷认为:"天

---

① (汉)郑玄注,(唐)贾公彦疏:《仪礼注疏》卷19《聘礼第八》,见(清)阮元校刻《十三经注疏》,中华书局,1980,第1046页上栏。

② (汉)郑玄注,(唐)贾公彦疏:《仪礼注疏》卷19《聘礼第八》,见(清)阮元校刻《十三经注疏》,中华书局,1980,第1046页上栏。

子之于诸侯,以分言之则君臣,以情言之则宾主。故先王不待以纯臣之义,而以宾礼亲之。"①清人王夫之提到:"天子之待诸侯,觐则设斧扆于户牖之间……受觐于庙者,诸侯尊,不纯以臣礼莅之也。"②孔广林亦言:"古者王于诸侯不纯臣,故有眺聘。"③朱溢认为古代宾礼的实施对象始终是不臣或者不纯臣的政权及其使者,④点明了古人这种以宾礼稳固政权间关系的思想认知。

(二)以宾礼明尊卑

《大戴礼记·朝事》载:"古者圣王明义以别贵贱,以序尊卑,以体上下,然后民知尊君敬上,而忠顺之行备矣。"⑤据其所言,天子虽待诸侯以宾礼,给予其不纯臣的待遇,但是宾礼之设,以卿、大夫掌诸侯朝仪,虽言对等,却只是诸侯与天子之卿、大夫之间的平等,而诸侯之于天子,仍为天子之臣,周王的礼宾仪式多强调周王的特殊地位,正是古人所言"率土之滨,莫非王臣"⑥之意。

明尊卑不只是明确周王与诸侯之间的尊卑之序,同时也要明确各诸侯之间的尊卑。诸侯之间的尊卑主要体现在宾礼的具体礼仪环节中,如"凡诸侯之交,各称其邦而为之币,以其币为之礼"则是指明

---

① (宋)王与之:《周礼订义》卷29《春官宗伯上》,《四库全书》文渊阁影印本,第93册,台湾商务印书馆,1986,第498页上栏。
② (清)王夫之:《诗经稗疏》卷2《小雅》,见氏著、船山全书编辑委员会编校《船山全书》第三册,岳麓书社,2011,第113页。
③ (清)皮锡瑞著,王丰先整理:《驳五经异义疏证》卷4,中华书局,2014,第348页。
④ 参见朱溢:《中古中国宾礼的构造及其演进——从〈政和五礼新仪〉的宾礼制定谈起》,《中华文史论丛》2015年第2期。
⑤ (汉)戴德撰,(北周)卢辩注:《大戴礼记》第二册卷12《朝事第七十七》,丛书集成初编,商务印书馆,1937,第201页。
⑥ (汉)毛亨传,(汉)郑玄笺,(唐)孔颖达疏:《毛诗正义》卷13《谷风之什》,见(清)阮元校刻《十三经注疏》,中华书局,1980,第463页中栏。

诸侯之间的交往,按其邦国等级行享币之礼,"于大国则丰,于小国则杀"①,指出宾礼环节与规格是明确邦国尊卑等级的重要意象。同时,大行人掌宾之"朝"礼,小行人掌客之"聘"礼②,通过执礼官职的高低突出宾礼明尊卑的意涵。

尽管春秋战国时期诸侯争霸局面使周王对诸侯的约束形同虚设,但这种尊卑有序的思想仍然存在。《春秋》有言:"君子不以亲亲害尊尊",即言"尊卑有序,不可乱也"。③ 在当时的礼仪中周天子仍是名义上的共主,诸侯朝聘周天子之礼仍然存在,明尊卑仍是宾礼的题中之意。即使是在诸侯霸主地位确立之后,其仍然需要会盟其他诸侯,再率诸侯朝觐周王,这表明名义上的礼仪制度仍然被遵守着。

(三) 以宾礼辨亲疏

宾礼不止能明辨尊卑,亦可辨亲疏,即以礼"尊尊",亦以礼"亲亲"。《礼记·曲礼上》记"夫礼者,所以定亲疏,决嫌疑、别同异、明是非也"④,表明定亲疏是礼的题中之意。那么放诸宾礼,其又是如何定亲疏的?

《周礼》对周王与诸侯以及蕃国之间的亲疏关系有明确的界定。首先,亲五等诸侯而疏远蕃国,此即"重内略外"的内容。其次,亲同姓诸侯而远异姓之国,以明亲疏有别之意。关于诸侯旌旗仪仗的建制,有同姓诸侯"虽为侯伯,其画服犹如上公,若鲁卫之属。其无功

---

① (汉)郑玄注,(唐)贾公彦疏:《周礼注疏》卷38,见(清)阮元校刻《十三经注疏》,中华书局,1980,第899页中栏。
② 参见(汉)郑玄注,(唐)贾公彦疏:《周礼注疏》卷37,见(清)阮元校刻《十三经注疏》,中华书局,1980,第890页上栏、893页中栏。
③ (晋)范宁集解,(唐)陆德明音义:《春秋穀梁传注疏》,文公二年八月,见(清)阮元校刻《十三经注疏》卷10,中华书局,1980,第2405页中栏。
④ (汉)郑玄注,(唐)孔颖达疏:《礼记正义》卷1《曲礼上》,见(清)阮元校刻《十三经注疏》,中华书局,1980,第1231页上栏。

德,各以亲疏食采畿内而已。"①这表明同姓诸侯(尤其是同宗)虽爵位较低,但其服饰等及其他待遇则与异姓公同。由此,西周时期宾礼行用的基准是诸侯国实力强弱及与周王血缘关系远近的结合,但这两项标准皆建立在承认周天子天下共主的基础上。

(四) 以宾礼示强弱

宾礼的行用也是对诸侯国实力的标榜。贾公彦疏证"诸侯邦交"时认为:"小国朝大国","大国聘小国","凡君即位,大国朝焉,小国聘焉"。②"朝"为诸侯亲至,"聘"则诸侯遣使,大国则以"朝",小国则以"聘",由此可知宾礼中所蕴含的标榜邦国强弱之意。

(五) 重内略外

秦蕙田《五礼通考》在论述周王"六年五服一朝"时注意到西周宾礼涉及侯、甸、男、采、卫、要六服,《尚书》中所记述只涉及五服,而忽略要服。秦氏论曰:"先王之制,重内而略外,故武成云邦、甸、侯、卫,而《酒诰》及《康王之诰》亦云侯、甸、男、采、卫。"③至于九州之外的蕃国,则只能"世一见"。此种情况体现出西周时期对九州之内诸侯国的重视程度之高,远在九州之外的四夷之上,这对此后中国历朝的统治策略产生了重要影响。

综上,宾礼在先秦时期的国家政治中处于重要的地位,对西周王权的强调及对尊卑秩序的维护是其存在的重要价值,无怪乎后人提到"《周礼》一书有一言以及于祭祀,必有一言以及于宾客"④,由此可

---

① (汉)郑玄注,(唐)贾公彦疏:《周礼注疏》卷27,见(清)阮元校刻《十三经注疏》,中华书局,1980,第823页上栏。
② (汉)郑玄注,(唐)贾公彦疏:《周礼注疏》卷37,见(清)阮元校刻《十三经注疏》,中华书局,1980,第893页上栏。
③ (清)秦蕙田:《五礼通考》卷220《宾礼一》,《四库全书》文渊阁影印本,141册,台湾商务印书馆,1986,第6页上栏。
④ (宋)郑伯谦:《太平经国书》卷5《宾祭》,《四库全书》文渊阁影印本,第92册,台湾商务印书馆,1986,第217页下栏。

见宾礼在西周的重要性。但仍需注意西周虽然重视宾客之礼,但由于此时九州之内的诸侯被视为天子内臣,故西周宾礼呈现重内略外的特点。战国时期诸侯之间的朝聘虽因诸侯实力强弱而出现尊卑有别的情况,但其宾礼模型已逐渐发生改变,诸侯与其卿大夫之间并未出现主宾关系,此时的宾主关系发生在诸侯国之间,对后世宾礼产生重要的影响。故诸侯与其臣僚主宾关系的消解,可被视作封建制度在礼仪方面崩溃的前兆。

第二节 两汉、魏晋南北朝时期的宾礼

秦汉时期未见成文的宾礼内容,两汉内部地方行政体制的变化以及汉与四夷关系的演变,使两汉又常有礼宾之举。魏晋南北朝时期,逐渐依照《周礼》萌生出新的五礼体制,加之此时期区域政权并立,政权间来往密切,礼宾活动较为常见,为了解此时期的宾礼概貌提供了基础。

一、两汉时期的礼宾之举

两汉时期是对古礼的重新讨论与解释的时期,时人虽据先秦典籍纂集旧礼,但"数百载不见旧仪,诸子所书,止论其意。百家纵胸臆之说,五礼无著定之文。故西汉一朝,曲台无制"[①],因此,汉代并无成文的宾礼。尽管《晋书·礼志》中提及"汉仪有正会礼"[②],且汉明帝永平元年(58)正月,帝率诸侯王等上光武帝原陵,其礼"如元会仪"[③],但"元会仪"或"正会礼"的具体仪节今已不存。史书中所记也

---

① (后晋)刘昫等撰:《旧唐书》卷21《礼仪一》,中华书局,1975,第816页。
② (唐)房玄龄等撰:《晋书》卷21《礼下》,中华书局,1974,第649页。
③ (南朝宋)范晔撰,(唐)李贤等注:《后汉书》卷2《显宗孝明帝纪》,中华书局,1965,第99页。

多为其礼宾之举,因此今人很难通过相关仪文直观地了解汉代宾礼的具体状况,但却可从相关礼宾活动的记载中了解宾礼变化的梗概。目前已有相关著作按照编年梳理了该时期的礼仪、礼制的行用,初步确定了汉代的礼宾活动主要针对刘姓宗室、境内的王国之主及周边政权之宾客,但具体到每一类型又有所不同。①

(一) 与匈奴的往来

先秦时期的宾礼中,与四夷的交往并非宾礼的主流,但至两汉时期,汉朝廷的礼宾之举主要出现于与四夷的往来中,而其中尤以汉匈之间的往来事例为大宗。兹列举如下:

汉武帝建元六年(前135)和元狩四年(前119),匈奴曾两度遣使请和亲,皆许之,更于元狩四年遣任敞使匈奴,确立匈奴为汉外臣。②此时表明汉与匈奴关系的变化——敌国变外属蕃国,但礼仪归属未超出宾礼范畴。汉宣帝甘露三年(前51),匈奴郅支单于遣使来朝。史书上对呼韩邪单于甘露三年朝贺的相关礼仪行用情况记载较为详细:

> 汉遣车骑都尉韩昌迎,发过所七郡郡二千骑,为陈道上。单于正月朝天子于甘泉宫,汉宠以殊礼,位在诸侯王上,赞谒称臣而不名。赐以冠带衣裳……礼毕,使者道单于先行,宿长平。上自甘泉宿池阳宫。上登长平,诏单于毋谒,其左右当户之群臣皆得列观,及诸蛮夷君长王侯数万,咸迎于渭桥下,夹道陈。上登渭桥,咸称万岁。③

单于就邸。置酒建章宫,飨赐单于,观以珍宝。二月,

---

① 参见顾涛:《汉唐礼制因革谱》,上海书店出版社,2018,第49—146页。
② 参见(汉)班固:《汉书》卷52《韩安国传》,中华书局,1962,第2398;卷94《匈奴列传上》,第3766页。
③ (汉)班固:《汉书》卷94《匈奴列传下》,中华书局,1962,第3798页。

单于罢归。①

上述内容有助于了解汉代宾礼的概貌。首先知宾客将至,汉宣帝遣使告谕沿途州郡为之备,这与《周礼》中于国境迎劳颇为契合。其次,确定来宾的地位,此处对呼韩邪单于宠以殊礼,定其朝贺班位在诸侯王之上,表示对呼韩邪单于来朝的重视。但是需要注意,"殊礼"二字表示这并不是一种常备的礼仪规格,从侧面表明此时四夷君长及使节来朝,相关礼仪规格基本上处于刘姓诸王之下。再次,优予赏赐。之后遣使者引导宾客还馆。而后,于建章宫飨单于。月余,单于还。最后,"诸蛮夷君长、王侯数万,咸迎于渭桥下",表明此时汉帝在有意营造出一种万邦来朝的景象。总之,相较于西周时期的宾礼流程,此次记载仍较为简略,但依稀能够发现西周时期的宾礼形式对此时宾礼行为的影响。

汉元帝时,武帝、宣帝以来所确立的汉匈关系得到维系。以后呼韩邪单于再来朝,"礼赐如初",服用"倍于黄龙时",此时匈奴单于的上书正可说明缘何呼韩邪单于会受到如此礼遇:"愿保塞上谷以西至敦煌,传之无穷,请罢边备塞吏卒,以休天子人民。"②呼韩邪单于之言是对其天子外臣身份的确认,也是汉匈之间实力对比变化的表征。以上基本是两汉时期四夷来朝的概貌。

(二) 郡国诸侯来朝

汉高祖九年(前198)十月,未央宫成,朝会诸侯群臣。十年(前197)十月,淮南、燕、荆、梁、楚、齐、长沙等王来朝。十一年(前196)二月,令诸侯王等十月朝献。③汉惠帝二年(前193)十月,齐悼惠王刘肥来朝,帝燕王于皇太后前。按《周礼》所言,诸侯朝王当以宾礼待

---

① 参见(汉)班固:《汉书》卷8《宣帝纪》,第271页。
② (汉)班固:《汉书》卷94《匈奴列传下》,中华书局,1962,第3803页。
③ 参见(汉)司马迁撰,(南朝宋)裴骃集解,(唐)司马贞索引,(唐)张守节正义:《史记》卷8《高祖本纪》,中华书局,2014,第482—485页。

之,但是顾涛在对汉唐礼制进行汇编时则认为上述前三事属嘉礼范畴,齐悼惠王入朝则为宾礼。① 据顾氏引述《汉书》内容:"置齐王上座,如家人礼"②,也即汉惠帝并没有将齐悼惠王视为臣子,而是以家人之礼待之。因其中弱化了君臣之间的关系,加之其王国之主的身份,故以宾礼相待。而有关高祖时期几次诸侯王来朝的记载,虽言诸侯,但此时的王国名义上在中央的实际控制之下,其性质更像秦所置之郡县,为天子内臣,不用宾礼。以上情形与秦蕙田所论颇合。据《五礼通考》记"自秦废封建,而朝礼遂亡。汉、魏、晋、唐、元、明封建子弟,虽有分土,而朝觐未合于古",然"敦睦之德犹有可称",故此时将两汉诸侯王朝贡之举视为宾礼,或是一种折中的观点。③ 概其所论就朝觐本意而发,虽不同于古,但依然按照古礼的分类。

(三) 二王三恪之礼与征辟臣僚

关于此时期礼待先王后的记载内容较少。见诸史籍者如汉成帝绥和元年(前8)三月,汉加封周承休侯均为公。④ 此为三恪之礼,西周时即作为宾礼内容,顾书以其为吉礼。王莽始建国元年(9)正月,先是王莽率朝臣使皇太后去汉国号,后又策命刘婴为"定安公,永为新室宾"⑤,行汉正朔。王莽此行主要为昭示新朝乃受汉禅让所立,以消解部分臣僚的抵触情绪。此即所言之"二王三恪",应将其视为宾礼。

以征辟臣僚视为礼宾之举的事例,如汉安帝延光二年(123),安

---

① 参见顾涛:《汉唐礼制因革谱》,上海书店出版社,2018,第48、49、52页。
② 参见(汉)班固:《汉书》卷38《高五王传》,中华书局,1962,第1987—1988页。
③ (清)秦蕙田:《五礼通考》卷223《宾礼四》,"天子受诸侯蕃国朝觐",《四库全书》文渊阁影印本,第141册,台湾商务印书馆,1986,第79页。
④ 参见(汉)班固:《汉书》卷10《成帝纪》,中华书局,1962,第328页。
⑤ (汉)班固:《汉书》卷99中《王莽传》,中华书局,1962,第4099页。

帝"以玄纁羔币聘"周燮等。① 汉顺帝永建二年（127），顺帝"策书备礼，玄纁征"樊英；四年（129）三月，樊英被拜为五官中郎将，顺帝以师傅之礼待之。② 汉桓帝又"以安车、玄纁备礼征"徐稺等人。③ 上述记载皆是皇帝待名士、臣僚以宾礼，此以皇帝私礼而不以公。

综上，通过对两汉礼宾行为的列举可知，汉代较之先秦在宾礼方面的改变主要体现在其施用对象的变化上。西周宾礼重内而略外，其宾礼行用对象主要是分封制下的五等诸侯，四夷在其宾礼中处于相对边缘的位置。秦汉大一统的完成，郡国诸侯虽在一定的时段内长期存在，但帝国内部政局基本上趋于稳定，郡国诸侯亦要服从于皇权，西周与两汉时期的诸侯朝礼在性质上发生了重大变化，只有被汉帝予以特殊对待的同姓诸侯朝贺方以宾客之礼待之。四夷成为两汉礼宾行为的主要对象，由边缘走向中心，礼宾活动中四夷的权重相对上升，此时的宾礼逐渐由对内维系封建王权的礼仪转化为对外维系政权间关系的礼仪。但这并不意味四夷在帝国内部政务运行中地位的上升，即使偶有位于诸侯王之上的事例，但仍只是特定时期的"殊礼"，接待四夷君长、聘使的宾礼走向中心一定程度上是礼仪下行的产物，也是宾礼逐渐淡出礼仪中心的表现。

二、两晋南北朝时期的宾礼

相较于汉志中对宾礼的忽略，唐人在修《晋书》时则专辟《宾仪》一节，记录此时期的宾礼行用。而在两晋之前的曹魏时期，三国并

---

① （南朝宋）范晔撰，（唐）李贤等注：《后汉书》卷53《周燮列传》，中华书局，1965，第1742页。
② （南朝宋）范晔撰，（唐）李贤等注：《后汉书》卷72上《方术列传上》，中华书局，1965，第2723页。
③ （南朝宋）范晔撰，（唐）李贤等注：《后汉书》卷43《徐稺传》，中华书局，1965，第1747页。

立,在各政权的战和往来中,礼宾之举时常出现,惜未见详细的宾礼仪节。两晋时期,时人试图恢复古礼,但是随着时代的变化,古礼存在的政治、经济基础等皆已不同往昔,因此这种努力并不奏效,宾礼也基本走出《周礼》的制度模型。《晋书·礼志下》虽以"朝宗、觐遇、会同之制"①的顺序来总结两晋宾礼的具体内容,但其中所述多只是宾礼在礼仪重构期遭遇的困境,部分仪礼并无具体仪文及实施情形,而诸政权使节往来的实例却史不绝书,为了解此时期宾礼的演变提供了可能。

(一) 诸侯朝觐之礼不兴

朝觐礼在曹魏时期受到冷落,与曹氏对宗室诸侯王的防范有关。曹魏宗室诸王皆有封地,魏文帝时明确除特恩外,"藩王不得朝觐"。② 西晋时期,司马氏诸王亦多有实封、就藩,故对诸王朝聘之制有较为明确的规定。晋武帝泰始年间,明确诸侯朝聘之制:四方之诸侯王分两批入朝,三年为一周期,遇变故则顺延至下一年,仍然是三年再朝。"朝礼皆亲执璧,如旧朝之制"③,每个周期不朝的年份,则遣诸侯属臣前往晋都城聘问。此礼在西晋武帝时期得到普遍实施。但是八王之乱打破了皇帝与司马氏诸王之间的关系平衡,诸侯不朝的情况时常出现。④ 至东晋时期,汲取西晋时八王之乱的教训,宗室诸王虽有封国却不再授予封地,诸侯王朝觐之礼已无存在的基础。因此顾涛"东晋之后此礼方废"之论颇为中肯,但其所言应单指诸侯

---

① (唐)房玄龄等:《晋书》卷21《礼志下》,中华书局,1974,第649页。
② (唐)房玄龄等:《晋书》卷21《礼志下》,中华书局,1974,第651页。有关曹魏在朝聘礼仪上限制宗室的研究见王永平:《曹魏苛禁宗室政策之考论》,《许昌师专学报》2001年第3期。
③ (唐)房玄龄等:《晋书》卷21《礼志下》,中华书局,1974,第651页。
④ 参见陈艳玲:《皇权继承危机与魏晋政治格局之形成》,《文史哲》2015年第4期。

朝觐之制的名存实亡,与四夷来朝并无直接关联。①

南北朝时期,各政权并立,虽有一政权向区域内更为强大的政权称藩的情况,但大多数是各政权间互相遣使聘问,朝觐之礼较为稀见。如此时南朝与北朝之间的往来,基本以聘使为主,《北齐书》虽载陈霸先建陈之后遣使向北齐称藩,但未见其有朝觐之举,仅遣使聘问、奉贡。②但凡事皆有例外,北魏道武帝天赐三年(406)八月,后秦姚兴遣使聘于南燕,南燕主慕容超北面受诏,事实上就是对后秦行臣礼,是小国"交欢上国"之礼。③但南燕此种行为并非常态,只是慕容超之妻、母被囚于后秦,后秦欲令南燕称藩而不得不为之。④

又《隋书·礼志》指出:"自秦兼天下,朝觐之礼遂废。及周封萧詧为梁王,迄于隋,恒称藩国,始有朝觐之仪。"⑤北周封萧詧为西梁主,梁向北周称藩,一改东晋以来各政权相交国主不亲朝的成例,前往朝觐北周皇帝,成为此时期的特例,颇类西周时期诸侯朝周天子,又似小国朝大国之举。对于此次梁王朝周,史书保留了部分较为详细的接待环节,主要包括京畿迎劳、致馆迎劳、庙堂朝见、致享、驿馆致享、私觌等,其仪式环节等与先秦时期的宾礼相似。⑥其中所见掌礼之人为大冢宰,应为中枢宰辅之一。梁主除朝周帝外,亦与北周之三公、三孤、六卿等行宾主之礼,却并无如西周时期出现的周天子与诸侯之间的私觌之礼,这表明在礼仪的行用中梁主与北周高级官僚之间的对等地位。上述仪式的出现既体现出北周对梁主来朝的重

---

① 参见顾涛:《汉唐礼制因革谱》,上海书店出版社,2018,第915页。
② 参见(唐)李百药:《北齐书》卷4《文宣帝纪》,中华书局,1972,第64页。
③ 参见(宋)王钦若等编纂,周勋初等校订:《册府元龟》卷659《奉使部》,"张华"条,凤凰出版社,2006,第7604-7605页。
④ 参见顾涛:《汉唐礼制因革谱》,上海书店出版社,2018,第719页。
⑤ (唐)魏征、令狐德棻:《隋书》卷8《礼仪三》,中华书局,1973,第157页。
⑥ 以上俱见(唐)杜佑撰,王文锦、王永兴、刘俊文等点校:《通典》卷74《沿革三十四·宾礼一》,中华书局,1988,第2020-2021页。

视,又从侧面指出梁主为北周藩臣的地位。然而,已不能将梁朝北周视为内诸侯朝觐天子之礼,而只能看作不同政权间的朝聘礼仪,其地位与四夷君长来朝类似,这正与此时宾礼中内诸侯朝觐礼仪不兴的趋势暗合,不能将之视为孤立于宾礼演变趋势之外的异类。

(二)天子巡狩之礼衰落

天子巡守与诸侯朝觐礼境遇类似。天子巡狩,诏诸侯会盟,此为先秦时期宾礼中的重要内容,但这皆就周天子与诸侯王之间的相互关系而言。曹魏时期,魏明帝、魏元帝、齐王芳皆有巡狩之举,且皆为亲巡。① 然此时天子巡狩只为安抚地方,并不涉及联络诸侯藩国。

西晋时期,巡狩礼出现了一定程度的变异。首先,巡狩主要以"恤民"之名,"坐而待旦,思四方水旱灾眚,为之怛然……惟岁之不易,未遑卜征巡省之事,人之未乂,其何以恤之?"② 其次,天子不亲巡,而代之以臣僚寻访地方,"使使持节侍中,副给事黄门侍郎,衔命四出,周行天下,亲见刺史二千石长吏,申喻朕心……问人间患苦。"③ 由此可知,巡狩虽然仍然作为维护天子权威的方式,但是在具体形式上出现重大变化。两晋时期虽然新修巡狩方岳之礼,但是限于皇帝巡狩次数,新礼亦很难实施。南北朝时期,各政权君长巡狩的案例相对少见。

(三)元会仪的转变

元会仪起于汉代正会礼,曹魏武帝时采纳汉礼,"正会文昌殿"于邺,至西晋武帝时修《咸宁注》,更定元会仪。④ 就目前所见《咸宁注》的有关记载来看,元会仪为每年岁首皇帝与诸侯、臣僚、藩国之间的大朝会。礼仪分两阶段执行,"夜漏未尽七刻谓之臣贺,昼漏上三刻

---

① 参见(唐)房玄龄等:《晋书》卷21《礼志下》,中华书局,1974,第651页。
② (南朝梁)沈约:《宋书》卷15《礼志二》,中华书局,1974,第379—380页。
③ (南朝梁)沈约:《宋书》卷15《礼志二》,中华书局,1974,第380页。
④ 参见(唐)房玄龄等:《晋书》卷21《礼志下》,中华书局,1974,第649页。

更出,百官奉寿酒,谓之昼会"。① 在臣僚、蕃国序次问题上,至东晋时期,始定皇太子序次在"三恪下,王公上"。②

就其性质而言很难将之视为纯粹的宾礼,顾涛依《通典》将之归为嘉礼。但在礼仪环节方面,既有臣僚朝贺之仪,又有诸侯王、四夷蕃国朝贺之礼,前者属嘉礼,后者当为宾礼。因此,此时的"元会仪"应当是一种宾礼与嘉礼相结合的复合型礼仪。至少西晋时期的元会仪符合此特点。由于东晋偏安江南,加之不许诸王就藩,此时参与元正朝会者或皆为朝臣。朱溢认为两晋时期的"州郡仍有一定的独立性",元会礼仪在一定程度上仍是对皇帝与州郡长官之间君臣关系的维系,故应视其为宾礼。③

南北朝时期亦时有元会仪的记载。顾涛依据《宋书·礼志》等记载得出"元会仪注,宋、齐基本沿用晋制"。④ 此时期的元会仪比之魏晋时期出现了一定程度的改变。首先,元会仪仍延续东晋以来的演变趋势。由于诸政权中诸侯多不复存在,故元会仪参与者以朝臣为主,从而使其中的宾礼因素逐渐剥离,而彻底成为嘉礼的一种。其次,除以君主为主的元会仪外,新增皇太子元会仪。如梁武帝天监六年(507)正月,东宫修成,皇太子于崇正殿宴会臣僚,用乐依旧东宫元会仪注,⑤表明此时期在旧元会礼仪的基础上另有太子元会礼仪。出现太子元会礼仪与此时期对皇太子地位的强调与重视有关。同时皇太子班次在三恪之上成为定制。⑥

---

① (唐)房玄龄等:《晋书》卷21《礼志下》,中华书局,1974,第651页。
② (唐)房玄龄等:《晋书》卷21《礼志下》,中华书局,1974,第649—651页。
③ 参见朱溢:《中古中国宾礼的构造及其演进——从〈政和五礼新仪〉的宾礼制定谈起》,《中华文史论丛》2015年第2期。
④ 顾涛:《汉唐礼制因革谱》,上海书店出版社,2018,第488页。
⑤ 参见(唐)杜佑撰,王文锦、王永兴、刘俊文等点校:《通典》卷147《乐七》,中华书局,1988,第3762—3763页。
⑥ (南朝梁)沈约:《宋书》卷14《礼志一》,中华书局,1974,第345页。

综上所述，两汉至魏晋南北朝是五礼制度的确立时期，旧的宾礼形式在此时期开始逐渐转型。诸侯朝觐之礼逐渐衰落，宾礼开始逐渐演化为不同政权间的礼仪。如果依据王贞平提出的"广义宾礼"和"狭义宾礼"的概念审视先秦至魏晋时期的宾礼，先秦时期的宾礼应属于"广义宾礼"范畴，两汉时期应对匈奴单于来朝的宾礼也印刻着"广义宾礼"的影子，史籍所载魏晋时期各政权礼宾之举（尤其是朝觐礼仪）则基本上演变为一种狭义宾礼。由于元会礼仪的嘉礼化，加之巡狩之礼不兴，宾礼逐渐转化为一政权专门的对"外"礼仪，这正是唐代宾礼成型的渊源所在。

第三节　唐代的宾礼

宾礼在魏晋南北朝时期出现了重要的转变，唐代宾礼正是在这种转变的基础上成型。隋朝的宾礼与南北朝时期的宾礼演变趋势相似，此时朝礼的实施对象多是周边蕃部政权或是南朝政权。这些礼宾活动，有朝觐之礼、聘问之礼，亦有针对北周末帝的二王三恪之礼。隋志中对开皇四年（584）正月梁主萧岿来朝的礼仪环节记载颇详，可被视为梁朝周之举的延续。①

萧詧朝周时北周尽管在礼仪形式上隆重待之，但是在礼仪环节上着重突出了梁主之于北周皇帝的臣属地位，这与梁主受北周赐封有关。隋代北周，萧岿主动朝贺，隋亦待以殊礼。目前隋志所见的朝贺之礼仅有郊迎、就馆、入朝等礼仪环节，并不见礼毕还馆后的相关礼仪。尽管梁主以臣礼朝拜隋帝，但是从隋称萧岿为"梁帝"看，隋对萧岿来朝较为重视，这与隋自称受北周禅让有关。隋受周禅，自然继

---

① 参见（唐）魏征、令狐德棻：《隋书》卷8《礼仪三》，中华书局，1973，第158页。

承了北周在与各政权交往中的地位,萧岿来朝,恰符合此时隋对自身受禅合理性塑造的需要。

唐立国后对礼仪修定较为重视,这部分得益于由南北朝至唐初的礼仪实践。《旧唐书》记载:"太宗皇帝践祚之初,悉兴文教,乃诏……修改旧礼,定著《吉礼》六十一篇,《宾礼》四篇,《军礼》二十篇,《嘉礼》四十二篇,《凶礼》六篇,《国恤》五篇,总一百三十八篇,分为一百卷",此即《贞观礼》。① 之后又有《显庆礼》与《大唐开元礼》。《贞观礼》与《显庆礼》皆不见其文,二礼对唐代礼仪的影响不得而知,致使唐初出现"礼司无定制,遇有大事辄制一仪,临时专定"的情况。② 玄宗开元年间,鉴于以上问题,有司建议"删削《礼记》旧文,益以今事"修定新礼;但最终新礼"取贞观、显庆礼书,折衷异同,以为唐礼",此即《大唐开元礼》,其更成为10—13世纪东北亚诸国礼制建设的蓝本。③《大唐开元礼》的修定不以《礼记》为蓝本,而以唐初修定之礼,折衷异同,正是此时期宾礼不同于前的重要原因,同时也是宾礼随政局演变的必然结果。

《大唐开元礼》《通典》《新唐书》等记载唐代宾礼较为翔实,其中《新唐书》礼志中的宾礼内容皆出自《大唐开元礼》的相关条目,《通典》中的相关内容则将有关仪文归入各属,体现出著述者对古今宾礼变化的理解。《大唐开元礼》中的宾礼内容主要为《蕃国王来朝以束帛迎劳》《遣使戒蕃王见日》《蕃王奉见》《受蕃国使表及币》《皇帝燕蕃国王》《皇帝燕蕃国使》。对比先秦宾礼,《大唐开元礼》中主要涉及针

---

① (后晋)刘昫等:《旧唐书》卷21《礼仪一》,中华书局,1975,第817页。
② (清)永瑢、纪昀等:《四库全书总目》卷82《史部三十八·政书类二》,"大唐开元礼一百五十卷",《四库全书》文渊阁影印本,第2册,台湾商务印书馆,1986,第697页上栏。
③ (清)永瑢、纪昀等:《四库全书总目》卷82《史部三十八·政书类二》,"大唐开元礼一百五十卷",《四库全书》文渊阁影印本,第2册,台湾商务印书馆,1986,第697页上栏。

对蕃国的朝礼与聘礼,又有嘉礼中的饮燕之礼。从内容上看,如朝会、巡狩、封禅等主要涉及唐朝区域范围内的礼仪,皆从宾礼中分化;晋志中被列入宾礼的元会仪,逐渐演化为元正朝贺仪和冬至朝贺仪,包括皇帝、皇后分别受皇太子、群臣等朝贺,皆列入嘉礼;而巡狩、封禅被列入吉礼,这是由政治局势的演变造成的。因此,此时的宾礼已彻底演化为一种对"外"的礼仪。①

上述六篇仪文指明了两套礼仪流程,一为接待蕃国主,另一为接待蕃国使。综合而言,在接待蕃国主/使时,礼仪流程大致遵循遣使迎劳(郊迎、馆待)、戒见日(确定朝见日期)、藩主奉见/蕃使奉表及币、燕藩国主/使、奉辞。② 表明此时礼书中的礼仪环节已较为完整,礼书中所记只涉及狭义的宾礼,此礼仪流程只能视作蕃国主与使臣在国都所受到的礼遇。关于唐代的宾礼研究,已有较为深入的讨论③,本节只针对相关内容做概要性说明。

一、迎劳与戒见日

迎劳与戒见日皆发生在外使朝见唐帝之前。从礼仪环节看,迎劳礼主要包括备仪、公礼、私礼及行礼后的日常拜访四个阶段。在公礼执行阶段,蕃主、蕃使立于东,面西。在行礼次序上则是迎宾使先行升阶,蕃主后行。尽管在迎劳使宣旨时蕃主免于拜礼,但仍需北面遥拜皇帝。私礼执行阶段,蕃主虽仍立东面西,迎宾使立西面东,但

---

① 此"外"则是相对于唐所处的区域格局而言,不同于现代通行意义上的外国,概指唐实际控制区域以外的地方,特此说明。
② 《大唐开元礼》卷79《蕃主奉见》,其后著明"奉辞礼同"。参见(唐)萧嵩等奉敕撰:《大唐开元礼》卷79《蕃主奉见》,民族出版社,2000,第388页。
③ 相关研究见任爽:《唐代礼制研究》,东北师范大学出版社,1999,第91-95页;王贞平:《唐代宾礼研究——亚洲视域中的外交信息传递》,中西书局,2017;杨阳:《唐代宾礼研究》,硕士学位论文,陕西师范大学,2014;李丽艳:《唐代宾礼研究——以〈大唐开元礼〉为研究视角》,硕士学位论文,辽宁大学,2015。

是行礼次序上则是蕃主先行，迎宾使后行，蕃主馈送迎宾使礼物，受迎宾使拜谢。日常拜访阶段，舍人宣敕，蕃主再拜，宣敕毕，又再拜。王贞平认为"'迎劳'的每一个环节都准确、恰如其分地表现了皇帝、敕使、蕃主三者各自的身份和相互关系"。① 大略公礼阶段，迎宾使面东，以古人有以面东为尊的传统，迎宾使代主行礼，故立西面东，以凸显其尊；又迎宾使先行升阶，此正如郑玄所言"不答拜者，为人使不当其礼也。不让先升，奉王命，尊也"②之意，即要强调蕃主乃天子外臣的身份。蕃主受币，迎宾使不受其拜，蕃主北面遥拜天子，是迎宾使与蕃主俱为天子之内外臣，突出了皇帝之于蕃主、内臣的超然地位。而私礼执行阶段不再有君臣之仪，只有主宾之礼。蕃主为主，故先行；迎宾使为客，故在接受蕃主馈赠时行拜礼。只是其站定位次仍与公礼同，强调"以客为尊"。至于日常拜访阶段敕使受其拜礼，乃是此时所行为公礼，此代表蕃主以其外臣身份向天子行礼。③ 总之，尽管迎劳礼中存在公、私两礼，但其中所着意突出的则是蕃主为天子外臣，以天子为尊的意识，反映了唐廷在与外蕃往来中的主导地位。

宾礼的第二阶段是戒见日，主要为告知蕃主皇帝受朝贺的日期，礼仪环节并不如迎劳礼仪那般繁复，且大部分执礼行为也与迎劳相同。不同之处在于在驿馆外行礼时，以蕃主属臣作为中间人，进行最初的信息传递，突出了此时公礼的性质，是对蕃国主地位的承认。但在驿馆内行礼阶段，宣旨完毕，蕃主再拜稽首则又表明其于唐廷的臣属地位。戒见日的存在，表明唐廷意在通过严格的礼仪程序，强化对

---

① 王贞平：《唐代宾礼研究——亚洲视域中的外交信息传递》，中西书局，2017，第 22 页。
② （汉）郑玄注，（唐）贾公彦疏：《仪礼注疏》卷 26 下《觐礼》，见（清）阮元校刻《十三经注疏》，中华书局，1980，第 1088 页上栏。
③ 具体可参见王贞平：《唐代宾礼研究——亚洲视域中的外交信息传递》，中西书局，2017，第 22—26 页。

蕃国的影响。

二、唐帝受蕃主(使)朝见

朝见与朝辞是蕃主来朝中最重要的礼仪环节，其礼仪流程也远较迎劳、戒见日繁复。主要包括备仪、朝见(辞)日蕃国主上殿行礼、蕃国诸官上殿行礼等环节。唐廷对蕃主朝见、朝辞之礼极为重视，这从唐廷对朝见礼仪的准备阶段即可看出。迎劳与戒见日备仪皆在前一日，而蕃主奉见备仪则分为两个阶段。蕃国主朝见仪对多个蕃国同时入朝时诸蕃主的位次做出了具体规定，即"以国大小为叙"。① 由于唐代礼法中不明列诸国尊卑之序，而以现实中蕃国实力强弱为准，导致礼仪施行过程中时常出现诸国争长的情况。②

蕃主上殿行礼阶段，先有赞者在其中传话，后又有侍中折返宣制，这一切皆在于通过礼仪的空间距离和差异体现唐天子的威仪，强化蕃主为唐天子外臣的意识。③ 蕃主升阶就座后应俛伏行礼。劳问之后，免其拜礼。此阶段，蕃主与皇帝的距离拉近，通过其所行俛伏礼看，这应当是显示皇帝对蕃主的特殊礼遇，而蕃主俛伏则表示对唐皇帝礼遇的感激，由此凸显唐蕃之间的尊卑之序。蕃国诸官上殿行礼在蕃主升殿就座之后随即展开。与蕃主行礼不同的是，蕃国诸官只能对皇帝进行遥拜。皇帝对蕃国主的礼遇，非藩国官所能享。

"皇帝受蕃使表及币"为唐受蕃国聘之礼。不同于前述诸礼，此

---

① (唐)萧嵩等奉敕撰：《大唐开元礼》卷79《宾礼·蕃主奉见》，民族出版社，2000，第387页下栏。

② 对"争长"的研究，目前亦有较多成果。如(日)福田忠之：《唐朝之东北亚诸国观及东北亚诸藩国国际地位——以唐代各国争长事件为中心》，收录于王小甫主编：《盛唐时代与东北亚政局》，上海辞书出版社，2003，第372－406页；王铭：《唐代东北亚国家的"华夷"观念复制》，《国际政治科学》2014年第3期。

③ 参见王贞平：《唐代宾礼研究——亚洲视域中的外交信息传递》，中西书局，2017，第40页。

时的礼仪空间并不固定。据王贞平考证,此时接见外国使节的地点有宫城的承天门、两仪殿,大明宫含元殿、宣政殿、延英殿等。① 且由于参与此礼者为蕃使,故设蕃使位次于悬南,以突出仪式的空间距离感。此时的黄麾仗规格不同于蕃国主来朝时,只用"黄麾半仗",标示唐廷对蕃主、蕃使之间的礼仪等级差别,突出"礼以序尊卑"的政治意义。唐帝接受蕃国书时,受书礼执礼者为中书侍郎,其作为蕃使与唐帝之间的信息传递者,避免蕃使近距离直面皇帝,严格受书仪的仪式,彰显天子威仪。关于不同等级的政权及其使节在仪仗、音乐方面皆有明文规定,即"大蕃大使为作乐,次蕃大使及大蕃中使以下皆不设乐悬及黄麾仗"②,表明藩国实力强弱及所遣使节等级是唐廷备礼的重要依据。

三、皇帝宴蕃国主、使

宴蕃主、蕃国使之礼在唐代宾礼中具有重要地位。关于皇帝宴蕃国主之礼,王贞平将礼仪的进行分为十二个环节。③ 宴蕃国主之礼的礼仪空间并不固定。④ 蕃国主、臣的位次基本同蕃主朝见仪。在行礼时"典仪一人,升,立于东阶上,赞者二人立于阶下,俱西面"。⑤ 典仪、赞者的增加,预示着饮燕时礼仪的繁复与场面的宏大。从侧面指出饮燕之礼亦是唐朝廷向四夷展示大国威仪的场合。

---

① 王贞平:《唐代宾礼研究——亚洲视域中的外交信息传递》,中西书局,2017,第34—35页。
② (唐)萧嵩等奉敕撰:《大唐开元礼》卷79《宾礼·皇帝受蕃使表及币》,民族出版社,2000,第388页下栏。
③ 参见王贞平:《唐代宾礼研究——亚洲视域中的外交信息传递》,中西书局,2017,第49页。
④ 参见王贞平:《唐代宾礼研究——亚洲视域中的外交信息传递》,中西书局,2017,第48页。
⑤ (唐)萧嵩等奉敕撰:《大唐开元礼》卷80《宾礼·皇帝宴蕃国主》,第390页上栏。

至于皇帝宴蕃国使,在备礼环节与宴蕃国主有略微差异,如宴蕃国主诸卫列黄麾仗,宴蕃国使则列黄麾半仗,其所体现的政治意涵参见上文对蕃主奉见及受蕃使表及币礼仪;太乐展宫悬、设举麾位要根据蕃使等级而设,同皇帝受蕃使表及币。另大蕃中使、小蕃大使(不含)以下别有中书等宴请,皇帝不预,体现出唐廷的政治与礼仪秩序。针对不同等级的使节,皇帝着装上有略微的差异,当宴大蕃中使及小蕃大使时,皇帝不服朝服,宴大蕃大使则"服通天冠绛纱袍"①,体现出唐天子对不同等级的聘使重视程度的差异。

四、唐代宾礼中的其他内容

唐代嘉礼中的元正朝贺仪及遣使诣蕃宣劳也涉及蕃国朝聘的内容。从中可以发现蕃国客使在唐廷朝会礼仪中的位次及等级秩序。

首先,嘉礼中所记《皇帝元正冬至受群臣朝贺(并会)》针对蕃国使节位次的安排体现出此时宾礼"重内略外"的特点依然明显。据记载:

> 设文官三品以上位于横街之南道东,介公、酅公位于道西,武官三品以上于介公、酅公之西少南,俱每等异位,重行,北向,相对为首。设文官四品、五品位于……四品以下皆分方位于文武官当品之下,诸州使人分方立于朝集使之下,亦如之。……设诸方客位。三等以上,东方、南方于东方朝集使之东,每国异位,重行,北面,西上;西方、北方于西方朝集使之西,每国异位,重行,北面,东上。四等以下,分

---

① 《皇帝宴蕃国使》仪文中记曰:"皇帝服通天冠绛纱袍,乘舆以出",又注曰:"不设乐者则常服"。详见(唐)萧嵩等奉敕撰:《大唐开元礼》卷79《宾礼·皇帝受蕃使表及币》,民族出版社,2000,第391页下栏。

方位于朝集使六品之下,重行每等异位。①

该篇仪文中涉及诸宾客参与朝会的位次。介公、酅公为二王后,不行唐正朔,于唐廷等同于敌国君主,故而在行礼位次的安排上,以二王后为尊。其次为三等以上文官,次三等以上武官,而同等级的蕃客在唐朝会礼仪中地位最轻。不同蕃国位次有异,其等级次序亦有差别。《旧唐书·礼仪志三》记载了公元725年蕃客参与朝觐仪式的情况②,王贞平认为各政权出现的次序大略"反映了8世纪初亚洲格局大势中唐廷与各国的关系",不同时期各政权出现顺序的差异,"也反映出唐廷它们之间政治关系的演变"。③

其次,《大唐开元礼》卷129录有《皇帝遣使诣蕃宣劳》一篇,对皇帝遣使前往蕃国宣敕的具体礼仪环节有所界定。此篇在《大唐开元礼》中被归入嘉礼,然据《周礼》,皇帝遣使诣蕃国聘问亦应归为宾礼之属,且蕃主受诏过程中亦出现宾主之间的互动,故而笔者将之视为一种与宾礼密切关联的礼仪。上述礼仪环节中有一些问题值得注意。首先,蕃主迎使者环节,蕃主北面,再拜,而使者不答拜,这应是由于蕃主北面,其所拜者为唐天子,是其行臣礼的体现。唐使与蕃主俱为唐天子之内外臣,故唐使不答拜。其次,蕃主受诏环节,"使者诣阶间,南面立","执事者引蕃主进使者前,北面,受诏书",使者与蕃主的位次,亦体现出蕃主为天子外臣的地位。④ 当然,仪文的修订者为唐臣,这只是盛唐士人对礼仪秩序的理解,蕃国会否如此执行,则又是另外一个层面的问题。但是该仪文对高丽等周边政权的宾礼建构

---

① (唐)萧嵩等奉敕撰:《大唐开元礼》卷97《嘉礼·皇帝元正冬至受群臣朝贺》,民族出版社,2000,第452—453页。
② (后晋)刘昫等撰:《旧唐书》卷23《礼仪志三》,中华书局,1975,第900页。
③ 王贞平:《唐代宾礼研究——亚洲视域中的外交信息传递》,中华书局,2017,第44页。
④ 参见(唐)萧嵩等奉敕撰:《大唐开元礼》卷129《嘉礼·皇帝遣使诣蕃宣劳》,民族出版社,2000,第610页。

产生了重要的影响。

通过对唐代宾礼仪文的梳理可以看出,唐代的宾礼较之前代出现了显著的变化,其中剔除了大部分的对内因素,彻底演化为一种对"外"礼仪。对后世尤其是宋代的宾礼产生了重要影响。唐代的宾礼主要由朝礼与聘礼两部分构成,同时朝会之礼中亦包括相关宾礼内容。唐代对唐使前往蕃国宣诏的礼仪也做出详细的规定,该礼对高丽时期的宾礼建构产生了重要的影响。唐代的宾礼仪文相较于前代更为完整,仪式完备,着重强调唐天子的权威。其朝会、宴等礼仪环节,通过宏大的礼仪场景与严密的礼仪程序,宣示唐廷的威仪与强盛。皇帝遣使诣蕃宣劳更是唐廷单方面订立的蕃主在其国受唐廷诏书的礼仪,反映出唐廷之于蕃国的超然地位。但是《大唐开元礼》出现于盛唐时期,随着唐廷实力的衰弱,蕃国遣使、受诏等行为是否全依相关仪文的具体规定,则又需另作思量。

本章小结

本章依据相关礼书及正史对相关礼仪及各朝礼宾之举的记载,对先秦至唐代的宾礼作了详细梳理,意在加深对宋以前宾礼演变趋势的理解,探讨宋代宾礼形态的历史渊源。首先,宾礼在先秦时期的国家政治中处于重要的地位,其对西周王权的强调、对尊卑秩序的维护是其存在的重要价值。西周虽然重视宾客之礼,但由于此时九州之内的诸侯被视为天子内臣,故西周宾礼整体呈现出重内略外的特点。而春秋战国时期诸侯之间的朝聘虽因诸侯国实力大小而出现尊卑有别的情况,但其宾礼模型已逐渐发生改变,诸侯与其卿大夫之间并未出现主宾关系,此时的主宾关系发生在诸侯国之间,对后世宾礼产生较为重要的影响。诸侯与其臣僚间主宾关系的消解,可被视作封建制度在礼仪方面崩溃的前兆。

其次,两汉至魏晋南北朝是五礼制度的确立时期,旧的宾礼形式在此时期开始逐渐转型。诸侯朝觐之礼逐渐衰落,宾礼开始逐渐演化为不同政权间的礼仪。两汉时期应对匈奴单于来朝的宾礼印刻着"广义宾礼"的影子,魏晋时期各政权礼宾之举(尤其是朝觐礼仪)则基本上演变为一种狭义宾礼。由于元会礼仪的嘉礼化,加之巡狩之礼不兴,宾礼逐渐转化为一政权专门的对"外"礼仪。这正是唐代宾礼成型的渊源所在。

最后,唐代是宾礼的成熟期,此时的宾礼较之前代出现了显著的变化,其中剔除了大部分的对内因素,彻底演化为一种对"外"的礼仪。对后世尤其是宋代的宾礼产生了重要影响。唐代的宾礼对唐使前往蕃国宣诏的礼仪也做出了详细的规定,这可能是高丽宾礼的渊源所在。唐代的宾礼仪文相较于前代更为完整,仪式完备,着重凸显唐天子的地位。其朝会、宴等礼仪环节,通过宏大的礼仪场景与严密的礼仪程序,宣示唐朝廷的威仪与强盛。皇帝遣使诣蕃宣劳更是唐廷单方面订立的蕃主在其国受唐廷诏书的礼仪,反映出唐廷之于蕃国的超然地位。但是随着唐廷实力的衰弱,《大唐开元礼》中的仪式是否得以通行,后世对唐礼的模仿是否符合其所处的区域环境,都需另做讨论。

第二章
宋代礼书中的宾礼
——基于礼仪修定及"宾"意涵的探讨

魏晋以来,礼书的修定被历朝所重视,或欲"成一代之典",如《大唐开元礼》;或记礼仪沿革,如《曲台新礼》。魏晋之后修定礼书逐渐成为一种传统。透过各个时期礼书的记载,能够窥测一个朝代宾礼演变的概貌。宋代继承了前代修礼的传统,从其代周伊始即注重礼仪的修定。宋太祖开宝年间,依《大唐开元礼》损益修成《开宝通礼》。宋真宗年间因应区域局势的变动,修成"大中祥符仪注",这些新修仪注多数被收入《太常因革礼》。宋徽宗时期所修《政和五礼新仪》,回溯三代,欲"成一代之典"。南宋时太常礼院修定《中兴礼书》《中兴礼书续编》,对建炎以来的礼仪变化作了详尽记录。这些礼书收录宾礼的标准是什么?宋代礼文中的"宾"意象出现了怎样的变化?这些都是本章着力解决的问题。

第一节　北宋前期礼书中的宾礼——继承与转型

"唐宋变革"是研究宋代礼乐制度中不可回避的话题。学界对

"唐宋变革"已有较为成熟的讨论①,在此不做赘述。但是在宋代宾礼的研究过程中,不得不注意宋初《开宝通礼》对《大唐开元礼》的继承性,以及"澶渊之盟"后宋代宾礼的转型。宋初至"大中祥符仪注"出现,正是唐宋宾礼变革的重要时段。

一、《开宝通礼》中的宾礼——唐礼规则的延续

《宋史·礼志一》在开篇指明:国初,太祖令卢多逊等人修定《开宝通礼》二百卷,"本唐《开元礼》而损益之"。②"损益"的方式则是"以国朝沿革制度附属之"③,即除相关仪文按照《大唐开元礼》修订外,附以北宋初礼仪行用中的实例,以标明较之《大唐开元礼》的新变化。但《开宝通礼》今已不见,不知其宾礼的完整模样。前章对《大唐开元礼》的相关仪文等进行了简要说明,大致包括针对蕃主与蕃使的两套礼仪流程,且在礼仪规则上,对各政权的区分较为模糊,没有具体指明各政权在唐代宾礼体系中所处的等级,因此时常出现蕃国争长的情况。《开宝通礼》所记宾礼仪文或与《大唐开元礼》类似,即包括蕃主来朝及蕃使来聘两方面的内容,且在仪文中不指明具体的政权。宋志"宾礼四"收录有"外国君长来朝"仪一篇,应是对《开宝通礼》的节录。如迎劳环节,宋志中记有"使者朝服,称制曰:'奉制劳某主'""国主迎于门外,与使者俱入""以土物傧,使者再拜受"④等内

---

① 相关研究参见李华瑞:《20世纪中日"唐宋变革"观研究述评》,《史学理论研究》2003年第4期;罗祎楠:《模式及其变迁——史学史视野中的唐宋变革问题》,《中国文化研究》2003年第2期;柳立言:《何谓"唐宋变革"?》,《中华文史论丛》2006年第1期,等。
② (元)脱脱等:《宋史》卷98《礼志一》,中华书局,1977,第2421页。
③ (宋)李焘:《续资治通鉴长编》卷12,太祖开宝四年六月丙子,中华书局,2004,第266页。
④ (元)脱脱等:《宋史》卷119《礼二十二·宾礼四》,中华书局,1977,第2803—2804页。

容,在《大唐开元礼》中皆能发现类似的表达。

　　从迎劳礼看,宋初的礼仪比之唐开元礼缺少备仪以及公、私礼之间送使者于馆门外的环节,但大体上按照唐开元礼的相关流程进行。其他环节也相对较为简略。首先,由于事前未有备仪环节,因此候馆外事先并未设置迎劳使与国主等位次,故迎劳使宣"奉制劳某主"是由其唱喝,而唐礼中则是以蕃国主之从臣先请事开始。其次,在迎劳使与国主之间的站位方面,《大唐开元礼》中有严格的规定,着重突出蕃国主为天子外臣的地位,故迎劳使处尊位;而宋初的宾礼中不见相关记载。通过宋初宾礼在拜礼方面的规定可以看出,在公私礼执行中,宾主关系与唐开元礼同。

　　宋初外国君主朝觐之礼的备仪环节出现于朝觐当日,而唐礼备仪环节分两日进行。唐礼对音乐的布置记述详细,而宋初的宾礼中只是简单交代仪仗与乐队。备仪之后的环节,宋初的宾礼对外国君主、从臣的位次交代较为模糊。《大唐开元礼》记皇帝就位与礼毕还宫时奏"太和之乐",《开宝通礼》中未见奏乐记载,但是从其备仪环节可知,行礼过程中应有奏乐。考虑到建隆元年(960)二月,宋太祖令窦俨作乐,确定皇帝受朝、皇后入宫用《顺安》之乐①。只是唐礼中提到蕃主上殿,奏舒和之乐,而《开宝通礼》不记,不知是否奏乐,又奏何乐?关于藩国主上殿行礼,宋《开宝通礼》与《大唐开元礼》之间所记载的礼仪动作在重复次数上有较大的差异,比如"再拜稽首""俛伏"②等,这多半是由于《开宝通礼》删削《大唐开元礼》所致,也与此时宾礼的实际执行中对仪礼环节的删减有关。不但如此,纵观宋初外国君主来朝之礼,可知其只是对唐礼的简化与节录,从侧面反映出经历晚唐、五代之乱后,北宋初年虽有意恢复盛唐之礼,但是大一统

---

① (元)脱脱等:《宋史》卷126《乐志一》,中华书局,1977,第2940页。
② (元)脱脱等:《宋史》卷119《礼二十二·宾礼四》,中华书局,1977,第2804页。

局面已经不复,由于国力所限,礼仪繁盛之景很难再现。

对诸侯及蕃使之燕礼、诸国使节来聘之礼是唐宋宾礼的重要内容,《大唐开元礼》中对宴蕃国主及蕃使、受诸国使表及币等礼仪皆有详细的记载,但是宋志中并未收录《开宝通礼》中的相关内容,只是提及"其锡宴与受诸国使表及币皆有仪,具载《开宝通礼》"①,提示今人宋初有此二礼。又前文所述《开宝通礼》中所记内容只是对《大唐开元礼》的节录与删减,可以推知"锡宴与受诸国使表及币"应也只是对《大唐开元礼》相关内容的节录。

二、《太常因革礼》中的宾礼——宋代宾礼的定型

"澶渊之盟"是北宋礼制变化的重要转折点。② 之后,北宋与辽在政治、军事上形成了一定的均势,宋在与周边政权的交往中面临的形势已经显著异于盛唐及北宋初年。因应形势变化,从宋真宗景德二年(1005)至大中祥符年间(1008—1016),北宋依据政权之别修订了一系列的宾礼仪注,即所谓的"大中祥符仪注"。本小节将依据《太常因革礼》所记相关仪注内容,窥探北宋真宗时期宾礼演变的新动向。

真、仁时期,宋代着手修定相关礼典,出现了《礼阁新编》《太常新礼》《太常因革礼》。上述礼书多根据北宋实际政务运作文书等修订而成,着重记录礼仪的沿革,为了解北宋礼仪在此时期的新动态提供了可靠依据。但前两种书目已佚,仅余《太常因革礼》存世,其中亦转

---

① (元)脱脱等:《宋史》卷119《礼二十二·宾礼四》,中华书局,1977,第2804页。

② 相关研究如朱溢:《北宋宾礼的建立及其变迁——以礼仪制定原则的讨论为重点》,《学术月刊》2014年第4期。该文认为"澶渊之盟"后北宋在外事管理上的改变与宾礼纂修原则的变化同步,是北宋放弃"天下一元"秩序追求的体现。此外,尹承:《〈太常因革礼〉研究》(山东大学博士学位论文,2015)亦对"澶渊之盟"后的宾礼变化作了相应的说明。

第二章 宋代礼书中的宾礼——基于礼仪修定及"宾"意涵的探讨

录前两种书目的相关内容。当前研究者已从各个层面对《太常因革礼》做了相关阐述。①

《太常因革礼》中并无明确的宾礼条目,宋志中被列入宾礼的元正冬至朝会仪、起居仪、常朝仪等,在修定《太常因革礼》时被列入嘉礼,基本延续了《大唐开元礼》及《开宝通礼》中礼仪条目的归属,而出现于《开宝通礼》中的宾礼内容不见其书,这与此时礼官的修礼原则有一定的关联。

嘉祐六年(1061)七月,"诏修礼书"。② 以参知政事欧阳修为提举编纂官,实际则"用项城县令姚辟、文安县主簿苏洵编纂,令判寺官督趣之"。③ 在编纂《太常因革礼》时,礼官的编纂理念与前代略有不同。吴丽娱认为《大唐开元礼》"以'改撰'《礼记》为目标",吸收初唐时期所修之新礼,体现出唐礼的创新精神,是唐玄宗"营造盛世的精神产品"④,其中寄托着唐人对《大唐开元礼》"垂为永则"⑤的期许。至于宋初之《开宝通礼》,本"约唐之旧"而成,最初纂修的目的则是"事为之制,以待将来",即为北宋之后的礼仪活动提供成法。相较于唐玄宗以《大唐开元礼》"营造盛世"的目的,宋初的修礼活动则相对

---

① 相关研究参见吴羽:《论中晚唐国家礼书编撰的新动向对宋代的影响——〈元和曲台新礼〉、〈中兴礼书〉为中心》,《学术研究》2008年第6期;张文昌:《制礼以教天下:唐宋礼书与国家社会》,"国立"台湾大学出版中心,2012,第133—228页;王美华《〈太常因革礼〉与北宋中期的礼书编纂》,《古籍整理研究》2014年第1期;尹承:《〈太常因革礼〉研究》,博士学位论文,山东大学,2015,第85—94页。

② (宋)王应麟撰:《玉海》卷54《艺文》,江苏古籍出版社,1987,第1034页下栏。

③ (宋)李焘:《续资治通鉴长编》卷206,英宗治平二年九月辛酉,中华书局,2004,第4996页。

④ 吴丽娱:《营造盛世:〈大唐开元礼〉的撰作缘起》,《中国史研究》2005年第3期。

⑤ (唐)陈致雍:《博士高远奏改颜子祝文议》,载(清)董诰等编:《全唐文》卷873,中华书局,1983,第9141页。

较为务实,故在实际典礼中常"随事损益"。① 这也导致在《开宝通礼》成文数十年后,实际行用的礼仪规制"与《通礼》异者十常三四",若继续行用《通礼》,则恐令后世疑惑。② 宋仁宗时期有司开始汇集宋初以来所行用的礼仪,先后纂成《礼阁新编》与《太常新礼》,但"多遗略,不能兼收博采以示后世"。③ 故才有《太常因革礼》的编纂。

在确定重新修礼时,朝臣针对即将修成的礼书有两种截然不同的看法。时任知制诰的张环认为应当用"有学术方正大臣,与礼官精议是非,厘正细绎,然后成书,则垂之永久,无损圣德"。④ 张氏的观点是要修成一代之典,以为后世法。但编纂官苏洵认为之前修礼敕书中的本意是要汇集国朝礼仪故事,以备后世参考勿忘,因此其修成的体例应当为"史书之类也","不择善恶,详其曲折",而使后世读之善恶自明。至于修成一代之典,首先无从取舍,其次亦会使后世读之颇为迷惑。⑤ 基于此,《太常因革礼》的纂述原则如下:

> 以为《开宝通礼》者,一代之成法,故以《通礼》为主,而记其变,其不变者,则有《通礼》存焉。凡变者,皆有所沿于《通礼》也。其无所沿者,谓之新礼。《通礼》之所有,而建隆以来不复举者,谓之废礼。⑥

---

① (宋)欧阳修著,李逸安点校:《欧阳修全集》卷155《〈太常因革礼〉序》,中华书局,2001,第2577页。

② (宋)欧阳修,李逸安点校:《欧阳修全集》卷155《〈太常因革礼〉序》,中华书局,2001,第2577页。

③ (宋)欧阳修,李逸安点校:《欧阳修全集》卷155《〈太常因革礼〉序》,中华书局,2001,第2577页。

④ (宋)李焘:《续资治通鉴长编》卷206,英宗治平二年九月辛酉,中华书局,2004,第4996页。

⑤ (宋)苏洵撰,曾枣庄、金成礼笺注:《嘉祐集笺注》卷15《杂文·以修礼书状》,上海古籍出版社,1993,第433—435页。

⑥ (宋)欧阳修,李逸安点校:《欧阳修全集》卷155《〈太常因革礼〉序》,中华书局,2001,第2577页。

此即指出《太常因革礼》包含三个方面的内容:《开宝通礼》中有记载且至嘉祐年间仍行用之礼,《开宝通礼》颁行后新出现的礼仪(新礼),《开宝通礼》有记载但之后不再行用的礼仪或某些礼仪环节(废礼)。

宋志中所见《开宝通礼》的宾礼部分内容并未体现在《太常因革礼》中,意味着这些内容在《太常因革礼》的修定中被排除在外,后者的废礼部分亦不见相关内容,实际上指明了宋初之宾礼已彻底不行①,究其原因与此时期区域局势的变化关系紧密。"澶渊之盟"后,宋辽之间的关系逐渐稳固,双方在使节往来中行敌国之礼,是一种相对平等的关系;但是宋与其他政权的关系仍是以宋为主导。而《大唐开元礼》中的宾礼突出唐天子的超然地位,是一种凌驾于诸藩国之上的礼仪。相较于唐礼,北宋真宗朝之后的宾礼行用条件更为复杂,唐礼及《开宝通礼》所记载的相关仪文很难适应此时政权间关系的演变,故将之废弃,别立新礼。新礼中有关契丹、高丽、交州及海外蕃客前来聘问的礼仪因政权而异,或正表明《太常因革礼》的宾礼部分内容,是北宋在面对复杂的区域局势时所做出的选择。

《太常因革礼》"新礼"十六载有《契丹国信使副元正圣节朝见、宴》《契丹国信使副辞》两篇仪文,这两篇仪文应皆出自"大中祥符仪注"。《契丹国信使副元正圣节朝见、宴》篇首引《礼阁新编》:"自景德澶渊会盟之后,始有契丹国信使副元正、圣节朝见。大中祥符九年,

---

① 张文昌认为《太常因革礼》不录《开宝通礼》中的宾礼仪文,是由于修《因革礼》时并没有对相关部分作出任何改变,故不录。参见张文昌:《制礼以教天下:唐宋礼书与国家社会》,"国立"台湾大学出版中心,2012,第186页。但是楼劲、尹承等认为《开宝通礼》中的仪文是参照《大唐开元礼》及五代礼仪成例修定的,其象征意义大于实际意义,从其成文开始就很难有效实行。参见楼劲:《宋初礼制沿革及其与唐制的关系》,《中国史研究》2008年第2期;《关于〈开宝通礼〉若干问题的考察》,编委会编《中国社会科学院历史研究所学刊》第4集,中国社会科学出版社,2007,第432—436页;尹承:《〈太常因革礼〉研究》,博士学位论文,山东大学,2015,第87—90页。

有司遂定仪注。"①尽管从宋太祖开宝八年(975)三月开始,北宋与契丹已开启官方间的正常使节往来,②同年十一月,宋向契丹遣使、副贺正旦,十二月,契丹遣使、副如宋贺明年正旦,③但史书中并未记载这两个节点使节来聘时的具体情况,故其中所言景德"澶渊之盟"后才出现契丹贺元正、圣节使副朝见的情况虽貌似有不妥之处,但整体上较为符合宋初与契丹往来的实际。此外《宋朝事实》中亦载有契丹及其他蕃国使见辞宋帝的礼仪,④但这并不代表此时元正朝会中有接见其他政权使节的环节。很大程度上,这只是为应对契丹不时遣使而行用的礼仪。

  尹承对大中祥符九年(1016)出现的《契丹国信使副元正圣节朝见、宴》仪文的渊源进行了详细考察,其在对比《宋朝事实》与《太常因革礼》中契丹使朝见仪的基础上,认为由于"澶渊之盟"缔结前夕,宋真宗将对契丹觐见之礼皆交付给谙熟"太祖朝书问规式"的翰林学士赵安仁裁定,故在景德之后宋对契丹的宾礼中多依北宋前两朝的制度。⑤事实上也就是承认以《宋朝事实》中所记的北宋前期的礼仪实践为基础,以景德初宋、契丹复交为契机,在双方使节往来中逐渐完善相关礼仪环节、制度等,这是大中祥符九年修定《契丹国信使副元正圣节朝见、宴》仪文的基础,而仪文只是对景德之后行用制度的总结。

---

① (宋)欧阳修等编:《太常因革礼》卷83《新礼十六·契丹国信使副元正圣节朝见宴》,宛委别藏本,江苏古籍出版社,1988,第869页。
② (宋)李焘:《续资治通鉴长编》卷16,太祖开宝八年三月己亥,中华书局,2004,第337页。
③ (宋)李焘:《续资治通鉴长编》卷16,太祖开宝八年十一月庚辰、十二月甲子,中华书局,2004,第351、355页。
④ (宋)李攸:《宋朝事实》卷12《仪注二》,丛书集成初编,中华书局,1985,第198—199页。
⑤ 尹承:《〈太常因革礼〉研究》,博士学位论文,山东大学,2015,第93—94页。

同书"新礼"十七录有四篇仪文:《高丽国使副见辞》《交州使副见辞》《宜州西南蕃黎州等处蛮王子见辞》《海外进表蕃客见辞》。前三篇仪文出自《礼阁新编》,《海外进表蕃客见辞》出自《礼院仪注》。按其所转载,相关仪注皆成于宋真宗大中祥符元年(1008),因该年高丽、交州等遣使入贡,遂令有司裁定仪注。① 但此记载并不准确,史籍中不见大中祥符元年高丽遣使入贡,且由于在高丽成宗时其国已臣服于契丹,此后对宋的朝贡时断时续,在宋真宗咸平六年(1003)八月遣使来贡之后,直到大中祥符七年(1014)才再次见其遣使来贡的记录。② 交州(交趾)在大中祥符元年及其前后都有遣使来贡且接受宋帝敕封的记载③,而该年也确有西南蕃部及大食等蕃客来贡。因此以大中祥符元年高丽遣使来贡而修定相关仪注的说法或有不妥。那么该年修定对诸国的礼仪一来确实是为了应对诸藩国遣使来贡,但也与该年兴起的天书封禅及大规模的制礼作乐活动有关,在追求礼仪涵盖范围的情况下,高丽使节见辞礼仪得以修订并收入。

第二节 北宋末至南宋时期礼书中的宾礼——变调与反正

"大中祥符仪注"的修成标志着宋代宾礼的定型,但是在宋徽宗君臣的默契之下,北宋末年宾礼内涵逐渐回向三代,成为宋真宗以来

---

① (宋)欧阳修等编:《太常因革礼》卷84《新礼十七·高丽国使副见辞》,第881页。
② 参见(宋)李焘:《续资治通鉴长编》卷55,真宗咸平六年八月丙戌,中华书局,2004,第1211页;卷83,真宗大中祥符七年十月戊午,第1898页。(朝鲜李朝)郑麟趾:《高丽史》卷四《显宗世家一》,人民出版社,西南师范大学出版社,2014,第99页。
③ 参见(清)徐松辑,刘琳、刁忠民、舒大刚等校点:《宋会要辑稿》蕃夷四之二八,上海古籍出版社,2014,第9786—9787页;(宋)马端临:《文献通考》卷30《四裔考七·交趾》,中华书局,2011,第9096页;(宋)李焘:《续资治通鉴长编》卷72,真宗大中祥符二年十二月癸未,中华书局,2004,第1644页。

宾礼演变过程中的变调。南宋时期依据《太常因革礼》及《曲台新礼》修成《中兴礼书》等，其中所记宾礼内容可被视为对北宋末年宾礼改作的反正。

一、《政和五礼新仪》中的宾礼——"营造盛世"下的变调

《太常因革礼》修成之后，时常有论者"病其太简"，不能完全展现盛宋气象，故议重修礼书者时常出现；神宗与哲宗时期，虽有言修礼者，但皆未再形成较为系统的礼书。[①] 宋徽宗即位之后，修礼又被提上议事日程，且得到了徽宗的大力支持，终于修成《政和五礼新仪》。受徽宗礼仪修定动机及编纂理念的影响，是书在宾礼条目上多有新的发明，虽部分契合时人对君臣关系的理解，却与宋代宾礼演变的整体趋势背道而驰。

相较于《太常因革礼》中宾礼只涵盖针对诸蕃国之礼的情况，《政和五礼新仪》中所记宾礼内容则较为宽泛。是书宾礼内容共 21 卷，涉及 23 个礼仪条目。其中涉及朝参、朝会、蕃国主/使朝聘、皇太子与臣僚相见等方面的内容。群臣朝参、起居之礼在魏晋之后的历代礼仪中皆属于嘉礼行列。唐以来，《大唐开元礼》、《开宝通礼》及《太常因革礼》皆未将朝参、起居列入宾礼。蕃国主来朝之礼应直接继承自《开宝通礼》，但并非是当时行用之礼。蕃国使朝聘礼仪继承于"大中祥符仪注"，但较《太常因革礼》记载更加详细。皇太子与三公相见礼仪及其在元正冬至受群臣朝贺仪，主要规范皇太子与臣僚之间的关系。该礼仪在《周礼》中不见，西晋时期将之归为宾礼，南北朝之后则将之归为嘉礼。由此可知，《政和五礼新仪》中除延续唐宋以来的

[①] （宋）叶梦得撰，（宋）宇文绍奕考异，侯忠义点校：《石林燕语》卷1，中华书局，1984，第8页，据叶氏记："元丰中，苏子容复议以《开宝通礼》及近岁详定礼文，分有司、仪注、沿革为三门，为《元丰新礼》，不及行。"

第二章 宋代礼书中的宾礼——基于礼仪修定及"宾"意涵的探讨

宾礼划分之外,也融入了一部分嘉礼的内容。《政和五礼新仪》中宾礼范畴扩展的原因是什么? 这是否与当时宾礼演变的整体趋势相符?

(一) 宋徽宗的个人意图与《政和五礼新仪》中的宾礼

关于《政和五礼新仪》的修纂过程,张文昌①与吴羽皆有讨论。其中,吴羽认为《政和五礼新仪》的编纂过程基本分为四个步骤:"梳理历代礼制沿革",成立议礼局;确定礼仪沿革范本;编订礼制史料长编,即五礼《看详》;《政和五礼新仪》成书。② 尽管礼书的成书过程已经较为明白,但为探究宾礼形态的成型仍有必要对其进行细致梳理。

徽宗即位之后,礼仪的修定即被提上日程,且被认为是当时之急务。徽宗在崇宁二年(1103)九月十六日的手诏中多处提及"王者政治之端,咸以礼乐为急""隆礼作乐,实治内修外之先务。损益述作,其敢后乎",可被视作徽宗朝制礼作乐的先声。在宋徽宗的认知中,制礼作乐是一切施政的开端。在其初期构想中,礼乐的修定既要"详求历代礼乐沿革",又要考虑到同期礼仪的变化,二者结合,修成一代之典,使后世遵循。③ 其理念基本与《大唐开元礼》相通。这种修礼观点基本上是对《太常因革礼》修礼思路的反动。修礼以成一朝之"典训",表明此时修礼思路与此前发生了显著的变化。

大观元年(1107)正月,徽宗下御笔,重设议礼局。④ 同年二月,议礼局建议宋徽宗令修礼。议礼局提出修礼的基础是"功成作乐,治定制礼",即盛世则修礼作乐。之后又言此时北宋"视六服承德之世,

---

① 张文昌:《制礼以教天下:唐宋礼书与国家社会》,"国立"台湾大学出版中心,2012,第198—220页。
② 吴羽:《〈政和五礼新仪〉编撰考论》,《学术研究》2013年第6期。
③ 参见(清)徐松辑,刘琳、刁忠民、舒大刚等校点:《宋会要辑稿》职官五之二一,上海古籍出版社,2014,第3131页。
④ (宋)杨仲良编:《续资治通鉴长编纪事本末》卷133《徽宗皇帝·议礼局》,北京图书馆出版社,2003,第4163页。

可谓并隆矣",是在褒扬宋徽宗君臣治下的北宋可与三代媲美,因此正是制礼作乐的良机。但是礼文条目并非无本之木,凡修礼必有所因循,也必有改作,这就需要"稽古"与"趋时"相结合,即在仿效三代制礼作乐的基础上,根据宋徽宗时期的实际政治需要做出"合乎时宜"的改变。这比之崇宁二年宋徽宗的手诏,不再强调探求历代礼仪沿革,而是直接点明回溯三代,依循三代礼典,辅以当世礼仪变化,修成一部"合圣心""成陛下圣治之美意"的"一代之盛典"。①

同年六月,宋徽宗下诏,认可议礼局提出的修礼主张,既要"适今之宜",又"不失先王之意",待"先次检讨来上,朕将裁成损益,亲制法令,施之天下,以成一代之典",从侧面诠释了宋徽宗的主观意愿在修礼过程中的作用。② 又同年十一月,徽宗御笔再次确认效法三代礼法的意图:"礼当追述三代之意,适今之宜。《开元礼》不足为法。"③ 之后徽宗要求依其钦定之"冠礼十卷"编次五礼,在这样的修礼原则下,于大观年间逐渐修成《大观礼书》,这是《政和五礼新仪》成书的基础。

徽宗朝修礼活动真正涉及宾礼的讨论出现于大观四年(1110)四月丁丑:

> 议礼局奏:"臣等见编修宾、军以下四礼,据《周官》,以朝宗觐遇会同问视为宾礼。盖以古者天子之于诸侯,有不纯臣之义,故其来也,以宾礼待之。《开元》及《开宝》惟以蕃国主及蕃国使朝见为宾礼,自大朝会以下,并于嘉礼修入

---

① 参见(宋)杨仲良编:《续资治通鉴长编纪事本末》卷133《徽宗皇帝·议礼局》,北京图书馆出版社,2003,第4163—4164页。
② 参见(宋)杨仲良编:《续资治通鉴长编纪事本末》卷133《徽宗皇帝·议礼局》,北京图书馆出版社,2003,第4164页。
③ 参见(宋)杨仲良编:《续资治通鉴长编纪事本末》卷133《徽宗皇帝·议礼局》,北京图书馆出版社,2003,第4165页。

……婚姻、甥舅置第京师,非如昔裂土受封。《开元》及《开宝》定礼,并无上件仪注。乞断自圣裁,付本局遵依编修。"

御笔:"宾礼,《鹿鸣》之诗,以燕群臣。其诗曰:'以燕乐嘉宾之心。'盖方其燕乐,则群臣亦谓之宾,非特诸侯也。主尊宾卑,君为主而尊,臣为宾而卑,宾主尊卑之义辨矣。今虽不封建诸侯,宾礼岂可废阙?自罢侯置守,守臣亦古诸侯也。其赴阙、被召、奏事之类,则朝觐会遇之礼,岂可废乎?唐不知此,而移于嘉礼,非先王制礼之意。可依《周礼》参详去取修立。"①

此次关于修礼的讨论不只涉及宾礼的部分内容,亦可窥见徽宗朝宾礼与嘉礼混融的端倪。徽宗朝修礼臣僚认为《周礼》中"宾"有"不纯臣之义",专指周天子以宾礼待诸侯之仪。②《大唐开元礼》及《开宝通礼》都只将宾礼作为蕃国君臣朝见中原天子的礼仪,而将朝会仪等列入嘉礼。在此议礼局有关人员并未明确表明其对宾礼相关内容的态度,只是讲明《周礼》与近世礼仪中的变化,至于徽宗朝宾礼的具体样貌是遵循《周礼》《大唐开元礼》还是依《开宝通礼》则全凭宋徽宗裁断。

宋徽宗并不认同"宾"专指古诸侯。"宾"指五等诸侯来朝,具备"不纯臣"的属性,这是《周礼》对"宾"的界定。而宋徽宗据《诗经·鹿鸣》中"以燕乐嘉宾之心"的词句将"宾"扩展为群臣与诸侯。关于《鹿鸣》中"嘉宾"的具体所指,历代学者对其解释皆有出入,不能形成定

---

① (宋)杨仲良编:《续资治通鉴长编纪事本末》卷133《徽宗皇帝·议礼局》,北京图书馆出版社,2003,第4175—4177页。
② 相关研究参见朱溢:《中古中国宾礼的构造及其演进——从〈政和五礼新仪〉的宾礼制定谈起》,《中华文史论丛》2015年第2期。

论,但大体包括以"嘉宾"分别为"四方之宾"、诸臣与诸侯、在野之贤者。① 因此,宋徽宗所论似有所因依,将此时的宾主关系确定为君与臣、天子与诸侯之关系,亦能凸显"主尊宾卑",似乎颇合情理。

但是徽宗援引《鹿鸣》一诗来界定"宾"的范围从根本上已经走向歧路。燕礼在《周礼》中属嘉礼范畴,在当时是针对四方宾客之礼,至春秋战国时,参与燕礼的才包括天子诸臣。在燕礼中,主、宾、臣是三个不同的概念,其地位依次递减,因此之后的历代学者多认为《鹿鸣》"宴群臣嘉宾"其实就是天子、诸侯以宴飨礼待群贤的诗篇。② 因此,此时的"宾"只是被天子、诸侯赋予了"宾"地位的"臣",并不能等同于《周礼》"宾礼"中的"宾",二者只是"宾"的两种不同意涵。《鹿鸣》诗中的"宾"表现的是君主对臣僚的私恩,是一种形象化了的"宾",而"宾礼"中的"宾"则是其本意。反观徽宗将"守臣"比之古诸侯,而待臣僚以宾礼的做法,不但不符合其所遵行之古礼,也与唐开元以来确立的宾礼内涵相违背。故宋徽宗笔下认为唐礼颇失古意,应依《周礼》,"其赴阙、被召、奏事之类,则朝觐会遇之礼……移于嘉礼,非先王制礼之意",只是其为凸显皇帝威权的自圆其说,徽宗有意忽略了封建转向帝制过程中天子、诸侯、臣僚之间关系的变化。

故从《政和五礼新仪》的修定过程可以看出,在宾礼条目的确定方面,宋徽宗的主观意图决定了仪文的具体条目构成。但是更深层

---

① 关于历代学者对《鹿鸣》诗中"嘉宾"的理解,可参见郑滋斌:《〈诗经·鹿鸣〉本义研究》,载中国诗经学会编《第四届诗经国际学术研讨会论文集》,学苑出版社,2000,第 766—778 页;钱澄之:《田间诗学》,黄山书社,2005,第 392 页;林义光:《诗经通解》,中西书局,2012,176 页;冯茂民:《〈诗经·小雅·鹿鸣〉诗旨考辨》,《晋阳学刊》2018 年第 2 期;周春健:《〈小雅·鹿鸣〉与〈诗经〉中的燕飨诗》,《黔南民族师范学院学报》2018 年第 3 期;李若晖:《"忠臣尽心":〈鹿鸣〉传笺歧解与经义建构》,《哲学动态》2018 年第 5 期,等等。

② 参见钱澄之:《田间诗学》、林义光《诗经通解》、李若晖《"忠臣尽心":〈鹿鸣〉传笺歧解与经义建构》等。钱澄之、林义光、李若晖等皆认为《鹿鸣》诗的本意重在养贤,这其中之"宾"专指天子之臣。

次的原因则与此时政局与政策方向上的变化息息相关。

(二)《政和五礼新仪》宾礼条目变化的政治背景

宋徽宗亲自裁断决定宾礼条目的背后,揭示出北宋中后期皇帝专断权力的加强,同时也反映出其政治行为中由遵"祖宗之法"到"祖宗不足法"的转变,这两种情况最终导致在北宋末期的各领域效法三代情况的出现。

1. 徽宗专断行事权力的加强

中古以来,中央官署的设置多蕴含着统治者权力制约的政治思想,如隋唐三省六部制等。北宋中枢的权力运作基本上与此思路相似,其中封驳权力的存在一定程度上保证了皇帝及中枢相关政治决策不致出现重大失误。① 但是宋神宗以来,这种局面有所改变,神宗、哲宗、徽宗三位欲在政治上有所作为的皇帝为摆脱群臣对其决策的掣肘,发明出"御笔"这一决策形式。② 遇事有司上奏,皇帝下御笔直接对决策进行干预,使原本中书上奏、门下封驳、尚书六部执行的行政运行规则受到一定冲击,此时很多决策层面的内容基本是皇帝意志的体现,这种局面在徽宗时期尤甚。

可以肯定的是,大观至政和年间的修礼活动是徽宗极力推动的,这从前引崇宁二年九月十六日宋徽宗的手诏可以看出。之后议礼局修定礼仪时,基本按照宋徽宗的意图执行。③ 以宾礼条文为例,议礼局上书议修宾礼事,讲明周至宋初宾礼条文的变化,同时亦讲明"古者天子之于诸侯,有不纯臣之义,故其来也,以宾礼待之",其实是在

---

① 关于北宋权力中枢的政治权力运作及封驳权力的相关论述,可参见田志光:《北宋宰辅政务决策与运作研究》第六章《银台封驳司在中枢决策中的封驳权》,人民出版社,2013,第190—211页。

② 关于北宋后期的皇帝御笔行事,参见方诚峰:《北宋晚期的政治体制与政治文化》第四章《徽宗朝的权力结构》,北京大学出版社,2015,第164—188页。

③ 参见吴羽:《〈政和五礼新仪〉编撰考论》,《学术研究》2013年第6期。

提醒徽宗:秦汉之后,以郡县代替分封,宾礼行用的政治环境已经出现显著变化,而唐礼对其进行的改变,事实上是符合上述"宾"的意涵的。但是议礼局的修礼官们在上书皇帝及受皇帝御笔过程中,也清楚徽宗皇帝想要改作以及对先王之礼的推崇,故在上书中并未讲明礼官们的观点,而是"乞断自圣裁,付本局遵依编修"。果然,徽宗下御笔要求编修的宾礼条目比附三代。① 因此,《政和五礼新仪》是宋徽宗礼仪思想的整体体现,也是专制皇权的加强影响礼仪修定的展演。

　　柳立言认为由唐至宋君主独裁逐渐制度化。② 而事实上北宋中后期以来,在这种被制度化了的君主独裁基础上,皇帝的独裁权力又因一些偶发的因素在无形中增强了。徽宗一朝,在权臣的逢迎下,手诏与御笔作为诏令行下方式逐渐兴起,削弱了宋初以来宰相在政治生活中的影响力,方诚峰认为徽宗在位时期,在象征与实际两个层面,其地位与权力皆日渐突出。③ 这种失去制度约束的皇权为礼仪复古提供了权力保障。

　　2. 遵"祖宗之法"到效法三代

　　皇帝独裁权力的扩张与北宋中后期对"祖宗之法"遵行的改变也存在千丝万缕的联系。宋神宗时期,北宋朝廷的君臣话语情境出现一定程度的变化。宋仁宗时期确立的遵"祖宗之法"的行事规范开始受到"祖宗不足法"的冲击。④ 王安石在坚定宋神宗变法决心时提出

---

① 参见(宋)杨仲良编:《续资治通鉴长编纪事本末》卷133《徽宗皇帝·议礼局》,北京图书馆出版社,2003,第4175—4177页。
② 参见柳立言:《宋代的社会流动与法律文化:中产之家的法律》,载于荣新江主编《唐研究》第11卷,北京大学出版社,2005,第118—119页。
③ 方诚峰:《北宋晚期的政治体制与政治文化》,北京大学出版社,2015,第188页。
④ 关于"祖宗不足法"的讨论,参见邓小南:《祖宗之法:北宋前期政治述略》生活·读书·新知三联书店,2014,第429—446页。

第二章　宋代礼书中的宾礼——基于礼仪修定及"宾"意涵的探讨

"天变不足畏,祖宗不足法,人言不足恤"的主张①,这无形中增强了宋神宗之后各位皇帝的行事自由度。王安石在提出"祖宗不可法"之后,指出应当效法三代,其变法的主张虽然被宋神宗接受,但变换祖宗法度,宋神宗并未完全遵行。

"祖宗不足法"在一定意义上只是赵宋君臣变法改作的行事依据,在打破一些成规之后,也成为了后世之君所效法的对象,成为新的"祖宗之法"。邓小南先生针对此时的变化指出"宋哲宗亲政后的绍圣、元符时期与徽宗在位的四分之一个世纪……都强调对于先帝即神宗之政的'绍述',都将对于'家法'的继承解释为对于熙丰'新法'的奉行不辍"。②诚然,哲宗绍述以及徽宗在位时期,神宗的改作以及事功取向给哲、徽二帝提供了有力的借鉴,在效法先王的立意之上,与三代类比,通过政治改作,塑造皇帝的丰功伟业。关于"法先王",嘉祐三年(1058)王安石上书仁宗皇帝时即已提出。③熙宁二年(1069)十一月,宋神宗在下诏裁定宗室授官问题时也强调"我朝制作,动法先王"。④ 这正与王安石在嘉祐年间提出的"效法先王的立意"相符。

徽宗朝制礼基本上以"法先王"为基础,如徽宗令臣僚修定明堂礼仪时提到:

> 明堂之制,自三代以还,有为之君,虽欲稽法先王,终不能如古……朕承惟严父飨帝之礼尚阙未备,取《考工记》所

---

① (宋)王称撰、孙言诚、崔国光点校:《东都事略》卷79《王安石传》,齐鲁书社,2000,第667页。
② 参见邓小南:《祖宗之法:北宋前期政治述略》,生活·读书·新知三联书店,第445页。
③ 参见(宋)李焘:《续资治通鉴长编》卷188,神宗嘉祐三年十月甲子,中华书局,2004,第4531页。
④ (宋)杨仲良:《续资治通鉴长编纪事本末》卷67《神宗皇帝·裁定宗室授官》,北京图书馆出版社,2003,第2183页。

载,考其互见之文,得其制作之本,命工俌图,无一不合。①

徽宗在评价三代之后有为之君效法三代制度时提到虽然名义上效法先王,但由于违经背典,而从世俗之说,未能形成定论,最终失去了复古的本意。其认为礼仪制度的最佳状态则是与三代"无一不合"。由此可见,《政和五礼新仪》未按照开元与开宝修礼故事,而将嘉礼中的朝会礼仪归入宾礼,正是在此时期由法祖宗向"法三代"的政治思维转变影响下产生的。

3. "法先王"基础上的"营造盛世"

同时需要注意,徽宗朝在局势稳定之后,就开始着力去"营造盛世",而制礼作乐正是其制作盛世的重要方式。方诚峰认为徽宗朝的制度设计着力体现了其"到底怎样才能超越父兄"的思虑,"最终徽宗朝君臣发现,实际上的圣治难以达到,但呈现圣治是可以做到的"。②

但是如何呈现盛世?徽宗朝君臣在效法三代基础上进行制礼作乐,模仿真宗朝构建祥瑞体系,崇信道教等,以全面展示徽宗朝的"王朝形象",彰显徽宗的"圣治"。③ 这些都是徽宗君臣制作盛世的方式,但是,他们究竟想要构建一种怎样的盛世呢?

方诚峰提到宋徽宗朝的政治口号——"丰亨豫大"与"惟王不会",并通过对宋人如何理解这两个口号进行梳理,认为这两者相加,其中涉及的主要不是"富足"的内容,"而是统治的成功",即"理想的君主(尧舜之君)、理想的大臣(任天下之事)、理想的统治成效(天下

---

① (宋)杨仲良编:《续资治通鉴长编纪事本末》卷125《徽宗皇帝·明堂》,第3884页。

② 方诚峰:《北宋晚期的政治体制与政治文化》,北京大学出版社,2015,北京图书馆出版社,2003,第276页。

③ 方诚峰:《北宋晚期的政治体制与政治文化》,北京大学出版社,2015,北京图书馆出版社,2003,第276页。

第二章 宋代礼书中的宾礼——基于礼仪修定及"宾"意涵的探讨

之人豫悦)",这就是所谓的盛世。① 那么"理想的君主"与"理想的大臣"之间又应该是一种怎样的关系?

宋神宗熙宁四年(1071)三月戊子,神宗与二府大臣议事的对话成为后世研究宋代祖宗家法的又一切入点,文彦博所提"与士大夫治天下"②成为理解赵宋君臣关系的又一口号。③ 但事实上宋代的皇权整体上呈现逐渐加强的趋势,这在宋徽宗时期表现尤为明显,与此相对的则是相权的衰弱,宰执及其他官僚群体只是奉命行事,一切出自圣裁。因此,宋代士人意识中的"与士大夫共治天下"与政治现实之间存在严重的偏差,现实政治中皇权专断权力的加强被宋人观念中的君臣共治所掩盖。但是《政和五礼新仪》中这种形式上超脱政治现实的宾礼条目却起到弥合士人观念与政治现实之间偏差的功效:徽宗的思想意识中,完美的宾礼条目应中和《周礼》的形式与现实政治实际,宾礼中臣为宾,君为主,这彰显了主尊宾卑的地位,事实上就是展现了皇帝的权威;而在臣僚的思想中,待臣僚以"宾"礼,即使只是形式,也体现了皇帝对臣僚的重视,这是臣僚地位提升的体现。二者不同的理解思路,无形中契合了君臣对盛世的构建之举。

因此,宋徽宗君臣对改作、效法三代、制作盛世的共同追求,加之赵宋君臣各自对"宾"做出的利己性理解④,最终使政和年间的宾礼形成"宾""嘉"条目杂糅的情形。

---

① 方诚峰:《北宋晚期的政治体制与政治文化》,北京大学出版社,2015,北京图书馆出版社,2003,第211页。
② (宋)李焘:《续资治通鉴长编》卷221,熙宁四年三月戊子,中华书局,2004,第5370页。
③ 关于"与士大夫共治天下"相关的研究参见张其凡:《"皇帝与士大夫共治天下"试析——北宋政治架构探微》,《暨南学报》(哲学社会科学版)2001年第6期;李同乐:《北宋士大夫的政治理想和实践》,博士学位论文,华东师范大学,2010,第198—210页。
④ 关于宋代士人对"宾"的意涵理解的转变,参见本章第三节。

二、《中兴礼书》(含《续编》)中的宾礼——偏安后的礼仪反正

南宋时期并未有完备的礼典传世。宋孝宗淳熙十一年(1184),由太常寺编敕的《太常中兴礼书》成书,该书与《大唐开元礼》及《政和五礼新仪》不同,其性质类似于北宋时期的《太常因革礼》等礼书,主记礼仪沿革。① 时人王信在《太常中兴礼书序》中透露出是书不同于之前传世之礼典,其并非定于草创的"绵绝之仪",亦非泥于因循的"承平之制",而是处在"承敝通变"的当口出现的,因此其在礼书体例上既要弥补疏漏,又尽量避免因循旧制,对其中不合时宜的地方加以厘正。② 那么《中兴礼书》究竟遵循怎样的体例?

淳熙七年(1180)七月十三日的一通有关修礼的敕书记载范仲艺劄子提到:"欧阳修、姚闢、苏洵又有《太常因革礼》。上自建隆,下讫嘉祐,五礼分门,各以类举,国朝制作,由是大备。自时厥后,礼之沿革无世无之,继纂续编,奚取法焉。"③其所论指明《太常因革礼》为此时修礼的效法对象,仿照是书"将中兴以来已行典礼……讲求比次,编类成书……以著一代之弥文,而考百世之损益"。在范仲艺上奏之后,宋孝宗下诏,令"礼部太常寺检照元编类指挥,催促成书"。④

孝宗朝的这次修礼,是在《开宝通礼》界定的五礼框架内修定,体例一依《太常因革礼》等礼书,主记礼仪制度之变化,使后世有据可

---

① 参见吴羽:《论中晚唐国家礼书编撰的新动向对宋代的影响——以〈元和曲台新礼〉、〈中兴礼书〉为中心》,《学术研究》2008年第6期;李军:《徐松〈中兴礼书〉及〈中兴礼书续编〉论略——南宋国家典礼及礼书编纂的珍贵资料》,《辽东学院学报》(社会科学版)2016年第1期。
② 参见(宋)王信:《太常中兴礼书序》,见(清)徐松辑:《中兴礼书》,续修四库全书,第822册,上海古籍出版社,2002,第2页上栏。
③ 参见(宋)王信:《太常中兴礼书序》,见(清)徐松辑:《中兴礼书》,续修四库全书,第822册,上海古籍出版社,2002,第2页下栏。
④ 参见(宋)王信:《太常中兴礼书序》,见(清)徐松辑:《中兴礼书》,续修四库全书,第822册,上海古籍出版社,2002,第2页下栏。

考,又可针对"草创"之礼的疏漏进行补缀。故基于此,在国家遭逢大变之后,南宋的这次修礼摒弃了宋徽宗时期欲构建盛世的浮华之弊,而秉承较为务实的态度,尊《太常因革礼》,记礼仪之损益变化,而不是确立"一代之典",正是对北宋徽宗以来修礼思路的否定。可以预见,徽宗朝针对五礼内容上的改作在《中兴礼书》中应当有所回改,《中兴礼书》中宾礼条目的安排也印证了此点。

《中兴礼书续编》修成于宋宁宗嘉泰二年(1202),与《中兴礼书》相似,皆由太常寺主持修纂,其所记为宋孝宗时期的礼仪沿革。时任太常寺主簿的叶宗鲁在《〈中兴礼书续编〉序》中提到是书乃是仿唐代《元和曲台新礼》之体而修纂。修纂官并不认同汉武帝时期的修礼活动,也认为唐代修定礼仪过于"拘泥"于五礼体系,而对唐代《元和曲台新礼》倍加推崇。但是其又认为宋代的礼仪基础是《开宝通礼》,殊不知《开宝通礼》仍是承继唐礼修定而来,也"拘泥"于五礼体系。叶氏虽然认为北宋嘉祐至政和年间的修礼活动"咸有成书,具载因革"①,《中兴礼书》也记载了高宗一朝的礼仪,但高宗朝在礼仪方面出现了巨大的变化,而"淳熙所编仅三百卷,由今考之,颠末未备"②,因此其在修定《续编》时应当革除《中兴礼书》的弊端,修定记载孝宗朝礼仪沿革的专书。但事实上《中兴礼书续编》与《中兴礼书》在编纂体例上极为相似,其条目安排也大体类似,因此,《中兴礼书续编》基本延续了北宋以来重礼仪沿革过程的礼书编纂思路。

《中兴礼书》宾礼部分共下文中只有 8 个条目,核实卷,具体条目如下:

　　圣节金国使人上寿

---

① (宋)叶宗鲁:《〈中兴礼书续编〉序》,见(宋)叶宗鲁纂修,(清)徐松辑:《中兴礼书续编》,续修四库全书,第 823 册,上海古籍出版社,2002,第 473 页。

② (宋)叶宗鲁:《〈中兴礼书续编〉序》,见(宋)叶宗鲁纂修,(清)徐松辑:《中兴礼书续编》,续修四库全书,第 823 册,上海古籍出版社,2002,第 473 页。

>　　正旦金国使人入贺
>　　交趾一
>　　交趾二
>　　南丹州、罗殿国、西南诸蕃
>　　占城
>　　三佛齐
>　　存先代后

但是，除对金使、占城宾礼等三卷内容尚存外，目前其他卷次内容皆散佚不见。《中兴礼书续编》的情况比之《中兴礼书》更为不堪，目前就其目录中记载，《中兴礼书续编》的宾礼部分共四卷，具体条目如下：

>　　圣节金国使人入贺（两卷）
>　　正旦金国使人入贺（两卷）

《中兴礼书续编》中的宾礼内容皆已缺失，这对后世研究南宋时期宾礼的变化造成诸多不便。不过从《中兴礼书》及《中兴礼书续编》现存目录中仍可看出，此时礼官在修纂编类过程中比之宋徽宗时期在仪文条目在继承的基础上做了较大的改动。

首先，宾礼条目秉承依政权单列的原则，基本依照"大中祥符仪注"，依政权不同，列出相关礼仪条目。其次，宾礼内容方面，将朝会礼重新列入嘉礼，不再收录有关高丽等政权的宾礼内容。通过范仲艺请修礼书的上奏内容可知，此时期的修礼官们推崇《开宝通礼》以及之后对《通礼》补缀的各礼书，至于《政和五礼新仪》，并未提及。王信虽谈到《政和五礼新仪》，但是其也提出应针对北宋时期的礼仪行"修旧起废"之事。结合之后章节所述北宋末期之后士人对"宾"的理解出现向其本意复归的情况，就不难理解为何会将朝参仪重新划入嘉礼范围，这是对北宋末期虚浮之政的纠偏。最后，将"存先代后"重新列入宾礼。先秦至魏晋时期的统治者皆以宾礼待先代之后，然而

第二章　宋代礼书中的宾礼——基于礼仪修定及"宾"意涵的探讨

唐至北宋时期的礼书很少将"二王三恪"的相关内容直接划入宾礼，但通过史籍的记载仍不难看出宋代对先代之后较为优待。宋太祖于建隆元年正月即下诏：

> 封二王之后，备三恪之宾，所以示子传孙、兴灭继绝。……虽周德下衰，勉从于禅让；而虞宾在位，岂忘于烝尝。其封周帝为郑王，以奉周嗣。正朔服色，一如旧制。务遵典礼，称朕意焉。①

又诏：

> 其周朝嵩、庆二陵及六庙，宜令有司以时差官朝拜祭享，永为定式。仍命周宗正卿郭玘行礼。②

宋太祖皇位名义上是受周禅所得，故其尊周恭帝为二王后理所当然。但需要注意，唐时先是"立周、汉子孙为王者后，备三恪之礼"，后"复以魏、周、隋后为三恪"。③ 但是宋代大多数时间仅加封后周柴氏子孙以备三恪之礼，这是宋代较之以前的显著变化。所谓的二王三恪之礼不只包括加封前代后人的礼仪，亦包括对前朝皇陵及拜祭礼仪的维护。这揭示出前代之后与后世之君间的宾主关系。

宋仁宗嘉祐四年（1059），"以皇嗣未立"，著作佐郎何鬲上奏疏请求访求唐及后周后人，以"备二王后"，除将唐后列入三恪的建议外，其他均获得宋仁宗应允。④ 宋神宗熙宁元年（1068）的南郊赦书中则

---

① （清）徐松辑，刘琳、刁忠民、舒大刚等校点：《宋会要辑稿》崇儒七之六九，上海古籍出版社，2014，第2921页下栏—2922页上栏。
② （清）徐松辑，刘琳、刁忠民、舒大刚等校点：《宋会要辑稿》崇儒七之六九，上海古籍出版社，2014，第2922页上栏。
③ （清）徐松辑，刘琳、刁忠民、舒大刚等校点：《宋会要辑稿》运历一之一，上海古籍出版社，2014，第2679页下栏。
④ 参见（宋）李焘：《续资治通鉴长编》卷189，仁宗嘉祐四年四月癸酉，中华书局，2004，第4560页；（宋）王称撰，孙言诚、崔国光点校：《东都事略》卷6《仁宗本纪二》，齐鲁书社，2000，第42页；（清）徐松辑：《宋会要辑稿》崇儒七之六九，上海古籍出版社，2014，第2924页上栏—2925页下栏。

明确要授予唐及后周后人官职,这从根本上改变了宋初以来单独以周后为三恪的局面,而始以唐及后周柴氏后为三恪。①

赵宋南渡之后,朝局内外交困,在此背景下,宋高宗君臣开始大范围旌奖古今忠臣,在其实际控制的区域内建立大批旌奖忠义的祠庙。② 随之而起的则是对历代帝王后的追索与封赠,其中值得注意的是宋高宗绍兴元年(1131)九月十八日所下的诏书:

> 夫圣人所以兴灭国、继绝世者,咸使其宗庙不绝血食也。如唐李氏、后汉刘氏、后周郭氏、柴氏子孙存者。并各与一班行名目,仍许于所在自陈,保明闻奏。③

北宋中期的臣僚对将李唐及后汉刘氏后列入三恪有较多异议,最终也只是将李唐与后周子孙视为三恪。高宗朝的这通诏书是对北宋中期"二王三恪"礼仪的反动,诏书中虽未点明其令寻访李唐、后汉、后周后人是以备三恪之礼,但是其所言"兴灭国""继绝世"却正是二王三恪之礼的实际表现,反映了绍兴初期迫于内外部局势的变化,统治者急于稳定政局、恢复统治秩序的急切心理。虽然诏书中提到寻访后汉后代,但史籍中未见后汉子孙有自陈身世者,这次诏书之后,宋臣只寻访得后周柴氏后及唐李氏后。尽管《宋会要辑稿》中对南宋初期"存先代后"的史实记载颇详,但是绍兴元年后所记内容仅涉及后周柴氏后人的内容。由此或可推测《中兴礼书》中"存先代后"的内容也只是涉及后周后嗣。

从以上三点可知,南宋时期的宾礼大部分继承了北宋前中期的

---

① 参见(清)徐松辑,刘琳、刁忠民、舒大刚等校点:《宋会要辑稿》崇儒七之七二,上海古籍出版社,2014,第2926页上栏。

② 相关内容参见杨俊峰:《赐封与劝忠——两宋之际的旌忠庙》,《历史人类学学刊》2012年第2期。

③ (清)徐松辑,刘琳、刁忠民、舒大刚等校点:《宋会要辑稿》崇儒七之七四,上海古籍出版社,2014,第2927页下栏。

修礼成果，又对宋徽宗一朝的礼仪"改作"进行了修正，使宾礼回到唐以来的发展趋势中来；同时又因应区域局势的变化，增入二王三恪之礼。但是上述只是宾礼条目反映出的表象，具体的变化则需要通过礼仪沿革与史实的结合，分别政权，进行深入分析。

第三节　北宋后期宾礼内涵演变的思想渊源
——以宋人解《周易》"观六四"卦为例

两宋时期宾礼中"宾"意涵的变化正契合了两宋时期士人对于"宾""臣"等意象理解的转变，尤其是宋徽宗对于宾礼的改作。宋徽宗对"宾"的理解，名义上复古，但其实质则是利己的，并非是要赋予臣僚以更加尊贵的地位，而主要将宾礼视作明确君臣尊卑秩序的工具。与之相似，宋代士人对"宾"的理解往往也是利己的，认为皇帝待臣僚以"宾"礼，正是对臣僚重视的体现。那么，宋人的思维世界中"宾"究竟是一种怎样的意象？其对徽宗朝以及南宋时期的宾礼条目产生了怎样的影响？这需要从宋人对经典的注解进行具体分析。本节以宋人对《周易》"六四，观国之光利用宾于王"的注解为切入点，对宋人思维世界中的"宾"意象进行具体论述。[①]

一、宋朝以前历代学者对"观六四"卦的注解

《周礼》中的"宾"指诸侯、四夷，这基本上为历代学者认可。但是对《周易》中"宾"意象的理解则大相径庭，因"《易》之为书。六爻皆有

[①] 关于《周易》中所体现的五礼因素，已有学者进行了相关研究，参见兰甲云《〈周易〉古礼研究》，博士学位论文，湖南大学，2007，第203—206页。该文对《周易》中所体现的宾礼因素进行了细致梳理与辨析。

变,象又有互体,圣人随其义而论之"①,后世学者又多根据自身理解对相关内容进行注疏,故出现多种不同的解释。

《周易》卷二《上经泰传》载:"六四,观国之光,利用宾于王。象曰:观国之光,尚宾也。"周代卜商将君王礼待重臣的行为比之宾礼,承认"臣"与"宾"之间的差异。②《左传》鲁庄公二十二年(前672)记"陈公子完与颛孙奔齐"一事,解"宾"为诸侯。③ 孔颖达对此事件进行疏证也基本承认一个事实——"用宾于王"指"朝王之事",即"宾"指诸侯。④

陆绩则认为:"九五,君位也","臣道出于六四爻"。⑤ 实际上是认为"宾"指代的是王臣。虞翻则认为:"王谓五阳,阳尊宾坤,坤为用,为臣,四在王庭,宾事于五,故利用宾于王矣。"⑥在其理解中"用宾于王"指代的是一种泛化了的君臣关系,其中也包括"不纯臣"的诸侯朝王之礼。魏晋南北朝时期将士人入仕视为"观国之光"、"用宾于王"的情况较为常见。如曹植有"以俊乂来仕,观国之光,举不遗才,进各异方"⑦的诗句,南齐王融《永明九年策秀才文五首》记"子大夫

---

① (晋)杜预注,(唐)孔颖达疏:《春秋左传正义》卷9,庄公二十二年,见(清)阮元校刻《十三经注疏》,中华书局,1980,第1775页中栏。
② 参见(周)卜子夏撰:《子夏易传》卷2《上经泰传》,《四库全书》文渊阁影印本,第7册,台湾商务印书馆,1986,第32页。
③ 参见(晋)杜预注,(唐)孔颖达疏:《春秋左传正义》卷9,庄公二十二年,见(清)阮元校刻《十三经注疏》,中华书局,1980,第1775页。
④ 参见(晋)杜预注,(唐)孔颖达疏:《春秋左传正义》卷9,庄公二十二年,见(清)阮元校刻《十三经注疏》,中华书局,1980,第1775页中栏。
⑤ (汉)京房撰,(三国吴)陆绩注:《京氏易传》卷上,《四库全书》文渊阁影印本,第808册,台湾商务印书馆,1986,第442页下栏。
⑥ (唐)李鼎祚著,陈德述整理:《周易集解》卷5,巴蜀书社,1991,第96页。
⑦ (南朝梁)萧统编,(唐)李善注:《文选》卷34《曹子建七启八首》,上海古籍出版社,1986,第1588页。

第二章 宋代礼书中的宾礼——基于礼仪修定及"宾"意涵的探讨

选名升学,利用宾王"①。

至唐时,入仕之举被视为"用宾于王"已被广为接受。杜甫以"甫昔少年日,早充观国宾"②自述身世,是将其入仕行为视为"用宾于王"。类似的记载在李商隐③等唐人的诗文中也颇为常见。徐坚《初学记》言荐举有"利宾充赋"一说,是将"宾"与"下臣"相对,在此应指荐举重臣。④ 唐人解经,也基本与此类同。崔憬解"观国之光"为荐举贤才之举。⑤ 吕严、史征也将之理解为君臣关系。⑥

二、北宋士人解"观国之光,利用宾于王"

魏晋以来,士人视"观六四"卦中的"宾"为"臣"成为常态。宋代儒学的发展使儒家经典在解释中出现义理化的趋势。兼具学者与官僚双重身份的宋代士人对"观国之光,利用宾于王"的解释在与前人类同的基础上,见解趋于统一。

(一) 以"宾"为"臣"

胡瑗以士人入仕视为"用宾于王",在其《周易口义》中论曰:"如

---

① (南朝梁)萧统编,(唐)李善注:《文选》卷36《永明九年策秀才文五首》,上海古籍出版社,1986,第1645页。
② (唐)杜甫撰,萧涤非主编:《杜甫全集校注》卷2《诗·奉赠韦左丞丈二十二韵》,人民文学出版社,2013,第277页。
③ 参见(唐)李商隐著,刘学锴、余恕诚校注:《李商隐文编年校注》第三册《编年文为荥阳公桂州举人自代状》,中华书局,2002,第1310页。其中"身先较艺之场,首出观光之籍"一语与前引杜甫诗文所体现的"宾"的意涵相同。
④ 参见(唐)徐坚:《初学记》卷20《政理部·荐举》,中华书局,1962,第477页。
⑤ 参见(唐)李鼎祚著,陈德述整理:《周易集解》卷5,巴蜀书社,1991,第96页。
⑥ 参见(唐)吕岩:《吕子易说》卷上,四库未收书辑刊,第3辑第1册,北京出版社,2000,第70页下栏;(唐)史征:《周易口诀义》卷2,丛书集成初编,商务印书馆,1939,第24页。

是而进于朝廷,观国之光辉,故王者以之为宾也。"①胡氏解"观六四"卦中的"宾"乃朝廷对愿进于朝廷者的礼遇,蕴含着为君之德。故此处所指之"宾"即是"臣"之意。

至北宋中期,张载与程颐等皆对"观国之光"有独到的见解。张载解"观六四"卦,只是笼统地讲明宾处于"下"的位置,并不明确其所指。② 与其同时代的程颐,解"观六四"卦对宋代士人理解此卦影响深远,其将"观国之光"解为"观见人君之德,国家之治,光华盛美,所宜宾于王朝,效其智力,上辅于君,以施泽天下"③,即是指出六四为臣,士人入仕王朝,皇帝以宾礼待之,"宾"即指入仕之人。从其论述中也不难看出,宾礼只是一种特殊礼遇,与臣礼之间仍有明显的区分,待臣僚以宾礼只是彰显了皇帝圣明之君的形象。曾师从二程的杨时解"观六四"卦时与程颐稍有差异,杨时认为"四"为大臣位,是为君者应当"尊礼"的,故其应当称为"宾",杨氏之意在于以"宾"指大臣。④

在程颐之后,士人解"观六四"卦,有将宾视为"不纯臣"的情况出现,代表人物为龚原与耿南仲。龚氏解"观六四"爻辞将宾与臣割裂。其认为"观国之光而进退者",表明与君主的关系为不纯臣,是为尚宾;"守君之命而进退者,臣道也",是为尚贤。⑤ 宾与贤异,臣与贤通,这与程颐、杨时的观点区别明显。耿氏以"巽为进退,为不果,而

---

① (宋)胡瑗撰,(宋)倪天隐述:《周易口义》卷4《上经》,《四库全书》文渊阁影印本,第8册,台湾商务印书馆,1986,第276页上栏。
② (宋)张载:《横渠易说》上经,见氏著、章锡琛点校《张载集》,中华书局,1978,第107—108页。
③ (宋)程颐:《周易程氏传》(《伊川易传》)卷2,见(宋)程颢、(宋)程颐著、王孝鱼点校:《二程集》,中华书局,2004,第800—801页。
④ (宋)方闻一编:《大易粹言》卷20,《四库全书》文渊阁影印本,第15册,台湾商务印书馆,1986,第245页下栏。
⑤ 参见(宋)龚原撰:《周易新讲义》卷3,宛委别藏本,江苏古籍出版社,1988,第192页。

未纯为臣,故曰宾"①,是以"宾"为不纯臣,虽与龚原略同,但是在其经解中并未将宾与臣完全对立,事实上是将"宾"立于一种与君呈现弱依附关系的地位。龚氏与耿氏二人将宾视为不纯臣的观点虽形式上与《周礼》中宾的意涵类似,但是二人所说的不纯臣关系更多的是士人与君主之间的关系,而非《周礼》中四夷、五等诸侯与天子之间的往来。

同样师从程颐的郭忠孝(兼山郭氏)对"宾"为"不纯臣"的观点又有不同的见解:"乃谓宾有不纯臣之义,舜宾于四门,岂皆礼其不纯臣者邪? 盖道合则从,不合则去,则孰无宾之义乎?"②其说与杨时、龚原、耿南仲略有差异,其核心在于欲弥合当时流行的不纯臣之说。在郭氏的理解中,"不纯臣"主要是指"士"与君主之间的关系:政治清明、君圣臣贤之时,则是士人的仕进之机,是为王臣,是为宾之时;否则以隐逸自处,是不为王臣;士人因时因势选择进退之机,没有违背为宾之义。这就否定了龚原等将"宾"与"贤""臣"割裂的观点,其所谓的"宾"仍然是指当时的士人。其子郭雍则进一步解释为"或谓宾有不纯臣之义,夫忠臣嘉宾,贤有德之称也"③,则是将"宾"与"贤臣"等同。

程颐等人对"观国之光,利用宾于王"的注解在整个宋代产生了较为重要的影响,南宋时期许多士人解周易基本与程颐观点相同或

---

① (宋)耿南仲撰:《周易新讲义》卷3,《四库全书》文渊阁影印本,第9册,台湾商务印书馆,1986,第637页下栏。
② (宋)方闻一编:《大易粹言》卷20,《四库全书》文渊阁影印本,第15册,台湾商务印书馆,1986,第245页下栏。
③ (宋)郭雍:《郭氏传家易说》卷2,丛书集成初编,商务印书馆,1935,第82页。

相近,将宾视为仕进之人。如杨万里①、方实孙②、洪咨夔③、董楷④、张根⑤、赵汝楳⑥等。同时北宋后期至南宋时期的士人亦有与杨时观点类同者,将"宾"视作大臣。李光以宾为"大臣之有道者"⑦;张浚亦以"尚宾"为"道德之臣,宜尊显其礼而师友之,不可轻也"⑧,将宾视为"道德之臣"。

(二)"宾"向其本意的复归

两宋之际的士人群体中,逐渐有士人以《周礼》中"宾"的本意解"观六四"卦,并于南宋时期逐渐形成气候。朱震认为"古者诸侯入见于王,王以宾礼之;士而未受禄,亦宾之"⑨,故其所认为的宾指诸侯及未入仕途的士人。几乎与朱震处于同一时代的郑刚中亦以为"观六四"卦中的"宾"包含两重意思:一指诸侯来朝觐者,是为"自外入宾";一指"凡士之抱道于下,遇时而奋者",则专指尚未进入仕途的士

---

① 参见(宋)杨万里撰,何淑洁点校:《诚斋易传》卷6,九州出版社,2008,第77页。

② 参见(宋)方实孙:《淙山读周易》卷6,《四库全书》文渊阁影印本,第19册,台湾商务印书馆,1986,第656页上栏。

③ 参见(宋)洪咨夔:《平斋文集》卷28《讲义下》,四部丛刊续编,第429册,商务印书馆,1934。

④ 参见(宋)董楷:《周易传义附录》卷4下,《四库全书》文渊阁影印本,第20册,台湾商务印书馆,1986,第246页。

⑤ 参见(宋)张根:《吴园周易解》卷2,丛书集成初编,商务印书馆,1936,第51页。

⑥ 参见(宋)赵汝楳:《周易辑闻》卷2,《四库全书》文渊阁影印本,第19册,台湾商务印书馆,1986,第121上栏-122下栏。赵氏认为"观六四"卦中的"宾"指"贤者能者宜用宾于王者之庭"。

⑦ (宋)李光:《读易详说》卷4,《四库全书》文渊阁影印本,第10册,台湾商务印书馆,1986,第328页下栏-329页上栏。

⑧ (宋)张浚:《紫岩易传》卷2,《四库全书》文渊阁影印本,第10册,台湾商务印书馆,1986,第68页下栏。

⑨ (宋)朱震:《汉上易传》卷2,九州出版社,2012,第71页。

人。① 朱熹认为"观六四"卦"其占为利于朝觐、进仕也"②,基本延续朱震之论。

与朱熹同时期的林栗将"观国之光,利用宾于王"解为诸侯、蛮夷前来朝王,"以观上国之光",以及"贤德之人仕于王朝,人君宾礼不敢尽臣之"③,其所论也基本上涵盖诸侯朝觐及士人入仕两种情况。朱熹及林栗之后的李杞,在解"观六四"卦时观点基本与以上学者相似。④

亦有学者仅以宾为诸侯朝觐。魏了翁将"观六四"卦中的宾视为诸侯朝觐周王之义。⑤ 赵以夫以宾为"诸侯入见于王,王以宾礼之"。⑥ 俞琰认为:"五为在庙祭主,四乃助祭之宾,如《书》之虞宾,《诗》之二王后,天子以客礼待之者也。"⑦俞氏思维中的宾与主仍是指诸侯与天子之间的关系。李过将"观六四"卦中的"宾"视作"诸侯宾于天子,观光于上国之象也"⑧,基本上认同此"宾"与《周礼》中的"宾"同。

---

① (宋)郑刚中:《周易窥余》卷5,《四库全书》文渊阁影印本,第11册,台湾商务印书馆,1986,第460页下栏-461页上栏。
② (宋)朱熹:《周易本义》周易上经第一,氏著,朱杰人,严佐之,刘永翔主编《朱子全书》第1册,上海古籍出版社;安徽教育出版社,2002,第49页。
③ (宋)林栗:《周易经传集解》卷10,《四库全书》文渊阁影印本,第12册,台湾商务印书馆,1986,第144页下栏。
④ 参见(宋)李杞:《用易详解》卷5,《四库全书》文渊阁影印本,第19册,台湾商务印书馆,1986,第415页下栏-416页上栏。
⑤ (宋)魏了翁:《春秋左传要义》卷11,"二十九以艮互体足成观国光利宾王之象",《四库全书》文渊阁影印本,第153册,台湾商务印书馆,1986,第375页下栏-376页上栏。
⑥ (宋)赵以夫:《易通》卷2,《四库全书》文渊阁影印本,第17册,台湾商务印书馆,1986,第835页。
⑦ (宋)俞琰:《周易集说》卷4,《四库全书》文渊阁影印本,第21册,台湾商务印书馆,1986,第30页上栏。
⑧ (宋)李过撰:《西溪易说》卷5,《四库全书》文渊阁影印本,第17册,台湾商务印书馆,1986,第684页上栏。

三、由宋人解《周易》谈宋徽宗改变宾礼条目的"合理"性

基于上述注解内容,对待宋人所提的"宾"为"不纯臣"的观点,不能简单地将之视为对《周礼》中"宾"本意的肯定,需根据不同语境进行甄别。通过对宋代及宋以前学者针对《周易》"观六四"卦注解的梳理可知,在先秦时期对宾的解释即一直存在两种情况——诸侯、四夷前来朝觐者以及天子之臣(入仕的士人、大臣以及未入仕者),前者是国家政治领域"宾"的本意,后者则是给予臣僚超越臣子地位的礼遇,其实质仍是认为宾与臣之间存在明显的分野。进入帝制时期,士人基于自身所处阶层的考量,逐渐将待臣下以宾礼视为君主贤明的表现,宋人的认识也概莫能外。唐宋以来,由于儒学的复兴,在士人群体中逐渐生出"致君尧舜"的观念。[①] 与之相应的,士大夫的群体凝聚意识增强[②],宋代的士人风气得到了空前的提振,甚而出现皇帝"与士大夫治天下"的言论。而在实际的政治生活中,在特定时段也确实在形式上出现了"政治纯出于士大夫之手"[③]的情况。在此背景下,北宋中后期的士人在解《周易》时一般都会将"宾"视为入仕之人,这基本上代表了此时期士人思维中"宾"的意涵。只是在两宋之际,时人解《周易》"观六四"卦逐渐出现向其本义的复归,以"宾"为诸侯、四夷之朝觐。

尽管以程颐为代表的学者们在北宋时期并未占据思想主流,但是从其对"观六四"卦中宾意涵的理解也可知此时朝野上下将宾与臣相联系的情况应当是一种共识,即使政见与其相异者,也将君主礼待

---

① 参见(宋)范仲淹撰,李勇先、王蓉贵点校:《范仲淹全集》卷9《上张右丞书》,四川大学出版社,2002,第208页。
② 参见郭学信:《宋代士大夫群体意识研究》,中国社会科学出版社,2017,第113—160页。
③ 柳诒徵:《中国文化史》,东方出版中心,1988,第516页。

士人的礼仪视同宾礼。因此,《政和五礼新仪》将群臣朝参之仪归为宾礼在时人的思维世界中有一定的接受基础,故在思想领域未见时人对此问题产生非议。宋徽宗礼仪复古盲目遵循《诗经》中"宾"的意涵,取其明辨君臣尊卑之意,却可能在士人群体中产生一定的认知偏差,营造出一种皇帝重视、尊重大臣的假象,但这的确是此时构建盛世所必备的"理想的君臣关系"。

而随着学术的逐渐演进,北宋末至南宋时期学者对"观六四"卦中宾意涵的认知出现变化。《中兴礼书》与《续中兴礼书》中宾礼条目并未延续《政和五礼新仪》所做的改变,而是依据唐开元、宋开宝二礼,将朝会礼归诸嘉礼,正契合了北宋中后期以来士人对"宾"意象理解的变化。

本章小结

宋代宾礼基本承继于唐,宋初的宾礼形式是对《大唐开元礼》中宾礼内容的复制。只是唐、宋所面临的内外部局势不可同日而语,随着宋辽之间关系的演变,区域格局出现了一定程度的变化,宾礼在执行过程中根据政权间关系走向做出一定程度的调适已成必然。宋真宗"澶渊之盟"不但是宋辽关系的拐点,同时也是宋代礼仪修定的转折点。如果说《开宝通礼》是宋代各时期礼书修定的内容蓝本,那么宋真宗"大中祥符仪注"中的宾礼基本上奠定了两宋宾礼的形式基础。这正如尹承在其文中提到的,"大中祥符仪注是北宋宾礼确立的标志",此前的《开宝通礼》只是"作为摆设的不行之制",而大中祥符年间的仪注使宾礼执行有了切实的文本依据,尤其是"代表北宋宾礼特色的契丹使朝聘仪注"。[①] 真宗朝修定的相关仪注对宋代宾礼产

---

① 尹承:《〈太常因革礼〉研究》,博士学位论文,山东大学,2015,第90页。

生了重要影响,这种因政权不同而修定具体宾礼仪文的做法为此后的礼官们所效法,基本符合此时期北宋所处区域关系格局的整体变动情况。

《政和五礼新仪》中所记宾礼内容在继承之前修礼成果的基础上,又增入朝会、朝参礼仪,是徽宗朝礼仪复古、效法三代的"成果",礼仪改作只是徽宗君臣构建盛世行为的一部分。其宾礼改作行为并不符合唐宋宾礼演变的整体趋势,却并未受到来自朝臣的反对,这一方面反映出北宋末期皇帝独断权力的加强,另一方面又与君臣之间的政治利益密切相关。宋徽宗欲通过将朝臣与古诸侯类比突出君尊臣卑的地位,而朝臣的思维中君主待臣以宾礼,是礼遇朝臣的体现,宾礼形态在各时期的演变无形中契合了士人观念中对"宾"意象认知的演进,这从士人对相关经典中"宾"的注解中可以窥知。《中兴礼书》并未遵循北宋末期的礼仪改作,而是以《开宝通礼》及《太常因革礼》等礼书为宗,主记宋高宗一朝的礼仪沿革。其对宾礼内容的记载延续了北宋前中期宾礼演变趋势,是对宋徽宗朝礼仪改作的修正。其中所记《存先代后》的内容,唐、宋多数礼书已不将其列入宾礼,此时重新列入,是南宋初年内外交困的政治局势造就的。

本章通过对两宋时期各阶段礼书中的礼仪修定及"宾"意涵的演变做了初步论述,为后续探讨宾礼与政权间的关系奠定了一定基础。但是以上所论对宾礼的具体内容及实际行用情况并未涉及,欲理解宾礼与区域关系格局演变间的联系,还需要针对宋对各政权宾礼设计与行用中的异同进行深入分析。

第三章
宋朝对各政权的宾礼
——基于宾礼仪式的探讨

前章以两宋各时期成文的礼书中"宾"意涵的演变为中心,简要地探讨了宋代礼书中的宾礼内涵及时人观念上"宾"意识的变化。但是礼书条目的变化并不能直观地反映宋对各政权宾礼的差异,也无法窥探宋人宾礼条目设置的真实意图,自然也不能完全获知宋代宾礼的特点。欲对上述问题进行探讨,则需要深入分析宋代宾礼的仪式环节与动作设计,通过分析北宋朝廷在礼仪变化背后的政治诉求及情感表达,来归纳出宋代宾礼的一般性特点。

关于通过仪式进行政治、历史的分析,人类学家、历史学家大卫·科泽(David I. Kertzer)的研究提供了有益的启示。科泽认为"政治通过象征来表达",仪式是象征的一个重要载体,政治仪式的作用并不是只"用于服务现状",它不仅有助于"建构对政治世界和身处其中的各种政治主体的政治态度的理解",同时也能展现这些政治主体在情感上的表达。[①] 在其之前,人类文化学家埃德蒙·利奇(Edmund Leach)已经指出仪式行为一般具有特殊的象征意义,"重复性的仪式行为"是"引导情绪、形成认知"的重要手段。[②] 那么结合本

[①] (美)大卫·科泽著,王海洲译:《仪式、政治与权力》,江苏人民出版社,2015,第2页、第18—19页。

[②] 转引自(美)大卫·科泽著、王海洲译《仪式、政治与权力》,江苏人民出版社,2015,第12页。

文,宋代宾礼建构与行用中的仪式环节、动作的设计体现了宋代外事交往中怎样的变化?其中反映了宋人怎样的应对思路?本章将按照宋对各蕃国的宾礼、"澶渊之盟"后北宋待辽宾礼、政和之后宋对金的宾礼分别进行探讨。

第一节 宋对蕃国(部、客)的宾礼

宋人构建的宾礼体系从宏观上看大致包括三个层次,由下至上分别是待蕃国之礼、敌国之礼与上国之礼。宋辽"澶渊之盟"前的北宋宾礼及之后宋待辽、金之外的其他政权的礼仪,皆为待蕃国(部、客)之礼。

一、北宋初年与周边政权往来中的宾礼行用

北宋初与周边政权的往来包括蕃国主来朝及遣使来聘两种情形。其中与宋交往密切的政权,诸如南唐、高丽,在与宋的交往中主要以遣使聘问为主;而吴越与宋的往来,在宋平南唐之前以遣使聘问为主,在平南唐之后,始出现吴越国主如宋朝贡的情况。

(一)南唐、高丽等遣使来聘

宋太祖于建隆元年(960)正月即遣使下诏告谕南唐,同年三月,南唐国主李景遣使来聘。[①] 此后南唐遣使如北宋聘问成为常态。随着北宋政权的日益稳固以及"先南后北"统一战略的执行,南唐压力骤增,不得不向宋称臣。宋太祖乾德、开宝年间,南唐频繁向宋遣使。开宝二年(969),当南唐使臣被问及江南情事时,使团从臣查元方以

---

① (宋)李焘:《续资治通鉴长编》卷1,太祖建隆元年三月丙辰,中华书局,2004,第10页。

"江南事大朝十余年,极尽君臣之礼,不知其他"①为对,道出北宋与南唐之间正类宗主与藩国之间的关系。高丽于建隆三年(962)始遣使聘于宋②,此后数度来聘。

史书中对北宋与南唐间朝聘的记述,往往只提及遣使一事,至于使节所受到的礼遇及相关礼仪环节,则多不记或语焉不详。仅开宝二年南唐遣其吉王朝贡时,提到了北宋的礼仪安排。其时宋太祖遣卢多逊到驿馆燕使者,显示此时北宋对南唐宾礼环节中有到馆宴请使者的环节,这是宋志中未涉及的内容。

(二)吴越朝聘于宋

几乎与南唐同时,吴越亦遣使如宋。在吴越助北宋平定南唐之前,不见吴越国主朝觐北宋,只是遣使聘问。宋太祖建隆元年三月,"吴越王钱俶遣使来贺登极"。③ 此后吴越遣使不绝,与南唐类同。随着北宋政权的日益稳固,吴越遣使规格也逐渐提高,宋太祖乾德元年(963)十月丁未,钱俶遣其子钱惟濬来朝贡,助祭南郊。④

平南唐后,吴越国王于开宝九年(976)亲来朝贡,受到宋太祖的礼待。钱俶此次来朝,北宋所行宾礼规格远较《开宝通礼》中记述的内容隆重。首先,钱俶进入宋境后,以皇子德昭前往宋州迎劳,颇类先秦之仪。其次,在钱俶一行尚未到达东京时,宋太祖亲到礼贤宅审视供应用品等。钱俶到国都后,又立即令钱俶等在此居住。⑤ 皇帝

---

① (宋)陆游撰,胡阿祥、胡箫白点校:《南唐书》,见(宋)马令、陆游《南唐书两种》列传卷2《查文徽传》,南京出版社,2010,第251页。
② 参见(元)脱脱等:《宋史》卷487《高丽传》,中华书局,1977,第14036页。
③ (宋)李焘:《续资治通鉴长编》卷1,太祖建隆元年三月丁巳,中华书局,2004,第10页。
④ (宋)李焘:《续资治通鉴长编》卷4,太祖乾德元年十月丁未,中华书局,2004,第107页。
⑤ (宋)李焘:《续资治通鉴长编》卷17,太祖开宝九年二月己未,中华书局,2004,第365页。

亲自视察其他政权国主的安顿之所,此亦是先秦时期的礼仪内容,与此时期的相关礼文有较大差异。再次,宴射止令诸王与钱俶父子参与,且宋太祖令钱俶与晋王赵光义、京兆尹赵廷美"叙兄弟之礼"①,亦是超越礼文而待吴越国王以殊礼。最后,"命吴越王俶剑履上殿,诏书不名"②,则更是对钱俶的特殊优待。除此之外,其中仅"朝于崇德殿""宴长春殿""宴大明殿"等与仪文的大体框架基本相符。这次接待钱俶的礼仪整体上是宋对钱俶的特恩,此时对吴越宾礼规格超等的原因之一在于吴越出兵助北宋平南唐。同时,钱俶也是赵宋立国以来第一位主动亲朝宋帝的外政权之主,因此才待之以殊礼。

从太平兴国二年(977)九月至太平兴国三年(978)五月,钱俶第二次来朝的各环节一共延续了八个月,其中三年二月至五月,皆涉及北宋宾礼的行用。与《开宝通礼》中的仪文及开宝九年钱俶来朝时不同,从钱俶入境到至国都这一过程中先后经历三次迎劳,这应当有特殊原因。其次,钱俶整个朝贡过程持续将近三个月,此种情况即使在北宋之前历代也不常见。而这一切与此时赵宋已经基本将整个南方纳入版图,有意要借钱俶来朝之际,彻底将吴越纳入北宋版图有关。故此,钱俶在将要入朝之时,先遣其子来京探听朝廷动向,亦是对北宋意图的试探。③而当其朝贡队伍进入北宋国境后,宋太宗两次遣使前往行经州郡迎劳,表面是对钱俶朝贡的重视,但其中是否存在催促其尽快前往开封的情况不得而知。④ 自钱俶进入宋国境至其纳土

---

① (宋)李焘:《续资治通鉴长编》卷17,太祖开宝九年三月庚午,中华书局,2004,第366页。

② (宋)李焘:《续资治通鉴长编》卷17,太祖开宝九年三月庚午,中华书局,2004,第366页。

③ 参见(宋)李焘:《续资治通鉴长编》卷18,太宗太平兴国二年九月壬辰,中华书局,2004,第412页。

④ 参见(宋)李焘:《续资治通鉴长编》卷19,太宗太平兴国三年二月癸酉,中华书局,2004,第423页。

表求还国,一直持续三月时间,皆因北宋不愿其返回吴越,致钱俶"凡三十余进不获命",出现"厚其贡奉以悦朝廷"的局面。① 因此,此次朝贡礼仪环节在北宋特殊的政治目的之下,大异于《开宝通礼》,反映现实政治需要对宾礼行用的影响。

通过对宋初宾礼仪文及史书中记载的具体交往实例可知,宋初礼典中的宾礼虽基本遵循《大唐开元礼》,但是由于北宋初年国力变化及统一的需要,在宾礼的行用中时见给予来朝的其他政权君主以超等之礼的情况。另外,由于盛唐局面不复,行用于各政权间使节往来的聘礼成为此时宾礼的主流,北宋除吴越国王来朝外,再也不见其他政权君主亲朝的案例。"澶渊之盟"后,宋代的宾礼基本只是作为宋接待其他政权使节的礼仪。

二、"澶渊之盟"后高丽等蕃国(部、客)见辞

宋真宗与宋徽宗时期所修相关仪注,对西夏("大中祥符仪注"中无)、高丽、交趾、宜州西南蕃、海外蕃客等见辞礼仪皆有明文规定。南宋时期所存蕃国之礼的详细内容,目前仅存占城部分载于礼书。本节将通过各礼书所记宾礼仪文结合相关史实,就宋代对各蕃属政权的宾礼变化展开讨论。

(一)西夏使节见辞仪

《太常因革礼》中不记对夏宾礼,源于此时西夏的地位尚未被北宋承认。直至宋仁宗庆历四年(1044),随着宋夏和议的达成,元昊不再称帝,宋册封元昊为夏国主,西夏成为北宋名义上的"蕃国",对宋奉行"蕃臣之礼"。② 宋志记载夏国进奉使见辞仪可能产生于嘉祐

---

① (宋)李焘:《续资治通鉴长编》卷19,太宗太平兴国三年五月乙酉,中华书局,2004,第427页。
② 参见杨浣:《从交聘仪注之争看西夏的政治地位》,载于杜建录主编《西夏学》第6辑,上海古籍出版社,2010,第116页。

末:"夏国进奉使见辞仪。夏国岁以正旦、圣节入贡。元丰八年(1085),使来。诏夏国见辞仪制依嘉祐八年(1063),见于皇仪殿门外,朝辞诣垂拱殿。"①朱溢认为宋志中的这条记载有误,嘉祐八年与元丰八年西夏遣使如宋为吊丧,这时的使节见辞不应作为进奉使见辞仪礼②,但这也不能否定此时期已经制定了有关西夏使的见辞礼仪。

元丰年间宋敏求等会同礼院详定仪注,在其所修订涉及《蕃国》的七十一卷内容中,包括《大辽令式》《高丽入贡仪》《女真排办仪》《诸蕃进贡令式》,③并不见西夏的相关内容,因此,西夏很有可能的见辞仪注并未成文,只是在参照之前的接待先例及他国仪注进行。

(二)高丽使副见辞

宋初即见高丽、交州遣使如宋朝见的记载,但史籍对北宋前期的相关礼仪内容记述多不详细。至真宗大中祥符元年修定对各蕃国的仪注,才有完整的高丽、交州见辞仪出现。宋神宗时期,北宋与高丽复交,又新修《高丽入贡仪》,于元丰二年(1079)六月修成。④ 哲宗即位后,又令臣僚重新"看详高丽入贡仪式"。⑤《政和五礼新仪》中的相关仪文条目与《太常因革礼》所收录的真宗时期的仪文大致相似。由此可知,尽管元丰时期所修仪注损益"视前多矣"⑥,但对大中祥符仪注中的宾礼内容改动有限,基本以继承为主。靖康之变后,宋丽之

---

① (元)脱脱等:《宋史》卷119《礼志二十二》,中华书局,1977,第2808页。
② 参见朱溢:《北宋宾礼的建立及其变迁——以礼仪制定原则的讨论为重点》,《学术月刊》2014年第4期。
③ 参见(元)脱脱等:《宋史》卷98《礼志一》,中华书局,1977,第2423页。
④ 参见(宋)李焘:《续资治通鉴长编》卷298,元丰二年六月己未,中华书局,2004,第7259页。
⑤ (宋)李焘:《续资治通鉴长编》卷361,元丰八年十一月壬寅,中华书局,2004,第8637页。
⑥ 参见(元)脱脱等:《宋史》卷98《礼志一》,中华书局,1977,第2423页。

间的关系由于金的强势而逐渐冷却,虽偶有高丽使节前来,但大部分情况都是高丽使节初至宋境即被劝返。故南宋绍兴之后对高丽的宾礼内容已基本不再行用。

在实际礼仪行用中,北宋对高丽宾礼在各个时期变动较为剧烈。首先,"大中祥符仪注"虽然明确出现待高丽宾礼仪文,但由于此时高丽已基本上臣服于辽,入宋朝贡时断时续,其并未得到完全落实,此仪文反而时常作为西夏使节朝贡的接待参照。其次,至宋神宗时,由于高丽对儒学的提倡及加强王权的需求,加之宋神宗对边疆事务的事功取向①,丽宋恢复了官方往来。宋将对高丽宾礼中的"押伴"改作"馆伴",宋徽宗时期又将引伴改为接伴,接待使臣名目逐步与对辽宾礼同。② 宋丽复交之后,宋遣往高丽的使节多选择文行出众者,徽宗时期又将遣使名目升为国信使。③ 北宋末期,在实际宾礼行用中,徽宗更是将高丽使节位次提到西夏之上,且高丽朝贡事务与辽使来聘一道,同隶枢密院。显然整个北宋时期,高丽在宋宾礼体系中的地位是逐渐上升的,这种趋势除受到宋辽关系演变的影响,高丽在思想文化方面对"中国"礼乐教化的接受也在一定程度上干扰了宋人对高丽与宋交往意图的研判。

但是我们必须注意,真宗与徽宗时期对高丽宾礼在仪文方面除相关仪式动作外,基本未做大的变化。但是徽宗时期对高丽三节人从的接待礼仪较为统一,不再区分上中下节,统一上殿拜谢宋帝,直观地反映出此时对高丽宾礼规格的提升。

(三) 交趾、占城使副见辞

北宋时期交趾使副见辞等礼仪基本与高丽使副见辞同,只是在

---

① 参见黄纯艳:《宋代朝贡体系研究》,商务印书馆,2014,第202页。
② 参见(元)脱脱等:《宋史》卷487《高丽传》,中华书局,1977,第14049页。
③ 参见(宋)叶梦得撰,(宋)宇文绍奕考异,侯忠义点校:《石林燕语》卷7,中华书局,1984,第95页。

某些细节上存在差异。北宋对交趾礼仪,上殿见辞宋帝者或为使、副,或为押衙。交州所遣使、副,如以押衙以下官充使,则通名入殿时只言进奉使某甲,不通官名;若是押衙以上,则以"交州进奉使某官某甲祗候见"通名,这在真宗与徽宗时期所修订的礼仪中几乎没有变化。真宗时期,时有诸藩以押衙前来朝贺的记载,如夏使经常以押衙充。①

北宋与交趾(交州)之间的往来虽紧密,但到南宋初期,赵宋君臣疲于应对金的攻势,在与交趾李朝的交往中,虽时有册封交趾的事例,②但在交趾请求入境朝聘一事上反应冷淡,"为边事未宁,免使人到阙",而于境上交割。③ 所以南宋初年并不行交趾奉使仪。这种情况一直持续到宋高宗绍兴二十六年(1156),交趾遣使来贺升平,才按"占城国昨到阙见、辞等体例"举行相应的仪式,遇"有事体轻重,或该载未尽事件","逐旋申朝廷取旨",临时增减相应规格。④

至于占城,宋初即有相关遣使记录,但直至北宋政和之前未见宋占之间建立起明确的封册关系。⑤ 在宋徽宗之后占城频遣使来朝,徽宗政和年间占城国王杨卜麻叠被宋敕封为"金紫光禄大夫,遥授廉白州刺史"⑥;宣和元年(1119),又"进检校司空兼御史大夫、怀远军

---

① 参见(宋)李焘:《续资治通鉴长编》卷63,真宗景德三年六月丁丑,中华书局,2004,第1405页;(清)徐松辑,刘琳、刁忠民、舒大刚等校点:《宋会要辑稿》蕃夷四之三三至三四,上海古籍出版社,2014,第9790页。

② 参见(清)徐松辑,刘琳、刁忠民、舒大刚等校点:《宋会要辑稿》蕃夷四之四二至四三,上海古籍出版社,2014,第9795—9796页。

③ 参见(清)徐松辑,刘琳、刁忠民、舒大刚等校点:《宋会要辑稿》蕃夷四之四二至四三,上海古籍出版社,2014,第9796页上栏。

④ 参见(清)徐松辑,刘琳、刁忠民、舒大刚等校点:《宋会要辑稿》职官三五之一七至一八,上海古籍出版社,2014,第3881—3882页。

⑤ 参见邓昌友:《宋朝与越南关系研究》,博士学位论文,暨南大学,2006,第88页。

⑥ (清)徐松辑,刘琳、刁忠民、舒大刚等校点:《宋会要辑稿》蕃夷四之七四,上海古籍出版社,2014,第9814页。

节度使、琳州管内观察处置使,封占城国王"。① 南宋时期占城使副见辞礼仪出现于宋高宗绍兴二十五年(1155),客省因占城遣使提前备好"在驿礼数仪范",包括"礼数、行马、坐次"等规定。② 这其中对进奉使副与押伴官相见仪、习仪、朝见仪、客省签赐节料节仪、押赐御筵、离京日礼仪等环节记载详细,③成为此后"遇诸蕃到阙"的宾礼行用标准。④ 绍兴二十五年客省呈上的占城国来使接待礼文,是研究南宋前期针对海外蕃国宾礼的重要材料。

关于"习仪"问题,具如后文对辽、金使节习仪的论述。此处与辽、金使节习仪不同的是,习仪遵照一定的仪范,小国使节出使大国,未见有违礼不从事例。通过将占城使节朝见仪与同期的金使朝见相比,占城使在宫门外上下马,其礼仪规格与金朝三节人从相等。又馆驿押赐御筵时,皇帝所遣使臣曰"天使",与宋臣馆伴金使时称金为"上国"形成鲜明对比。此外,当月二十七日,宋高宗下诏规定押伴官规格、支钱数目等皆比之馆伴金使减半。以上内容皆揭示出占城与金在南宋宾礼体系中地位的差异。

此外需要注意的是,占城与交趾两国为"仇国"。在北宋时曾有同时来朝的记载。在面对占城使节请求举行礼仪避开交趾使节时,宋人做出相应调整,据《长编》记载:

> 诏:"占城与交趾为仇国,其起居及内燕听回避,如愿赴燕亦听。交人与占城使遇朔日并赴文德殿,分东西立。望日交州使副入垂拱,而占城赴紫宸起居。大燕交人坐东朵

---

① (元)脱脱等:《宋史》卷489《占城传》,中华书局,1977,第14085页。
② (清)徐松辑,刘琳、刁忠民、舒大刚等校点:《宋会要辑稿》职官三五之一三,上海古籍出版社,2014,第3879页下栏。
③ 参见(清)徐松辑,刘琳、刁忠民、舒大刚等校点:《宋会要辑稿》职官三五之一三至一五,上海古籍出版社,2014,第3879—3881页。
④ (清)徐松辑,刘琳、刁忠民、舒大刚等校点:《宋会要辑稿》职官三五之一七至一八,上海古籍出版社,2014,第3882页。

殿上,占城坐西庑。"①

这通诏书指明此时北宋对占城使节见辞礼仪可能是比照交州使副见辞仪改定。只是从北宋处理二者在礼仪上的争端看,北宋对占城的接待之礼下于交州,介于交趾与海外蕃国之间。同时指明宋代宾礼在实际行用中并非是按照仪文一成不变的,而往往根据区域内政权间关系的演变做出相应的变化。

(四) 西南蕃部见辞

宋人的地理观念中不只有中国内外之别,在对边疆的认知中亦区分为极边、次边、近里,宋人地理认知中"既存在'中国'—边夷—外夷的层次性,也存在对西南边疆民族中溪峒、蕃夷、诸蛮三个不同的民族地理单元的认识"。② 相较于宋以辽、金等为外夷,西南蕃部则处于边夷的位置,在一定程度上是游离于宋统治可触及范围之外的。故多数情况下,北宋待蕃部使节以宾礼。但边夷在宾礼中的地位与外夷不同,西南蕃部使节见辞仪在规则上稍异于前述"外"国使节见辞。首先,宜州西南蕃部的见辞礼仪在紫宸殿(崇德殿)或垂拱殿(长春殿)展开。如果发生于紫宸殿,则其于奏阁门无事前引入;如是在长春殿,则于见、谢、辞班绝后引入。其次,在礼仪环节上,不同于海外诸国使节见辞,宋真宗时期的西南蕃部遣使见辞以本州所遣押衙行礼次序在诸蛮王子前。除《太常因革礼》的仪文记载外,并未见史籍中记录相关礼仪行用的真实情况,这种行礼方式是否行用就不得而知。

从相关记录中或可勾勒出仪文如此安排的原因:宋初,西南蕃部首领即频来入贡,所遣使团规模颇为庞大,在其前往宋都过程中,常

---

① (宋)李焘:《续资治通鉴长编》卷292,神宗元丰元年九月丁亥,中华书局,2004,第7136页。

② 参见杜芝明:《宋朝边疆地理思想研究》,博士学位论文,西南大学,2011,第47、135页。

因其所带蕃兵而滋事。① 基于此,在其表达要前往宋京城朝贡的意愿时,朝廷多令沿边州军提前筛选,严格限制其使团规模及所贡物品的等级,其他的基本在边境州军交割。如坚持入境的,则由所属州军"发兵援送"。② 而负责援送的即仪文中所记之"押衙",其名为"援送",但实际作用应在于约束诸藩蛮王子及其使团在进入宋境之后的行为。宜州等州军所遣之"押衙"的地位在宋代官方的理解中应处于诸藩蛮王子之上,故才有朝见中在蛮王子之前行礼的记录。这体现出宋代羁縻政策影响下的西南诸蕃在宋代国家礼仪及行政体系中的地位。

(五)宋代海外蕃客及僧见辞

宋朝除与辽、金、夏、高丽、交趾等往来密切外,西域一些蕃部以及海外诸藩国也时常遣使来贡,据《宋史·外国传》及《宋会要辑稿》蕃夷部分内容记载,其中所涉之政权包括:真腊、回鹘、高昌、龟兹、于阗、拂菻国、大理、天竺、大食、蒲端、阇婆、真里富、佛泥、渤泥、三佛齐、注辇、琉求、日本、安定、吐蕃等。据陈少丰统计其中不涉及域内民族势力的海外政权计29个,北宋诸国的朝贡次数要多于南宋,各政权的朝贡频次亦有较大差异。③

蕃客朝见同宜州西南蕃及黎州等处蕃部遣使朝贺的礼仪规格类似,见辞礼仪如发生于紫宸殿,则其于奏阁门无事前引入;如是在长春殿(垂拱殿),则于见、谢、辞班绝后引入。

外国僧见辞仪,真宗时期没有形成相关仪文,《政和五礼新仪》中

---

① 参见(清)徐松辑,刘琳、刁忠民、舒大刚等校点:《宋会要辑稿》蕃夷五之一九,上海古籍出版社,2014,第9850页。
② 参见(清)徐松辑,刘琳、刁忠民、舒大刚等校点:《宋会要辑稿》蕃夷五之一二,上海古籍出版社,2014,第9845页。
③ 参见陈少丰:《宋代海外诸国朝贡使团入华之研究》,博士学位论文,福建师范大学,2013,第2—5页。该文中所记29之数,将高丽、交趾等列入其中,其中亦有南宋时期新来朝贡者,这些海外蕃国并非完全适用北宋时期的蕃客见辞礼仪。

存有相关条目,附于《高丽进奉使见辞仪》及《海外进奉蕃客见辞仪》后,但两项实为同一内容。据见辞仪文记载:蕃国僧的上殿次序在本国使之后,"不通,当殿奏'圣躬万福',三呼万岁。宣有勅赐僧衣兼赐斋食,三呼万岁。赞曰:'祗候。'(辞赞曰:好去)三呼万岁,西出"。①通过仪文可知,其行礼方式与海外进奉蕃客见辞仪类似。

北宋时期海外入宋的僧人不乏记载,其中较著名者如日僧成寻及高丽僧义天,皆是北宋中后期来华。义天是高丽文宗之子,其入宋行为可以被视作高丽官方遣使之举。义天于元丰八年(1085)入境后,受到了同高丽使等同的接待,如《实录》书"苏注引伴……范百禄馆伴",又"见(皇帝)于垂拱殿,进佛像、经文,赐物有差"。② 而《高丽史》更记:

> 煦(笔者按:义天)至,宋帝引见垂拱殿,待以客礼,宠数渥缛。煦请游方问法,诏以主客员外杨杰为馆伴,至吴中诸寺,皆迎饯如王臣。③

引伴、馆伴本就是宋朝在外使来朝时临时任命的引接官员,"迎饯如王臣",以待蕃国使节的礼仪接待义天,可见对其之重视,这与义天高丽文宗王徽之子及高丽国僧统④的地位有关。

日僧成寻入宋在义天之前,只不过他是偷渡进入北宋,有论者认为成寻具有日本"准官方代表的身份"⑤,概因其乃日方官员之后,且

---

① (宋)郑居中等撰,汪潇晨、周佳点校:《政和五礼新仪》卷155《高丽国进奉使见辞仪(僧见辞附)》、《海外进奉蕃客见辞仪(僧见辞附)》,《中华礼藏·礼制卷·总制之属》第四册,浙江大学出版社,2017,第973页。
② (宋)李焘:《续资治通鉴长编》卷358,元丰八年七月癸丑,中华书局,2004,第8569页。
③ (朝鲜李朝)郑麟趾等撰:《高丽史》卷90《宗室传一》,人民出版社,西南师范大学出版社,2014,第2827页。
④ (朝鲜李朝)郑麟趾等撰:《高丽史》卷90《宗室传一》,第2827页。
⑤ 陈扬炯:《宋代入台的日本僧人》,《五台山研究》1986年第5期。

自称是奉了其国皇太后之命前来求法的缘故。曹家齐对成寻提出参拜五台山时受到神宗君臣特殊对待的情况进行了详细论述,认为此时成寻基本被北宋以使客之礼对待,但是由差出之引伴官为低阶武官看,接待成寻的礼节规格不高。① 对比元丰八年义天入境时差滑州通判苏注为引伴,可以看出北宋接待义天与成寻之间的规格差别。上述表明此时因海外蕃国与宋朝的关系亲疏不同,对其国入宋僧侣的接待也会有差别,关系愈近,接待规格愈高。

(六)北宋宾礼仪文中的一些其他规定

真宗与徽宗时期修定的宾礼内容中,存在一些附加的解释性内容。这些内容基本是为诸政权同时来朝而专门设置的。诸蕃国使节上殿行礼时可"具劄目子与朝见奏目同奏"②,表明使节在行朝见礼时另有奏进事项,也指出朝见礼并非单纯的接待蕃使的礼仪,而在其中伴随着相关政务的处理。这在日僧成寻的朝见环节得到了印证。③ 又规定见辞班次"先高丽,次交州,次海外蕃客,次出后诸蛮王子"④,这种班次秩序基本上延续到北宋末,只是宋仁宗之后,随着西夏蕃国地位的确立,西夏与高丽在北宋接待各政权使节中的次序偶有变化,但西夏常处于高丽之上。如《夏国进奉使见辞仪》记:"凡蕃客见辞,同日者,先夏国,次高丽,次交州,次海外蕃客,次山后诸

---

① 参见曹家齐:《宋朝对外国使客的接待制度——以〈参天台五台山记〉为中心之考察》,《中国史研究》2011年第3期。
② (宋)欧阳修等编:《太常因革礼》卷84《新礼十七》,宛委别藏本,江苏古籍出版社,1988,第887页。
③ 参见(日)成寻撰,王丽萍点校:《新校参天台五台山记》卷4,熙宁五年十月廿一日,上海古籍出版社,2009,第309—318页。
④ (宋)欧阳修等编:《太常因革礼》卷84《新礼十七》,宛委别藏本,江苏古籍出版社,1988,第887页。

蛮。"①这种见辞班次秩序并不一定,除了辽使位置固定,其他政权的见辞大多寓于朝参环节之中,各政权见辞班次基本与各政权间的地缘及与宋朝关系的变化有关,诸如宴飨等其他礼仪的位次、班次也与此类似。

宋志记宴飨之礼:"祥符中,宴崇德殿。夏使于西廊南赴坐,交使以次歇空,进奉、押衙次交州,契丹舍利从人则于东廊南赴坐……"②大中祥符年间由于高丽极少遣使来,故出现在宴飨礼仪中的位次是契丹使副于殿上,契丹三节人从于东廊南,夏州、交州使节、进奉、押衙则依次于西廊南就坐。此时西夏并未取得外蕃地位,但仍处于诸蕃国之上。此后,契丹三节人从、西夏、交州使、副位次升于东西朵殿,西夏押衙则于东廊南头坐,其他蕃国使大概依次升序。

神宗熙宁年间,由于高丽与北宋复交,在议定高丽使副见辞立班及宴飨坐次时,以夏国例进行布置,其入见时"立班紫宸殿,燕坐东朵殿"③,位置则稍次西夏,与之后高丽及西夏在北宋见辞、宴飨礼仪中的班次及座次同。徽宗时期从礼仪条规上将对高丽的宾礼提升到"西、北二国之间"④的位置。即便如此,在《政和五礼新仪》中仍将其置于西夏之次,其中的根源正如叶梦得所言系"出于一时之命"及宣和年间欲"有为"⑤所致,并非是朝廷的定制,这才出现《政和五礼新

---

① (宋)郑居中等撰,汪潇晨、周佳点校:《政和五礼新仪》卷155《宾礼·夏国进奉使见辞仪》,《中华礼藏·礼制卷·总制之属》第四册,浙江大学出版社,2017,第972页。

② (元)脱脱等:《宋史》卷113《礼志十六·嘉礼四》,中华书局,1977,第2688页。

③ (宋)李焘撰:《续资治通鉴长编》卷226,熙宁四年八月丙寅,中华书局,2004,第5504页。

④ (元)脱脱等:《宋史》卷119《礼志二十二·宾礼四》,中华书局,1977,第2810页。

⑤ 参见(宋)叶梦得撰,(宋)宇文绍奕考异,侯忠义点校:《石林燕语》卷7,中华书局,1984,第96页。

仪》中的礼仪条目之序次与其时高丽在北宋宾礼体系中的实际地位出现偏差的情况。赵冬梅曾提到"礼仪呈现的,通常是旧秩序。那些曾经存在、但在现实中已经或者正在消亡的关系,往往可以在礼仪中找到证据",①此语或可解释西夏、高丽在北宋宾礼中实际地位与仪文规定出现偏差的原因。造成夏国班次、位次长时期高于高丽的原因与此时期区域内各政权间的地缘关系与地缘政治紧密相关。

(七) 蕃使(僧)见辞仪的行用——以熙宁五年日僧成寻见辞为例

上述内容探讨了宋对蕃国(部、客)宾礼仪文的行用概况。但在实际的礼仪活动中,这些礼仪环节是否得到切实落实?礼仪会否成文一纸虚文?这些问题都需要逐一解答。成寻在《参天台五台山记》中记述了其入宋东京之后受到宋朝官方的礼遇,其中对朝见前后的描述较为详细,涉及客省知会其上殿朝见事宜、上殿仪制、上殿朝见实录,详细记录了客省的文牒内容②、北宋针对蕃客朝见的仪制③以及朝见当天成寻等所见及亲身参与的礼仪环节④。

熙宁五年(1072)十月乙未(朝见前一日),传法院所转客省文牒告知成寻可以朝见,并通知朝见时间、等候地点、注意事项等内容。这通文牒的作用颇类《大唐开元礼》中所记戒见日仪的作用,因此可推知在宋代周边政权的使节来朝仪式中不记戒见日的内容,或是由于客省等外事管理机构通过文书的行下取代了传统的见、辞日告知礼仪,简省了相关仪式环节。另外,文牒中有告知其朝见禁止事项的内容,这应当被视作习仪环节的一部分。

---

① 赵冬梅:《文武之间:北宋武选官研究》,北京大学出版社,2010,第10页。
② 参见(日)成寻著,王丽萍校点:《新校参天台五台山记》卷4,熙宁五年十月廿一日,上海古籍出版社,2009,第309页。
③ 参见(日)成寻著,王丽萍校点:《新校参天台五台山记》卷4,熙宁五年十月廿一日,上海古籍出版社,2009,第311页。
④ 参见(日)成寻著,王丽萍校点:《新校参天台五台山记》卷4,熙宁五年十月廿一日,上海古籍出版社,2009,第318-319页。

同样于朝见前一日，随朝见通知而来的还有阁门检会仪制后确立的礼仪流程。在这份告知书中，首先确定了成寻一行所适用的朝见礼仪——"海外进奉蛮子、蕃客等朝见仪"，这与《政和五礼新仪》中所记内容基本吻合，僧见辞仪与蕃国使客见辞仪本身没有明显区别，从侧面反映出宋代对海外诸国使客的礼仪应是基于同一个礼制范本，通过损益相关环节而修成的。在传法院转送的这份告知书中可以看到阁门最终确定的成寻一行见辞礼仪环节：穿着皇帝之前所赐衣服，当日用餐（皇帝所赐）毕，在崇政殿群臣奏事毕、阁门报无公事前，上殿。如果在用餐过程中，朝堂已奏无事，皇帝起驾，则朝见顺延到次日。上殿之后受赐酒食，拜万岁；酒食毕，又拜万岁，出。皇帝在朝见之前起驾，则朝见顺延，表示蕃僧见辞在宋代宾礼中处于绝对边缘的位置，也体现出实际的礼典中出现的宾礼内容是礼官修饰美化后的结果。

　　传法院转来的这份阁门劄子所记仪文与"大中祥符仪注"及《政和五礼新仪》中收录的仪文皆有一定的差异。熙宁五年距《太常因革礼》所引蕃使仪注修成时间相去不远，故大中祥符时期的仪注即是神宗熙宁时期通行的蕃国使客朝见礼仪。姑且将熙宁五年阁门劄子与蕃使朝见仪注之间列表比较如下：

表二　真宗时期蕃使朝见仪注与熙宁五年阁门劄子中所记相关仪式环节比较

仪文环节	大中祥符仪注中蕃使朝见仪（进国书后相关环节）	熙宁五年阁门劄子所见仪文环节
1	——	着所赐衣，及赐酒食后，依例于崇政殿报无公事前，再拜，出。（如散分物及酒食未了，皇帝崇政殿已起，次日引出）
2	喝拜，两拜，奏圣躬万福，又两拜，随拜万岁，出班致词谢百天颜、沿路馆券、都城门外茶酒，归位，又两拜，随拜万岁，又出班附起居，归位，又两拜。	——

仪文 环节	大中祥符仪注中蕃使朝见仪（进国书后相关环节）	熙宁五年阁门劄子所见仪文环节
3	宣有敕赐某物兼赐酒食，应喏，跪受，箱过，又两拜，随拜万岁，喝祇候出。	引当殿，喝赐酒食，喝拜，再拜，随拜万岁。喝各祇候。
4	着所赐衣服，吃酒食于崇政殿，再引出头。	酒食毕，喝拜，再拜，随拜万岁。喝各祇候，出。

通过对比发现：熙宁五年阁门劄子中的这份朝见仪制，与宋真宗大中祥符年间修定的蕃客朝见仪注之间最大的差异出现于行礼前及赐酒食结束后的环节。熙宁五年阁门劄子中提到成寻一行需先服所赐衣服，饮用酒食，之后上殿行拜礼；行礼后又有赐酒食环节，饮用毕，出，行礼完毕。两次赐酒食不知其依据为何？且"酒食未了，皇帝……已起，次日引出"①又是何据？前者需要从其所记朝见当日的活动中寻找答案（见下文），后者的依据则不得而知。又因成寻并非真正意义上的日本官方使客，故省却谢沿路款待及相关起居礼仪，也符合常理。至于成寻所记酒食后再引出行拜礼之事，应当正是"大中祥符仪注"中缺省的环节，这也可以解释为何大中祥符年间蕃使朝见仪注中会有"吃酒食于崇政殿，再引出头"②的记录，这可能与仪注中省去了再次拜万岁的环节有关。

成寻于朝见当日的活动，除其私人的礼佛外，起点是卯一点一行人乘马入宫城。第一道门内有安下所幕次，再行，其所见"入第二门间，乘马人数百入门，升殿拜礼之人等也"，应是参加朝参起居的官员及见、辞皇帝的其他政权使节。入第三门后，直到东华门，于门内南廊所设幕次中进飨膳，这应该就是熙宁五年阁门劄子中所谓的第一次赐酒食，从其所记"间数千人来见"可知，入殿行礼前的这次"赐酒食"是蕃使朝见前的必备环节。之后客省官员前来教授"立御前呼万

---

① （日）成寻著，王丽萍校点：《新校参天台五台山记》卷4，熙宁五年十月廿二日，上海古籍出版社，2009，第311—317页。
② （宋）欧阳修等编：《太常因革礼》卷84《新礼十七·海外进奉蕃客见辞》，宛委别藏本，江苏古籍出版社，1988，第886—887页。

岁作法",这与之前阁门知会的禁止事项及朝见礼仪环节一道,都应属于"习仪"环节。这似乎预示着北宋宾礼行用中"习仪"环节有两个阶段,一为行礼前一日,一为行礼当天上殿前。习学完毕,在殿庭外随引接人员行舞蹈礼、拜礼,共拜九次。在殿亭外与其一同行礼者"共着赤衫",当是宋朝的中下级别官员,而非其所言之"诸州通判"。① 表明在见辞仪制中所记宾礼环节进行之前,诸政权来使也随宋朝臣僚行起居礼,不过地位较低的蕃国使节是随接引人员在殿庭外行礼。

当成寻等人入殿庭受皇帝朝见时,先听到传宣"引见"之声,然后通事进出殿庭,"敬屈呼'圣躬万宝'",成寻等众僧低头两呼万岁,并非是"大中祥符仪注"中的"呼",也非《政和五礼新仪》中的"三呼",不知其缘由。之后赐衣、物,并由西向东在诸僧面前展示赐物,诸僧再次两呼万岁。宣赞僧"祗候",再次呼万岁。敕使分别前来传谕成寻可参在京诸寺及五台山。这表明在正常的见辞仪式过后,皇帝会处理一些对外事务,这在相关仪制中并未体现出来。待敕使将皇帝的旨意传达完毕,退出殿庭,至安下所吃斋,斋毕,出门,乘马归传法院。有专门人员将皇帝所赐衣、物送至传法院。

成寻亲历的朝见礼仪与其所录又有差异。首先,呼万岁时未见其拜,只是低头,这更接近《政和五礼新仪》的记载。事实上,成寻等人上殿朝拜时的整个礼仪环节与动作都与《政和五礼新仪》中的记述近似。其次,阁门劄子中"酒食讫"之后的拜礼环节亦略去,概僧朝见在实际执行中其仪节略简于蕃使朝见。

---

① 宋代官员的服色及服等问题具体可参见陈文龙:《论唐宋时期的"赐绯紫"》,载于北京大学历史学系编《北大史学》第17辑,北京大学出版社,2012,第31—56页;王艳:《宋代的章服赏赐》,《史学月刊》2012年第5期;任石:《宋代文官的冠服等级——兼谈公服制度中侍从身份的凸显》,《文史》2019年第4期。从其记录中以服赤色服者为诸州通判看,宋代对其的招待与一般的蕃使来朝基本类同。

成寻记录的北宋官方文书及其亲身经历的文字,一则为我们提供了北宋宾礼行用实例,二来向我们展示了在面临不同类型的使节朝见时,北宋朝廷对礼仪的相关环节及动作所做的改变,同时也使我们对这种改变可能对后来宾礼仪文撰修带来的影响有了简单的认识。通过成寻的记载可以肯定的是,真宗大中祥符年间所修定的宾礼仪注在现实政治中得到了切实的行用,而《政和五礼新仪》中的蕃国使、僧见辞仪等也是根据实际礼仪行用中积累的经验修撰的。

第二节 "澶渊之盟"后的对辽宾礼——以朝见仪为中心

宋辽"澶渊之盟"后确立的和平交往局面的持续,使真宗朝"大中祥符仪注"中确立的宾礼文本内容成为之后对辽宾礼的蓝本。而宋辽间频繁、稳定的使节往来使宋对辽的宾礼仪式成为北宋中后期宾礼中最重要的内容。前章已经指明宾礼内涵在北宋中后期的变化,那么对辽宾礼在仪式设计与行用中又出现了怎样的变化,这些变化背后体现了怎样的政治意涵?本节将以北宋中后期宾礼中辽使朝见仪进行具体论述。

一、北宋中后期行用的辽使朝见仪之比较

北宋中后期对辽宾礼的主要仪文包括《契丹国信使副元正圣节朝见宴》("大中祥符仪注")、《紫宸殿大辽使朝见仪》与《崇政殿假日大辽使朝见仪》(《政和五礼新仪》)。三篇仪文内容表明北宋中后期的相关辽使朝见礼仪在整体环节上类似,主要包括就馆习仪——长春殿(后期为崇政殿与垂拱殿)起居——国书交接与互问圣体(公

礼)——使节上殿谢沿路款待(私礼)——合班、奏阁门无事,礼毕。①但是在其中的一些具体细节上表现出一定的差异,而这些差异涵盖礼仪环节、礼仪动作、使节序班诸方面。那么这些差异的表现形式怎样?又是如何产生的?

(一)礼仪环节的变化

北宋中、后期的对辽宾礼在"习仪"环节、起居礼的权重、仪仗以及对失仪行为的纠举方面都有值得探讨之处。

1. 三篇仪文在礼仪环节上最明显的差异体现在"习仪"环节的有无

唐至宋初的宾礼仪文中极少见行礼前的习仪环节,但是在同时期的郊祀礼仪中,习仪并不稀见,而郊祀礼仪中的习仪"本以防失礼而渎神也"。② 目前有研究认为宾礼中出现习仪环节除先秦时期的礼仪外,后世要迟到明代洪武年间所定"蕃王朝贡礼",但此说似乎未考虑宋代宾礼的相关仪文内容。③ 宋真宗大中祥符九年(1016)的宾礼仪注较此前的宾礼仪文即增加了习仪环节。根据仪文的记载,习仪的对象为"通事舍人或阁门祗候并阁门承受行首"④,但并未言及契丹使节。因此,从表面上看,习仪的主体是北宋方面的传宣、接引人员,契丹使节在相关礼仪环节只是按照赞者及通事等的指引行礼。但仪文又强调习仪的地点在契丹使节所居住的京郊驿馆(都亭驿),这或指明仪文中对习仪对象的记述并未详尽。史书中对使节到访是否习仪多忽略不计或语焉不详,然而宋神宗熙宁八年(1075)四月辛巳,沈括的一封奏疏揭示了辽使是否应当习仪的问题,据载:

---

① 关于宋真宗时确立的相关对辽仪式环节,已有学者进行总结,参见尹承:《〈太常因革礼〉研究》,博士学位论文,山东大学,2015,第91页。
② (宋)欧阳修等编:《太常因革礼》卷4《总例四》,江苏古籍出版社,1988,第44页。
③ 参见李无未:《中国历代宾礼》,北京图书馆出版社,1998,第48页。
④ 参见(宋)欧阳修等编:《太常因革礼》卷83《新礼十六·契丹国信使副元正圣节朝见宴》,江苏古籍出版社,1988,第869页。

第三章 宋朝对各政权的宾礼——基于宾礼仪式的探讨

枢密院奏:据馆伴所申,寻备录第三次圣旨劄子,请萧禧承领,分位翻译后,却要退还。为阁中使臣到驿,请萧禧习朝辞仪。馆伴使到,寻已下阶守候,国信使习仪,其萧禧只于厅上倚柱立地。屡遣人请唤,不肯下阶习仪。直至三更二点,却索归位。至次日,亦是坚拒,未肯习朝辞仪。①

沈括这封奏疏的背景是辽遣泛使②萧禧等来交涉北边疆界划分事宜,在双方的交涉中辽使表现强势,宋方遣使臣到驿馆要求辽使习朝辞仪,萧禧未遵从宋方安排,被视为违礼。尽管萧禧因事而来,礼仪可能会略有不同,但是大致环节上应不致有太大偏差。上述事例体现出习仪的主体不只是宋方的传宣与接引官员,辽使等也应当遵从宋方的习仪安排。但《政和五礼新仪》中未见"习仪"一节,是修礼时的省略,还是"习仪"在北宋末已经废弃? 据蔡絛论林摅使辽事:

使北者,始圣旨与辽人聘问往来,北使至我,则阁门吏必诣都亭驿,俾使习其仪。翌日乃引见,惧使鄙不能乎朝故也。③

因蔡絛、林摅二人皆活跃于徽宗朝时期。由上可知,在徽宗时期,辽使来聘,习仪仍是必不可少的环节。那么辽使朝见仪文中不记,应是主动省略。

宾礼中"习仪"环节出现原因有二。首先,礼仪新创,礼仪参与者

---

① (宋)李焘:《续资治通鉴长编》卷263,神宗熙宁八年闰四月丙申,中华书局,2004,第6428—6429页。
② 关于宋辽交聘中的使节分类问题,聂崇岐梳理归纳为贺正使、告哀使、生辰使、泛使等12种名目;傅乐焕对宋辽之间遣使列表统计,对双方所遣泛使专门列表梳理;其他如贾玉英、王慧杰等对此亦有相关研究。参见聂崇岐:《宋辽交聘考》,载于氏著《宋史丛考》,中华书局,1980,第287页;傅乐焕:《宋辽交聘表稿》,载于氏著《辽史丛考》,中华书局,1984,第179—285页;贾玉英:《宋辽交聘制度之管窥》,载于张希清主编《澶渊之盟新论》,上海人民出版社,2007,第388—399页;王慧杰:《宋朝遣辽使臣群体研究》,社会科学文献出版社,2016,第57—63页。
③ (宋)蔡絛撰,冯惠民校:《铁围山丛谈》卷3,中华书局,1983,第54页。

对相关仪式环节的熟悉需要一定的过程。有研究提到唐宋时期,随着时代的演进,礼仪在一定程度上逐渐"虚名"化,官僚"并不熟悉国家大型礼仪的具体仪节,需要在正式举行前习学与演练"。[①] 而真宗朝的对辽礼仪更属新创,且宾礼本身较之郊祀礼仪更不被官僚重视,礼仪参与者自然对相关仪式较为生疏。仪式的举行事关宋朝的威严,故在礼仪初创期规定朝见前一日习礼,是宋方的主动选择。其次,"惧使鄙不能乎朝故也"。在"澶渊之盟"达成的初期,北宋虽粗略地制定了接待契丹使节的礼仪,当时应未出现习仪环节。景德三年(1006)十二月,"契丹使萧汉宁至",恰逢元日朝会,"汉宁自言不习汉仪,愿不给朝服。副使吴克昌等亦言与大使同叙班,难衣朝服。诏听自便"。[②] 因此,令契丹使节提前习仪,或可避免出现契丹使以不习汉仪为借口而不遵北宋官员引导的情况再现。

习仪环节出现的意义何在?首先,"澶渊之盟"后,宾礼中出现"习仪"环节是因应新的礼仪的产生而做出的改变,是新的礼仪范式需要礼仪参与者谙熟礼仪环节,不致宋朝威严受损的需要。其次,"习仪"的出现也与真宗君臣制礼作乐的目的相合,通过习仪环节,使契丹(辽)使节严格遵从宋方仪节,一定程度上弥合了宋方因军事、政治上与辽的对等而产生的心理创伤,是在礼仪上完成对辽超越的表现。蔡絛记林摅使辽事时以辽方要求林摅习仪为"北主已骄纵",而林摅坚决不从辽方的习仪要求则被视为是有气节的表现,[③] 从侧面反映出习仪在时人认知中所具备的明尊卑的意涵:辽使习汉仪则卑,宋使不习辽仪则尊。

---

① 参见吴羽:《唐宋国家礼仪的习学与演练研究——以朝仪与亲郊的习仪为例》,《首都师范大学学报》(社会科学版)2017年第2期。
② (清)徐松辑,刘琳、刁忠民、舒大刚等校点:《宋会要辑稿》蕃夷一之三八,上海古籍出版社,2014,第9734页下栏。
③ 参见(宋)蔡絛撰,冯惠民校:《铁围山丛谈》卷3,中华书局,1983,第54页。

但宾礼中的"习仪"环节并非宋的专属,此后北宋使节在使辽过程中亦需习仪。从辽方坚持要求林摅习仪来看,"习仪"在辽对宋宾礼中应也是常备环节。① 至于蔡絛所言辽之所谓"习仪"只是"说仪",则恐是受宋高宗绍兴十三年(1143)之后南宋对金宾礼中"说仪"的影响而有意为之。②

2. 起居环节在宋代前后期朝见礼中的权重差异

唐《大唐开元礼》及《开宝通礼》中所记之宾礼相较于宋真宗之后的宾礼在仪式环节上具备较高的独立性,其更像是朝廷专门为迎接蕃国主与蕃国使臣而举行的一场盛大典礼,而在仪式上将臣与宾的概念严格区分。但是,宋真宗时期制定的宾礼仪文,起于长春殿起居毕,这表明在此之前,皇帝接受了臣僚的朝见,并可能听取了宰执等官员的奏事。宋徽宗时期的宾礼则完全将见辞前的起居环节完整记录下来,从而使起居与辽使朝见、朝辞仪结合,形成一套完整的礼仪程序,在同一礼仪流程下,既完成了与朝臣的日常相见,又行接待外使之礼。如《紫宸殿大辽使朝见仪》先垂拱殿起居,后紫宸殿百官大起居,起居毕即行辽使朝见仪;又《崇政殿假日大辽使朝见仪》中先崇政殿起居,后宰执奏事,奏事毕即行朝见仪。这种变化应与宾礼的持续下行及北宋晚期宾礼修订中的"变调"密切相关。

随着宋太宗时期宋对燕云以南地域完成局部统一,之前尚载于礼典的蕃国主朝见仪已彻底不行。宋太宗数次伐辽失败后,北宋与辽的使节往来日渐稀疏,北宋的施政重心逐渐向内倾斜,这导致宋辽和议达成后宋方接待辽方使节几乎无成例可循。"天书封禅"本就暗

---

① 参见(宋)洪皓撰,张剑光、刘丽整理:《松漠纪闻》,载于朱易安、傅璇琮等主编:《全宋笔记》第三编第7册,大象出版社,2008,第122页。

② 参见(宋)蔡絛撰,冯惠民校:《铁围山丛谈》卷3,中华书局,1983,第54页。

含赵宋君臣试图消弭宋在区域局势中的颓势及自身困局的一面。①在此背景主导下兴起的制礼作乐活动自然是为之服务，礼仪中当不会凸显待辽使之重。因此，辽使见辞缀于百官起居后，或许有此考量。

由于在宋徽宗对"宾"的理解中，"群臣亦谓之宾，非特诸侯也。主尊宾卑，君为主而尊，臣为宾而卑，宾主尊卑之义辨矣"，"守臣亦古诸侯也。其赴阙、被召、奏事之类，则朝觐会遇之礼"，②因此宋徽宗的宾礼思想实质可以归纳为内外无别，臣、外使皆为宾，而宾礼则专为突出君主之"尊"。故徽宗朝的宾礼仪文中既可见属于嘉礼的朝会、朝参之礼，又可见涵纳内政元素的外使见辞仪，并且对两种礼仪的仪式环节不分巨细，俱载入仪文之中。这种内政与外事相连接的礼仪模式应当被视作内政向外事的渗透，代表了历史时期中央朝廷在处理国家事务时"重内略外"的特点。

无独有偶，在辽代的宾礼中，宋及其他诸国使节的见辞礼仪亦在朝参起居之后，与起居环节紧密连接，这应当与双方朝参礼同一来源有关。据王凯研究，辽代宾礼中各政权使节见辞礼仪多学自汉仪。③因此二者在礼仪环节上表现出一定的相似性，似也不违常理。且双方礼仪上的相似性，也符合此时双方的"对等"地位。

3. 宾礼中的仪仗

《大唐开元礼》中记蕃国主来朝，所用仪仗为黄麾大仗，而待蕃使以黄麾半仗。北宋前中期对辽礼仪中未记述仪仗的内容。《政和五

---

① 参见葛剑雄：《十一世纪初的天书封禅运动》，《读书》1995年第11期；汤勤福：《宋真宗"封禅涤耻"说质疑——论真宗朝统治危机与天书降临、东封西祀之关系》，《河北大学学报》（哲学社会科学版）2019年第2期。
② （宋）杨仲良编：《续资治通鉴长编纪事本末》卷133《徽宗皇帝·议礼局》，北京图书馆出版社，2003，第4177页。
③ 王凯：《辽朝礼制研究》，博士学位论文，吉林大学，2017，第75、86页。

第三章 宋朝对各政权的宾礼——基于宾礼仪式的探讨

礼新仪》记《大庆殿大朝会》用黄麾大仗,①《文德殿月朔视朝仪》中用黄麾半仗,②《紫宸殿大辽使朝见仪》用黄麾角仗和殿中细仗。③关于黄麾仗的等级及用途,《宋史·仪卫志》记:

> 宋初因唐五代之旧,讲究修葺,尤为详备。其殿庭之仪则有黄麾大仗、黄麾半仗、黄麾角仗、黄麾细仗……外国使来则设角仗……④

如按《宋史·仪卫志》所记,宋初礼仪中应也使用仪仗。而另据时人记述,此时在朝会礼仪的实际行用中应基本不用仪仗。

> 国家承五代大乱之余,每朔望起居及常朝,并无仗卫,或数年始一立,名全仗。⑤

至宋真宗时期,出现朝会"排仗卫屯于殿廷"⑥的记载,但事例并不多见,且未见宾礼条目中出现该类记载。故综合田况所述及宋真宗时期的相关宾礼仪注可知,真宗时制定对辽宾礼不记述相关仪仗的内容应是在礼仪设计上并未考虑在内,这也反映出宋真宗时期礼仪制定过程中政治导向对礼仪设计的影响。

北宋后期的礼仪中对仪仗的使用描述虽然详细,但从现有史料

---

① (宋)郑居中等撰,汪潇晨点校:《政和五礼新仪》(上册)卷21《序例·朝会仪卫》,《中华礼藏·礼制卷·总制之属》第三册,浙江大学出版社,2017,第196页。

② (宋)郑居中等撰,汪潇晨、周佳点校:《政和五礼新仪》(下册)卷139《宾礼·文德殿月朔视朝仪》,《中华礼藏·礼制卷·总制之属》第四册,浙江大学出版社,2017,第901页。

③ (宋)郑居中等撰,汪潇晨、周佳点校:《政和五礼新仪》(下册)卷150《宾礼·紫宸殿大辽使朝见仪》,《中华礼藏·礼制卷·总制之属》第四册,浙江大学出版社,2017,第944页。

④ (元)脱脱等:《宋史》卷143《仪卫志一·殿庭立仗》,中华书局,1997,第3365—3366页。

⑤ (宋)田况撰,储玲玲整理:《儒林公议》,载于朱易安、傅璇琮等主编《全宋笔记》第一编第5册,大象出版社,2003,第111页。

⑥ (宋)欧阳修等:《太常因革礼》卷86《新礼十九·五月朔受文武百僚朝》,江苏古籍出版社,1988,第901页。

看,此时期在对辽宾礼的行用中极少使用仪仗,这从侧面说明在徽宗君臣欲成"一代之典"的修礼动机影响下,北宋后期的宾礼规模或被人为地进行了夸大。不过,南宋时期在对金宾礼中倒是采用了"黄麾角仗"的布置。

4. 对失仪行为的纠弹

宋代在礼仪行用中设置专门的礼仪监督官员以监督、纠正官员在行礼过程中的违礼、失仪的情况。在宋礼中,殿中侍御史与阁门使都是常见的礼仪监督官员。据载:

> 宋制:殿中侍御史二人,正七品,掌言事,分纠大朝会及朔、望、六参官班序。①
>
> 国朝阁门使、副使掌供奉乘舆、朝会、游幸、大宴及赞引亲王、宰相、百僚、蕃客朝见辞谢,纠弹失仪。②

真宗朝所定宾礼仪文中并未出现殿中侍御史,仅阁门使参与到礼仪执行之中。在行礼过程中阁门使先是作为跪接契丹国书者,后又作为皇帝问契丹国主的消息传递者,之后又接引契丹使副下殿,但这些皆非其纠举失仪的职能。而在宴会环节开始前,"其馆伴使如不是合预侍宴臣僚,阁门临时奏听进止。候长春殿诸司排当有备,阁门使、副、入内都知奏班齐",在这一过程中阁门使才起到纠举、辨别的作用。

宋徽宗时期,阁门使在相关礼仪中仍具有纠弹失仪的职能,殿中侍御史亦成为朝会、朝参、外使见辞等礼仪纠察中的重要角色。在北

---

① (宋)马端临撰:《文献通考》卷53《职官考七》,"殿中侍御史",中华书局,2011,第487页中栏。

② (宋)孙逢吉撰:《职官分纪》卷44《横行东西班大小使臣·东西上阁门使、副使》,《四库全书》文渊阁影印本,第923册,台湾商务印书馆,1986,第822页。

第三章 宋朝对各政权的宾礼——基于宾礼仪式的探讨

宋后期的对辽宾礼行用中,殿中侍御史具有"有失仪,弹奏"的职能。① 这种监察、纠弹失仪的职能贯穿了礼仪过程的大部分环节,但主要仍以辽使上殿前的起居环节为主,其本质上仍是对朝会、朝参活动中违礼官员的监察。

殿中侍御史的纠举如何落实到礼仪环节中?据紫宸殿望参与垂拱殿四参仪文记载:

> 三公以下文武百僚门外序班,立定。先殿中侍御史入,侧宣大起居,讫,分班归觉察位(殿中侍御史二员在两省班之南,各少却,东西相向)。②

这是在百官序班过程中的觉察失仪,"觉察位"的出现意味着殿中侍御史在纠察失仪行为时,在某些具体的环节有固定的程式与特定的位置,这一切都在礼仪的框架内进行。又,"次两省官出,次殿中侍御史对揖,出(有失仪,弹奏),知客省事以下复对立",③这种先后顺序上的安排,也利于殿中侍御史对朝参官员的监督。

在宾礼执行过程中,一些临时掌簿书的官员也会被安排监督百官。《政和五礼新仪》宾礼部分多出现如下记载:"读奏目官、宣赞引

---

① (宋)郑居中等撰,汪潇晨、周佳点校:《政和五礼新仪》(下册)卷150《宾礼·紫宸殿大辽使朝见仪》,《中华礼藏·礼制卷·总制之属》第四册,浙江大学出版社,2017,第945页。

② (宋)郑居中等撰,汪潇晨、周佳点校:《政和五礼新仪》(下册)卷140《宾礼·紫宸殿望参仪》卷141《宾礼·垂拱殿四参仪》,《中华礼藏·礼制卷·总制之属》第四册,浙江大学出版社,2017,第914页。

③ (宋)郑居中等撰,汪潇晨、周佳点校:《政和五礼新仪》(下册)卷150《宾礼·紫宸殿大辽使朝见仪》,《中华礼藏·礼制卷·总制之属》第四册,浙江大学出版社,2017,第945页。

班对立舍人,簿书官觉察失仪。"①簿书官觉察失仪的行为应贯穿整个礼仪环节,相较于殿中侍御史对具体序班、礼仪环节的纠察,其纠察失仪行为的范围应更广。

此外,左右班官员也互纠失仪,如在礼仪执行中出现失仪行为,左班弹劾右班,右班弹劾左班;如皆有失仪,则互相依次弹劾;"失弹及自失仪者,左右班互弹之","被弹者不得复弹元纠之人"。② 所有参与朝会的官员基本上都被纳入到监督与被监督的范围内,即使是宰执等,也不能幸免,此行为意在维持礼仪的庄重性,足见此时对朝会、朝参之礼的重视。

通过以上梳理可知:在北宋后期的朝会、朝参及辽使见辞等礼仪中,统治者构建起阁门使、殿中侍御史纠弹失仪,簿书官觉察失仪,百官互相纠举的一种失仪纠举模式。对纠举失仪的重视,尽管是唐宋以来朝会、朝参的传统,但是北宋后期在仪制、仪文上的强调仍揭示出宋徽宗皇权的加强,通过百官互相监督纠举,皇帝权威得以维系,突出皇帝在礼仪中的地位,这是政治现实在礼仪中的复现。③

(二) 礼仪动作的演化

除去仪式环节上的变化,礼仪动作的变化传递着更多的信息,这些仅通过简单的礼仪环节的总结并不能直观的体现。在这些内容中,"拜""舞蹈""呼万岁"等礼仪动作应当被重点关注。

---

① (宋)郑居中等撰,汪潇晨、周佳点校:《政和五礼新仪》(下册)卷141《宾礼·垂拱殿四参仪》、卷142《宾礼·紫宸殿日参仪》、卷153《宾礼·崇政殿假日大辽使朝见仪》,《中华礼藏·礼制卷·总制之属》第四册,浙江大学出版社,2017,第908、917、960页。

② (宋)郑居中等撰,汪潇晨、周佳点校:《政和五礼新仪》(下册)卷139《宾礼·文德殿月朔视朝仪》,《中华礼藏·礼制卷·总制之属》第四册,浙江大学出版社,2017,第906页。

③ 参见王刚:《北宋政治中的官员失仪》,《兰台世界》2012年第27期。

1. 拜

关于礼仪动作中的"拜",王贞平在其论著中有详细的解释,其认为"拜"主要用以表达臣下对君主的敬畏,"拜稽首是外交活动中的重要礼节"。①《大唐开元礼》及《开宝通礼》中蕃主与蕃使对皇帝行"拜稽首"的礼节较为常见。但宋真宗时期重新修订的宾礼,因将"拜稽首"之礼改为了"拜,舞蹈"之礼,此后"拜稽首"的礼节基本不行,保留下来的只是普通的拜礼(含再拜、三拜等)。在"拜"的数目方面,契丹国信使、副、舍利、从人等皆有差异,反映出宾礼明尊卑的属性。同样在宋遣使辽朝时,宋使节亦行相应的拜礼,指明二者交聘中的对等地位。

2. 舞蹈

朝会礼仪中出现"舞蹈"这一礼仪动作是隋唐时期的新发明。王贞平认为"舞蹈"最初只是行于北亚及东北亚各民族的一种"夷礼"。② 唐朝时,"舞蹈"成为朝会礼中比较重要的礼仪动作,用以礼仪施行者表达对皇帝的敬意。有学者在对"舞蹈"礼传达出的尊重程度的理解上产生分歧,但这并不能否定朝会参与者对皇帝臣服的意义表达。③ 唐、五代时期基本将"舞蹈"礼视为行礼方向受礼方臣服

---

① 王贞平:《唐代宾礼研究——亚洲视域中的外交信息传递》,中西书局,2017,第22—23页。

② 王贞平:《唐代宾礼研究:亚洲视域中的外交信息传递》,中西书局,2017,第45页。

③ 参见李斌城:《唐代上朝礼仪初探》,载于郑学檬等编《唐文化研究论文集》,上海人民出版社,1994,第122—127页;王贞平:《唐代宾礼研究:亚洲视域中的外交信息传递》,中西书局,2017,第45页。李文认为"舞蹈"礼可能是唐代最尊贵的礼仪,但王贞平认为其所表达的出来的尊敬程度不及"拜稽首"。

的表现。① 而唐代在与宾礼相关的仪式中,除元正、冬至群臣朝贺外②,基本不见有行"舞蹈"礼的规定。

宋代朝会、朝参礼仪中,"舞蹈"礼更为常见,"朝贺中增加了舞蹈的次数,朔望视朝增入舞蹈,见谢辞也多行舞蹈礼"。③ 只是鉴于《开宝通礼》与《大唐开元礼》在内容方面的继承性,在现存的宋初宾礼内容中并未见"舞蹈"礼的痕迹。至宋真宗时期,新定契丹使朝见仪注中,"舞蹈"礼被纳入相关礼仪动作。如《契丹国信使副元正圣节朝见宴》记:"(国信使)出班谢面天颜,归位,喝拜,舞蹈,拜。讫,又出班谢沿路馆译、御筵、茶药及传宣抚问。又归位,喝拜,舞蹈,拜。"④现存史料无法证明在宋真宗"大中祥符仪注"之前"舞蹈"是否已被引入对辽宾礼中来。笔者认为"舞蹈"被纳入到宾礼仪式中,应是源于宋真宗时期大规模制礼作乐所做的改动。这种改动的原因可能是将外使朝见仪与朝参起居结合,形成一套完整的内外连缀的礼仪体系,行于朝会、朝参的"舞蹈"礼自然地过渡到外使见辞礼仪中。

此外,"舞蹈"礼进入宾礼或也与"澶渊之盟"达成后赵宋君臣的心态变化有关。以宋人对称契丹为"北朝"的接受为例,最初通和国书中"以南、北朝冠国号之上",王曾指出"是与之亢立,失孰甚焉,愿

---

① 参见(宋)司马光编著,(元)胡三省音注:《资治通鉴》卷276《后唐纪五》,中华书局,1956,第9032—9033页。据该卷载,后唐乌昭遇使吴越回,因被韩玫攻讦其向钱镠行"拜舞",而被后唐主赐死。这从侧面表明"拜舞"所代表的是向受礼者表示臣服的意味。又《五代史》记后梁臣薛循入谒晋王(后唐庄宗未即位时),"舞蹈,呼万岁而称臣",晋王喜,继位后以薛循为节度副使。见(宋)欧阳修撰,(宋)徐无党注:《新五代史》卷35《唐六臣传·薛循》,中华书局,2016,第429页。

② 其中虽有蕃国主、蕃国使的参与,但并不能将之作为宾礼看待,参见朱溢:《中古中国宾礼的构造及其演进——从〈政和五礼新仪〉的宾礼制定谈起》,《中华文史论丛》2015年第2期。

③ 任石:《北宋元丰以前日常朝参制度考略》,《文史》2016年第3期。

④ (宋)欧阳修等:《太常因革礼》卷83《新礼十六·契丹国信使副元正圣节朝见宴》,江苏古籍出版社,1988,第871—872页。

第三章 宋朝对各政权的宾礼——基于宾礼仪式的探讨

如其国号契丹足矣。"①但此时已不可改回。宋真宗君臣之所以纠结于"南、北朝"称号的变化,主要原因是其一直以来以自身为天下之主,不愿承认宋与契丹之间在事实上已经形成的均势,而希望在名分上确立对契丹的优势,但这种愿望最终没有达成,南、北朝之称普遍为士人接受。与契丹在虚名上锱铢必较、寸土不让的宋真宗君臣,又怎会放弃在礼仪上确立对契丹优势地位的机会呢?由于"舞蹈"礼在仪式动作上所展现的向皇帝臣服的意涵,将此动作移植到契丹使见辞仪中,恰能展现契丹使节及其背后的契丹主对宋的敬意。渡边信一郎认为,同样作为"臣服礼仪","舞蹈"礼较之春秋以来的"委贽之礼"模糊了官员的身份等级,在行"舞蹈"礼时,"臣下是同等的"。②这样在仪式中就仅存在君臣关系,而没了臣僚之间的高下。由此看来,真宗时期舞蹈礼进入宾礼造成了一种彼使即我臣,弱化契丹使"宾"的身份属性的情境。这是此时宋方在对辽关系中矛盾心理的反映。

但是北宋后期所记对辽宾礼中,已无令辽使单独行"舞蹈"礼的记录,只是在《蕃国主来朝仪》中还记有类似"蕃国主再拜,舞蹈"③的记载。这与此时礼仪制作中的"法三代"不无关系。作为对等的考量,契丹宾礼中亦要其他政权的使节行"舞蹈"礼,这可能源自契丹民族本身既有的舞蹈礼,加之其国信使使宋所见宋朝宾礼实况,作为与

---

① (宋)李焘:《续资治通鉴长编》卷58,真宗景德元年十二月辛丑,中华书局,2004,第1299页。关于此条史料,陶晋生先生已有相关分析,参见氏著《宋辽关系史研究》,中华书局,2008,第21页。

② (日)渡边信一郎:《元会的建构——中国古代帝国的朝政与礼仪》,载于沟口雄三、小岛毅主编,孙歌等译《中国的思维世界》,江苏人民出版社,2006,第397页。

③ (宋)郑居中等撰,汪潇晨、周佳点校:《政和五礼新仪》(下册)卷148《宾礼·蕃国主来朝仪上》,《中华礼藏·礼制卷·总制之属》第四册,浙江大学出版社,2017,第937页。

宋礼仪的对等，故在外使见辞中令外使行此礼。

3."呼万岁"的变化

"呼"在宋真宗至宋徽宗时期对辽宾礼中的变化也颇值得关注。相较于唐礼及宋初宾礼中对蕃国主及蕃国使行拜礼时"喝""呼"等语言动作的忽视，宋真宗之后的宾礼仪文尤其重视外使行拜礼时喝、呼问题。其中"奏圣躬万福""呼万岁"是礼仪中的常见呼喝口号。

"呼万岁"在秦汉时期即见记载。在唐代时多为朝会时群臣拜见皇帝随拜礼同时进行的呼喝，以在对皇帝臣服的同时表达对皇帝的祝福，其最常见的是"三呼万岁"，①也即"万岁，万岁，万万岁"。② 在唐与五代时期的朝会礼仪中"呼万岁"与"奏圣躬万福"较为常见。③ 而宋代也基本上继承了唐五代以来朝会随拜礼"奏圣躬万福"与"呼万岁"的传统。

唐至宋初的宾礼中未见"奏圣躬万福"与"呼万岁"的礼节。宋真宗时期的宾礼中才出现相关礼仪动作。在契丹使副朝见仪中，国信使、副代表契丹国主行礼时并不"奏圣躬万福"，亦不"呼万岁"，只是在行私礼接受宋帝的赏赐时方才"奏圣躬万福"；而其他三节人从则先"合班，两拜，奏圣躬万福。又两拜，随拜万岁"，后又"两拜，随拜万岁"，出。④ 在朝见之后的宴会环节，契丹使节在其班次内随宋臣"随拜万岁"，其他则是接受皇帝"抚问"时才"随拜万岁"。契丹使副朝辞仪式中，契丹国信使、副除在其班次内随宋官员一起"奏圣躬万福"与

---

① 参见(唐)杜佑撰，王文锦、王永兴、刘俊文等点校:《通典》卷123《开元礼纂类十八·嘉二》，"皇帝千秋节受群臣朝贺"，中华书局，1988，第3159页。

② 参见(宋)赵汝适撰，杨博文校释:《诸蕃志》卷上《志国·渤泥国》，中华书局，1996，第137页。

③ 参见(宋)王溥:《五代会要》卷5《入阁仪》、卷6《开延英仪》，上海古籍出版社，1978，第88、91—92页。

④ 参见(宋)欧阳修等:《太常因革礼》卷83《新礼十六·契丹国信使副元正圣节朝见宴》，江苏古籍出版社，1988，第871—875页。

"呼万岁"外,在饮燕及接受宋帝赐物的环节并未有呼、奏,只是在赐物环节,每种赏赐都要"应喏"。① 而到了北宋后期,对辽宾礼仪文中已不见辽使节"呼万岁"的情况。

"呼万岁""奏圣躬万福"等动作被引入到对辽宾礼的原因同"舞蹈"礼进入宾礼的原因应大致相同,朝参仪与见辞礼的融通是其根本原因。契丹宾礼中"奏圣躬万福"与"呼万岁"的情况也与宋代宾礼情况类似,这皆与其与宋之间的使节往来有关。比之依靠肢体语言表达的"舞蹈"礼,口号上尊称皇帝为"万岁"更能体现出宋帝之于来使的尊崇地位。但是宋辽双方对这种口号所能体现出的双方关系有清醒的认识,在双方使节代表其国主行礼时,"呼万岁"就被主动忽略了。② 这体现出双方宾礼在整体上是对等的,与双方的关系演变趋势相契合。

(三) 使节班次问题

关于国信使、副的班次问题,真宗时期所修对契丹仪注语焉不详。在朝见之后的宴会环节,"契丹使、副缀亲王班"。③ 但熙宁二年(1069)时,大辽贺同天节左番使耶律襄以"南使到北朝缀翰林学士班,今来却在节度使之下"为由提出宋辽使节序班不对等问题。宋方的解释是"本朝翰林学士班自在节度使之下",如合班,"节度使在翰林学士之西差前,别为一班",但此时辽使在节度使西单独为一班,俱不相压。④ 时人所言合班之制中节度使在翰林学士上的情况属实,据李昌宪复原宋代各时期官品令,真宗以后节度使在合班之制中皆

---

① 参见(宋)欧阳修等:《太常因革礼》卷83《新礼十六·契丹国信使副辞》,江苏古籍出版社,1988,第877—878页。
② 参见(元)脱脱等:《辽史》卷51《礼志四》,中华书局,1974,第848—850页。
③ (宋)欧阳修等:《太常因革礼》卷83《新礼十六·契丹国信使副元正圣节朝见宴》,江苏古籍出版社,1988,第874页。
④ 参见(清)徐松辑,刘琳、刁忠民、舒大刚等校点:《宋会要辑稿》仪制三之三五,上海古籍出版社,2014,第2348页。

在翰林学士上。① 但其言"俱不相压"不能代表其班次与节度使平齐,辽使口中的在"节度使之下"应是真实情况。

《大庆殿元正冬至大朝会仪下》记宋末大辽使、副之班次亦"比节度使稍却,副使又稍却"②,这表明其与节度使、翰林学士班虽不相押,却也在节度使之下。而在宴会时,情况基本相同,如崇政殿假日朝辞时,国信使、副"序节度使班"。③ 宴会中"大辽使副在上将军之西,与节度使齐"④。

由以上内容可知,辽国信使、副使在北宋前、后期的序班因不同情况而略有差异,但基本上处于与节度使齐平或稍差的位次,这在一定程度上表明宋代前后期宾礼的继承性,辽使节的序班大体上并未因辽方的反对而做出任何改变。

二、对辽宾礼仪式环节设计与演变的政治意涵

礼仪的行用,或为规范一定范围内相关个体的行为,或为构建某种新的秩序。礼仪的演变反映着规则制定者执政与对外交往理念的变化。基于此,通过以上对"澶渊之盟"后北宋对辽宾礼仪式环节及重要礼仪行为的分析,可以得出其演变背后的意涵如下:宾礼仪文的演变宣示皇帝的权威;对辽宾礼演变体现宋统治者对辽心态的变化;

---

① 参见李昌宪:《宋朝官品令及合班之制复原研究》,上海古籍出版社,2013,第44—45、47、62、74、91、99页。
② (宋)郑居中等撰,汪潇晨、周佳点校:《政和五礼新仪》(下册)卷138《宾礼·大庆殿元正冬至朝会仪下》,《中华礼藏·礼制卷·总制之属》第四册,浙江大学出版社,2017,第897页。
③ (宋)郑居中等撰,汪潇晨、周佳点校:《政和五礼新仪》(下册)卷154《宾礼·崇政殿假日大辽使朝辞仪》,《中华礼藏·礼制卷·总制之属》第四册,浙江大学出版社,2017,第968页。
④ (宋)郑居中等撰,汪潇晨、周佳点校:《政和五礼新仪》(下册)卷154《宾礼·紫宸殿正旦宴大辽使仪》,浙江大学出版社,2017,第952页。

宾礼环节凸显北宋重内略外的统治策略。

（一）宾礼仪文的演变为宣示皇帝的权威

《周礼》与《大唐开元礼》中的宾礼内容皆通过繁复的礼仪环节及具备一定表现力的动作在仪式层面凸显了周王与唐帝国天下中心的地位，而宋代的宾礼表现稍有差异。"澶渊之盟"使赵宋不得不接受其与辽国势均力敌的现实，但赵宋君臣在改作礼仪时进行了相应的调整。将习仪及"舞蹈"礼引入宾礼环节，在拜礼过程中"呼万岁""奏圣躬万福"，以示臣僚及辽使对宋帝的臣服。这一切旨在从宾礼仪式上维护宋帝的威权。但是同样借鉴中原礼仪成果的契丹在与中原王朝的交往中采取了同样的礼仪策略，在与宋的交往中以对等之礼待之。这决定了宾礼行用中皇帝权威的展示形式上对外，但其实质只能是对内的。

宋辽间对等关系的长期维持，加之北宋后期构建盛世的诉求，使其在复古的基础上更加重视朝臣朝参、朝会的礼仪，以构建一种完美的君臣关系。朝参之礼在北宋后期被列入宾礼，将外使朝见仪与朝参礼紧密结合，在仪式环节执行中强化对失仪行为的察举与纠弹，正是宋徽宗欲以主宾明辨君臣尊卑的体现。这正是宾礼仪文凸显皇帝权威的体现。

（二）对辽宾礼演变体现北宋统治者对辽心态的变化

"澶渊之盟"的达成，远非确立双方均势那么简单，辽取得与宋对等地位的"北朝"身份所带来的影响是巨大的。契丹建国之后即着力证明其立国是符合天命的，其依"秦皇、汉武之仪文"[①]，结合契丹民族传统的礼俗，制定辽礼，[②]而"北朝"身份的获得更为其证明自身的"正统性"提供了强有力的支持。契丹的"北朝"身份本身就冲击了赵

---

① （元）脱脱等：《辽史》卷58《仪卫志·国仗》，中华书局，1974，第918页。
② 参见王凯：《辽朝礼制研究》，博士学位论文，吉林大学，2017，第145页。

宋"古来'天无二日,民无二主'的世界秩序理想"①,其在礼仪、文化上的作为使这种冲击的强度更为剧烈。面对这种情况,宋真宗君臣急需解决的是如何稳固赵宋的正统地位,并证明契丹所谓的"天命"非是。因此,在礼仪层面上开始了大规模的制礼作乐、造神及天书封禅,在思想意识层面开始着力证明秦汉并非正统,以确立自身在思想意识里的优势地位,并从根源上证明契丹之正统为伪。②

真宗朝大规模制礼作乐的实质是应对与契丹的"文化竞争"③,但是这种思想意识层面的竞争需要有效地传达到对方,故才有北宋欲行封禅,令孙奭"于境上以书信达之",通报契丹。④ 虽然契丹以"中国自行大礼,何烦告谕,其礼物虑违誓文,不敢辄受"为辞,但宋方目的已经达到,其正是要以此"慑服北使乃至外夷"并"告谕海内,宣示给自己的臣民"。⑤ 如果以信息传递的角度分析,宋真宗大中祥符年间所修之宾礼仪注也是在向契丹使节及赵宋子民传递宋在文化、思想意识领域超越契丹的信号:通过严密的礼仪环节,重视"习仪"、礼仪监督等环节,令内臣与外使"呼万岁"等,向北使传递赵宋皇帝的威严及汉家礼仪的优越;又通过以上礼仪,向朝堂百官展示辽使对宋帝的臣服。同时辽使班次的设计也基本是如此考量,当辽使提出双方使节班次不对等造成辽使"大国之卿当小国之卿"的局面时,宋人

---

① 参见刘静贞:《皇帝和他们的权力——北宋前期》,稻乡出版社,1996,第118页。
② 参见段宇:《辽宋之争:论真宗朝意识形态层面的角力——兼论宋代的秦朝观之转变》,《杭州师范大学学报》(社会科学版)2017年第1期。
③ 关于宋辽意识领域里的"文化竞争",参见胡小伟:《"天书降神"新议——北宋与契丹的文化竞争》,《西北民族研究》2003年第1期。
④ 参见(宋)李焘:《续资治通鉴长编》卷69,大中祥符元年六月甲午,中华书局,2004,第1548页。
⑤ 参见邓小南:《祖宗之法:北宋前期政治述略》,新知·生活·读书三联书店,2014,第322页。

一句"此真宗皇帝所定,不可易"①,道出了宋真宗朝在礼仪设计上的初衷。由此而言,宋真宗君臣在宾礼仪注上的改动正契合了南北均势形成后宋代君臣对辽心态的变化。

至于宋徽宗时期的宾礼也突出反映着赵宋君臣对辽心态上的改变。徽宗朝宾礼对辽使见辞之前的朝参起居礼的重视,不能只被看作是赵宋日常政务运作的需要,在一定层面上,这也是为了向辽使展示赵宋的礼仪成果及皇帝至高无上的权威。这些说明了随着辽后期内外交困局面的出现以及北宋在思想文化领域优势地位的确立,北宋后期建立起对辽的心理优势。

(三) 对辽宾礼环节凸显北宋重内政轻外事的施政理念与策略

宋代在思想意识与理政策略中重内轻外几乎是学者的共识。"澶渊之盟"后,宋辽之间地位的变化并未激起赵宋君臣在对外军政上的奋起之心,反而促使其不断地将注意力转向内部,在思想意识中形成重内轻外的观念。赵宋君臣虽视契丹为夷狄,但又认为夷狄乃"皮肤之患,尚可治"②,"国家之患不在夷狄,而起于封域之内"③。因此在国家事务中着意于防弊,谨守祖宗之法,以期望通过革除内患,使宋帝之"威德远畅外夷,高视于汉唐之上"。④ 礼仪作为政治的外延,在一定程度上反映着一个政权理政思路的变化。从宋真宗大中祥符时期开始,对辽宾礼将朝参与辽使朝见紧密连缀,这可被视为北宋时期理政思路逐渐向内,是北宋重内略外的理政思路在礼仪上

---

① (宋)李焘:《续资治通鉴长编》卷105,仁宗天圣五年四月辛巳,中华书局,2004,第2439页。
② (宋)李焘:《续资治通鉴长编》卷141,仁宗庆历三年六月甲辰,中华书局,2004,第3388页。
③ (宋)李焘:《续资治通鉴长编》卷141,仁宗庆历三年六月甲子,中华书局,2004,第3389页。
④ (宋)韩琦:《上仁宗论外忧始于内患》,见(宋)赵汝愚编:《宋朝诸臣奏议》卷131《边防门·辽夏二》,上海古籍出版社,1999,第1446页。

的体现。

第三节 北宋末年至南宋时期的对金宾礼

赵永春《金宋关系史》一书将金、宋之间的关系划分为四个时段：宋徽宗政和七年(1117)至宋徽宗宣和七年(1125)为第一阶段，此时双方达成"海上之盟"，合力攻辽，在此阶段，宋金在外交关系上走向平等；宋徽宗宣和七年(1125)至宋高宗绍兴十一年(1141)为第二阶段，辽灭亡后，宋金败盟，金灭北宋，并企图灭亡南宋，但终因双方之间的实力差距逐渐缩小而最终达成"绍兴和议"；宋高宗绍兴十一年(1141)至宋宁宗嘉定十年(1217)为第三阶段，金宣宗以宋不纳岁币为由攻宋止，是双方关系发展的平稳期，也是双方交往秩序的形成期，虽时有军事及礼仪纷争，但双方基本上能够在一种相对平衡的关系框架内并存；宋宁宗嘉定十年(1217)至金灭亡(1234)为第四阶段，此时由于金面对蒙古的威胁，已经势弱，金宋关系出现一定的反复，直至宋蒙联合灭金。① 宋金关系的演变与双方礼仪建构之间存在着密切的联系，宋对金的宾礼建构主要出现于宋金关系的第二阶段与第三阶段。那么宋金之间的宾礼是怎样形成的？其在各阶段经历了怎样的变化？

一、绍兴和议前宋对金宾礼依事辽旧例

女真未兴起时，宋曾待其以蕃国之礼，但之后女真一直向辽朝贡。至女真建国号为金，进行灭辽的战争时，宋欲与金结"海上之盟"，联金灭辽，此时，宋才比较重视对金的宾礼。据宋志载：

宣和元年，金使李善庆等来……用新罗使人礼，引见宣

---

① 参见赵永春：《金宋关系史》，人民出版社，2005，绪论第4—6页。

政殿,徽宗临轩受使者书。自后屡遣使来,帝待之甚厚,……礼遇并用契丹故事。①

"用新罗使人礼"发生于宣和元年(1119)九月,"金人差女真斯剌习鲁充回使,渤海高随大迪乌副之,持其国书来,许燕地"。②《三朝北盟会编》记其见辞宋帝这一时段内的礼仪活动如下:

> 九月四日壬寅,赵良嗣引习鲁等入国门。锡宴于显静寺,卫尉少卿董耘押筵,馆于同文馆。七日乙巳,止作新罗人使引见。入见于崇政殿,上临轩,引习鲁等捧国书以进……十八日丙辰,习鲁等入辞于崇政殿,如朝见之仪。二十日戊午,习鲁等出国门,锡宴于显静寺。良嗣押筵,王环充送伴。③

由上引材料可知,宋志中"引见于宣政殿"当为"崇政殿"之误,"馆于同文馆"以及不用高品官员押宴,表明了宣和元年宋未以大国之礼待金,而是待之以海外蕃国之礼,在与金交往中的文书,亦"止用诏书"。④ 但即使如此,于北宋而言仍属于对金的特殊优待。此后双方虽达成夹攻辽的协议,确立二者对等交往的原则,相约为平等之国,⑤但这种以待蕃使之礼接待金使的情况仍持续了一段时间,《三

---

① (元)脱脱等:《宋史》卷119,中华书局,1997,第2810页。其中所记宣和元年金使李善庆来聘所涉及的各记载中的差异及考辨,见汤勤福、王志跃:《宋史礼志辨证》,上海三联书店,2012,第852页。
② (宋)徐梦莘:《三朝北盟会编》卷4《政宣上帙四》,宣和元年七月十八日条,上海古籍出版社,1987,第27页。七月十八日应当是金使从金国出发的日期,而九月四日是其至宋东京朝见宋帝的日期。
③ (宋)徐梦莘:《三朝北盟会编》卷4《政宣上帙四》,宣和元年九月十日至二十一日,上海古籍出版社,1987,第27—28页。
④ (宋)徐梦莘:《三朝北盟会编》卷4《政宣上帙四》,宣和元年三月十八日条,上海古籍出版社,1987,第24页。
⑤ 参见(宋)徐梦莘:《三朝北盟会编》卷4《政宣上帙四》,宣和二年三月六日条,上海古籍出版社,1987,第25页。

朝北盟会编》记宣和三年(1121)金遣赫噜持国书来交涉攻辽事宜,其在宋都"留三月余,凡见、辞、宴、犒并如习鲁例"。①

直至宣和四年(1122)辽金之间的和议失败,金使乌舍、高庆裔入宋议军事时,才开始逐渐依"契丹故事"待之。这次接待无论从馆伴使臣的选择,还是徽宗对金使的赐予,抑或者是宋方称金主为"大金皇帝"看,其礼仪规格皆与宋待辽使同。宋方在敷衍金使提高礼仪规格的请求时,金使对契丹礼仪成例的掌握成为宋方不得不提高对金礼仪规格的关键,"朝廷以两国往来之仪未定,请姑俟他日,况契丹修好之初未尝如此,庆裔遂出契丹例卷,面证朝廷之非,请载之国书为据。朝廷不得已,皆从之"。这也变相地证明了金在礼仪制度方面直接承继于辽,故在其与宋、高丽等的交往过程中皆要其"一依事辽旧例"。宋徽宗一再强调国书系其亲笔,"契丹旧主尚在沙漠,早捉拿了,当为彼此之利"也反映出双方共同的利益诉求是对金宾礼规格提升的重要因素。②

宋金约为平等之国后,宋对金使节的接待礼仪,不得不按照与辽对等之礼的原则做出相应的变化。宣和四年十一月与宣和五年(1123)正月,金国两次遣李靖等来,北宋皆以待乌舍之礼待之。③ 另《三朝北盟会编》引《燕云奉使录》中所记赵良嗣、卢益等前往燕云见金国主所行之礼,与宋方对金使的接待规格大体一致。且宋使言其宴会"仿学上寿仪",加之"拜""舞蹈""奏圣躬万福"这些礼仪动作,都

---

① (宋)徐梦莘:《三朝北盟会编》卷4《政宣上帙四》、卷5《政宣上帙五》,宣和三年正月、宣和三年五月十三日条,上海古籍出版社,1987,第31、32—33页。

② 参见(宋)徐梦莘:《三朝北盟会编》卷9《政宣上帙九》,宣和三年九月三日至十三日,上海古籍出版社,1987,第62—63页。

③ 参见(宋)徐梦莘:《三朝北盟会编》卷11至12、卷13,宣和四年十一月二十一日至十二月二日、宣和五年正月一日至四日,上海古籍出版社,1987,第80—83、89—91页。

预示着金在与宋、辽的和战往来中已经形成了较为完备的外使见辞仪礼。① 由此而言,此时宋金双方所言之"对等""契丹故事"并非虚语。此外,赵良嗣、卢益等访金被金馆伴及其他臣僚责以国书等疏失,而只能以国书经过多次修改为由搪塞,预示着宋金之间的关系在发生细微的变化,礼仪的主动权在逐渐向金倾斜。

宣和六年(1124)起,宋金双方开始互遣正旦使节,且徽宗于紫宸殿受金使朝见②,与辽使正旦朝见之礼同。这似乎预示着宋金对等之礼的稳步推进。但随着金接连灭辽及北宋,宋金之间由礼仪上的敌国成为战事层面的敌对之国。宋徽宗宣和七年(1125)至宋高宗绍兴十一年(1141)间,双方战事不断,期间虽在某些时段互遣使节,但多为求和、迎奉梓宫、军前通问等名目的泛使,如宋志"金国聘使见辞仪"中所列绍兴八年(1138)与十一年金使前来事项。③ 此时期的贺正旦、圣节的常使往来较为少见,涉及礼待金使的内容也不常见,唯有绍兴三年(1133)十二月,金使李永寿等请以正旦入见,如循北宋旧例,则正旦百官俱得入见,但是宋高宗以"全盛之时,神京会同,朝廷之尊,百官之富,所以夸示夷狄。今暂驻于此,事从简便。旧日礼数,岂可尽行?无庸俱入"为由,拒绝了金使的正旦朝见之请,只在见辞日"赐食于殿门外"。④ 概双方处于战时状态,且南宋初定临安,不准金使上殿朝见,是不欲金使看到南宋的疲敝景象,而非有意杀礼,"赐食于殿门外"亦非对金使的非礼怠慢,而是出于顾忌南宋朝廷威仪的

---

① 参见《燕云奉使录》,载(宋)徐梦莘撰:《三朝北盟会编》卷15《政宣上帙十五》,宣和五年三月十八日,上海古籍出版社,1987,第105—106页。
② (宋)徐梦莘:《三朝北盟会编》卷19《政宣上帙十九》,宣和六年正月二十九日条、九月十八、二十六日,上海古籍出版社,1987,第133、138、139页。
③ 参见(元)脱脱等:《宋史》卷119《礼志二十二·宾礼四》,金国聘使见辞仪,中华书局,1997,第2810页。
④ 参见(清)徐松辑:《中兴礼书》卷223《宾礼二·正旦金国使人入贺》,载《续修四库全书》,第823册,上海古籍出版社,2002,第82页。

权宜之计。

  以上内容显示出北宋末年随着辽、宋、金三方实力的消长,金使见辞在宋代宾礼体系中经历了由蕃国到对等之国礼仪的演变,并在实际礼仪行用中逐渐有超越对等的趋势。尽管战争阻断了双方之间的常使往来,但这种礼仪演变趋势为绍兴年间双方宾礼体系的最终确立奠定了基础。

二、"绍兴和议"后对金宾礼"依旧例"并"近例"参酌

  "绍兴和议"不但是宋金关系的转折点,同时也可被视作宋代宾礼演变的重要节点。在"绍兴和议"前后,宋金之间围绕议和展开的使节往来为绍兴和议后的相关礼仪奠定了一定基础。绍兴十四年(1144)五月一日,国信所在确定金国贺圣节使来宋的接待礼仪时,提到依"大辽贺圣节旧例,并近正旦例参酌拟定"。① 金使见辞既是依契丹见辞旧例而定,这决定其在不同类型使节见辞礼仪环节上不致出现大的变化。而其所谓的"近例",如依《宋志》及《中兴礼书》所记,当为宋高宗绍兴十三年(1143)所定贺正旦金使见辞相关内容,但如果将视线向前推移,则可发现和议达成前双方之间的往来对和议后金使见辞礼仪的影响深远。这应被视为"近例"的一部分。

  (一)"受书"环节的改定——南宋对金宾礼的核心

  在双方交涉的过程中,金的"上国"身份被确认,而宋成为金文书中的"江南",②这超越了辽在北宋宾礼中的对等之国的范畴。但是"绍兴和议"期间,金使要求宋高宗亲自拜受国书,则在礼仪形式上确

---

  ① (清)徐松辑:《中兴礼书》卷222《宾礼二·金国使副上寿》,上海古籍出版社,2002,第79页。
  ② 参见(宋)徐梦莘:《三朝北盟会编》卷184《炎兴下帙八十四》、卷185《炎兴下帙八十五》,绍兴八年八月八日、绍兴八年十一月二日,上海古籍出版社,1987,第1332、1334。

第三章　宋朝对各政权的宾礼——基于宾礼仪式的探讨

立了金、宋双方的君臣地位。

绍兴八年十二月一日,金"遣张通古为诏谕江南使",前往临安议还宋河南、陕西等地。① 《金史》及《三朝北盟会编》记载了此时宋金关于宋方如何领受金的国书一事的争执,争执的出现是宋金实力差距的体现。张通古坚持认为"大国之卿当小国之君……宋约奉表称臣",金使地位与宋高宗同,"使者不可以北面"②,而宋高宗应备玉辂迎接金主诏书,且要亲自拜领诏书。③ 这遭到了南宋臣僚的激烈反对,最终在秦桧的斡旋下,答应其他要求,仅秦桧代高宗领受诏书。④ 而《金史》中则记宋高宗接受诏书,且"拜、起皆如仪"。暂且不论孰是孰非,仅就宋方记载而言,这次除高宗未亲自受诏外,基本上一切皆是按照小国事上之礼接待金使,为"绍兴和议"后高宗亲自领受金国诏书埋下了伏笔。

绍兴十三年(1143)十二月己酉,金遣贺正旦使副来宋,宋方在谈论此时的接待之礼时提到:"故事,北使跪进书于殿下,自通好后,金使每入见,捧书升殿跪进,上起立受书,以授内侍。金使道其主语,问上起居,上复问其主毕,乃坐。"⑤这表明宋方的记载亦承认绍兴十一

---

① (宋)徐梦莘:《三朝北盟会编》卷188《炎兴下帙八十八》,绍兴八年十二月一日,上海古籍出版社,1987,第1360—1361页。

② (元)脱脱等:《金史》卷83《张通古传》,中华书局,1975,第1859—1860页。

③ 参见(宋)徐梦莘:《三朝北盟会编》卷189《炎兴下帙八十九》,绍兴八年十二月一日,上海古籍出版社,1987,第1367—1368页。另《隋书·礼仪志》载:"玉辂,大辂也","玉辂以祀,金辂以宾"。《太平御览》引《释名》:"天子所乘曰玉辂"。这是古代最高级别的车驾,专为天子郊祀天地所乘。因此金使要求宋方备玉辂,是有意突破宋以往的宾礼安排,将金置于宗主国的地位,而视宋为蕃国。见(唐)魏征、(唐)令狐德棻:《隋书》卷10《礼仪志五》,中华书局,1973,第191、201页;(宋)李昉等:《太平御览》卷774《车部三·辂》,中华书局,1960,第3431页。

④ 参见(宋)李心传编撰,胡坤点校:《建炎以来系年要录》卷124,绍兴八年十二月戊寅,中华书局,2013,第2344—2345页。

⑤ (宋)李心传编撰,胡坤点校:《建炎以来系年要录》卷150,绍兴十三年十二月己酉,中华书局,2013,第2841页。

年(1141)之后,宋高宗亲自接受金方国书的事实。自此宋帝亲自接受金国书成了定例。

怎样接受外使所呈之国书是外使朝见仪中的核心问题。对此,北宋、辽、金三方的宾礼都有记载。宋志记契丹使进国书的程序是"契丹使跪进,阁门跪接,舍人受之。阁门执笏捧书升殿,当御前进呈,授内侍都知,都知拆书授宰臣,宰臣、枢密进呈"。①《辽史》中记载受书环节是"宋使捧书跪进,阁使跪受,上殿栏内鞠躬奏封全,授枢密开封,宰臣对读"。②《大金集礼》中则记宋使捧书,转,阁使接书,上露阶,入栏内,奏"封全"。③ 由此可知,北宋与辽之间的受书礼是一种对等的礼节,对外宣示对方国主与本国皇帝之间的互敬,对内凸显皇帝的威权。但是南宋皇帝亲自受书,将宋帝置于金臣之位,礼下于金,南宋对金宾礼的事上实质不言自明。

赵永春认为:"受书礼之争是有关尊严和地位的大事,是双方政治斗争的一项重要内容。"④诚然,宋孝宗继位以后,南宋针对"受书礼"与金进行了长时间的交涉,⑤但绍兴年间宋高宗却对此甘之如饴,从绍兴八年容忍张通古"言辞不逊",到绍兴十三年以"今次使人来,大体皆正,其他小节不足较",⑥来审视金使要其亲领国书一事,

---

① 参见(元)脱脱等:《宋史》卷119《礼志二十二·宾礼四》,契丹国使入聘见辞仪,中华书局,1997,第2804页。

② 参见(元)脱脱等:《辽史》卷51《礼志四·宾仪》,宋使见皇太后仪,中华书局,1974,第849页。

③ (金)张玮撰,任文彪点校:《大金集礼》卷39《人使辞见仪》,浙江大学出版社,2019,第392页。

④ 参见赵永春:《宋金关于"受书礼"的斗争》,《民族研究》1993年第6期。

⑤ 参见吴淑敏:《"隆兴和议"后的宋金"受书仪"之争》,《北京社会科学》2019年第4期。宋孝宗之后虽然宋金之间围绕"受书礼"进行了长时段的交涉,但目前对受书礼的研究脉络已很清晰,南宋在"受书礼"的交涉中以失败告终,并未从根本上扭转交聘礼仪中宋方的弱势地位。

⑥ (宋)李心传编撰,胡坤点校:《建炎以来系年要录》卷150,绍兴十三年十二月己酉,中华书局,2013,第2841页。

这无不表明此时南宋对双方君臣之国礼仪秩序的接受。

(二)绍兴和议后针对金使见辞等礼仪的改作

当礼仪的核心问题确定之后,再去梳理史料中所记绍兴年间宋对金使见辞礼仪的改作,可以发现这些礼仪的改作基本是对既有宋金关系秩序在礼仪层面的美化与再确认,而绍兴末对金宾礼的改作则可被视为特殊历史背景下的纠正之举。

1. 由"习仪"到"习说"朝仪

前文在阐述契丹使朝见仪时提到宋真宗时期的宾礼仪文特别强调了使节朝见前一天的习仪环节。同样,习仪在南宋时期的宾礼行用中也是一个必备环节,只是此时的习仪表现出与北宋时期契丹使见辞仪不同的面相。

宋高宗绍兴十四年(1144)十二月十日,"阁门言:'将来正旦使人到阙见、辞并宴,并前二日,应奉官司赴逐殿习仪。'诏依(自后仿此)。"①此处为史料中所见南宋首次以金使来交聘要求有关应奉官司进行习仪的内容,但是比之北宋时期习仪于都亭驿,其习仪地点仅为举行相关见、辞并宴仪的殿庭,时间也由见辞前一日变为前两日,习仪的主体仅为宋方官员。

金方使节亦需要习仪。据载,绍兴十四年五月,金使前来贺生辰,当月二十一日,馆伴使张澄等上奏言其已将上寿仪向金国信使、副"说谕"完毕,但其国信使、副使仍有非礼要求。② 姑且不论其为何争执,仅这条材料就揭示了随着金使见辞礼仪的确定,金使的习仪形式变成了宋方对其进行"说谕"。

此后,"说仪"成为金使见辞前礼仪习学的常态。如绍兴三十年

---

① (清)徐松辑:《中兴礼书》卷223《宾礼二·正旦金国使人入贺》,上海古籍出版社,1987,第83页。

② (清)徐松辑:《中兴礼书》卷222《宾礼一·金国使副上寿》,上海古籍出版社,1987,第79页。

(1160)十一月二十八日贺正旦使人来,阁门言:"阁门舍人已赴驿习说奉慰仪了当,若至日令太常寺使臣引揖。"① 又孝宗淳熙十五年(1188)十二月,金国贺正旦使节前来,当月二十五日,"阁门差官就驿习说朝见仪,馆伴请使人排当",次日朝见;次年正月初五日,"阁门差官就驿习说朝辞仪",次日朝辞。②

究竟"习仪"是怎么展开的? 绍兴二十五年客省所定占城朝见仪注中记载:

> 习朝见仪。其日,候阁门差人赴驿教习仪范,同客省承受先见押伴,讫,计会译语,请进奉使、副服本色服,次客省承受同译语引教习仪范人,相揖,教习朝见仪。讫,相揖毕,退。朝辞准此。③

尽管此条内容只是记录占城进奉使习仪,但其与金使习仪多少有些相通之处。首先,掌管习仪事宜的官员问题。阁门掌管教习仪范事宜,而客省亦遣官员进行辅助。同时上引张澄上奏一例与该条史料都揭示出馆伴使也具备引导金使习仪的职能。其次,在习仪过程中,使节与习仪引导官员之间仍遵循一定的仪范。但金使与宋所遣官员之间的仪范应不会与这条记载相同。

"习仪"向"习说"的转变背后有何特殊的意涵? 据前引史料来看,"习说"具备两层含义,"习"在金使"习仪"礼环节,应专指宋方官员对相关礼仪的习学;"说"即前见之"说谕",乃宋方接引人员向金国使、副讲说礼仪。其中的含义值得细品,"习仪"具备强制执行的一

---

① (清)徐松辑:《中兴礼书》卷223《宾礼二·正旦金国使人入贺》,上海古籍出版社,2002,第87页。

② 参见(清)徐松辑:《中兴礼书》卷223《宾礼二·正旦金国使人入贺一》,上海古籍出版社,2002,第93页。

③ (清)徐松辑,刘琳、刁忠民、舒大刚等校点:《宋会要辑稿》职官三五之一三,上海古籍出版社,2014,第3879页下栏—3880页上栏。

面,主要对宋臣僚及其他蕃国使节而言;"说仪"具备事上的性质,是势力较弱的政权向域内大国使节讲述交聘仪礼的方式,在宋方官员向金使说仪时,馆伴使之"请"使人,表明了"说仪"的性质。

"习仪"适用于宋朝礼仪向宋臣僚及小国使节的强制传播,亦可以下列数条记载为证。绍兴十四年十月九日,御史台奏请:"依令,大朝会前二日赴大庆殿习仪。欲乞于正习仪前,从本台定日,同阁门、太常寺并应奉官司赴本殿阅习。"①此中之习仪,专指宋臣僚习朝会之礼,具备一定的强制性。同理,淳熙五年(1178)三月十三日枢密院上奏谈及使金之国信使及接送、馆伴使的习仪问题:

> 今差奉使金国正旦生辰使副并三节人从……其使副下,合差引接仪范二人,令六曹于书令吏已上选差谨行止、有心力人,籍定姓名,每次输差二人,发赴奉使所祗应。仍前两月牒送国信所,阅习仪范。馆伴、接送伴下引接,依此差拨。②

由此可见,至孝宗淳熙年间,宋方对遣往金国的使节及本国接引金使人员的习仪问题尤为关注,令其于礼仪活动开始前的两月即着手准备,这重点反映出"习仪"对宋臣僚的约束性,其是一种对下的礼仪教习活动。而"说仪"则恰恰相反,其表现出的是以下事上的意涵,外使在是否接受礼仪讲说及接受程度方面有一定的主动性。北宋后期徐兢在随团出使高丽过程中记录下的景象中有:"使副奉诏入顺天馆,十日内卜吉,王乃受诏。前期一日,先遣说仪官与使副相见。"③

---

① (清)徐松辑:《中兴礼书》卷199《嘉礼二十七》,上海古籍出版社,2002,"大朝会",第23页。

② (清)徐松辑,刘琳、刁忠民、舒大刚等校点:《宋会要辑稿》职官五二之一,上海古籍出版社,2014,第4443页。

③ (宋)徐兢撰,虞云国、孙旭整理:《宣和奉使高丽图经》卷25《受诏》,载于朱易安、傅璇琮等主编:《全宋笔记》第三编第8册,大象出版社,2008,第97页。

宋徽宗时期,高丽虽并未称蕃于宋,但一直以事大之礼事宋。此处"说仪官"在高丽国王受诏前一天出现,表明"说仪"本身所具备的"事大"性质。同时,金代宾礼内容中亦存在礼仪习学的相关内容,即使在其后期因内外交困而同西夏约为兄弟之国时,其仍以"习仪"之礼待之。① 又结合前文所述林摅使辽事例可知,"习仪"与"说仪"二者本身即具备明辨身份尊卑的属性。

因此,通过以上南宋时期宾礼中礼仪习学环节由"习仪"到"习说"的变化可知,在金宋"君臣"关系构建完毕后,南宋在其礼仪环节上的改变不只是被迫接受了"受书礼"的变化,也在教习仪范的方式上进行了主动的改变,以通过较为宽和的方式,避免因礼仪的习学而导致双方的摩擦,以维持妥协而来的和平。这也从侧面说明,由于唐宋区域局势的变化,宋代宾礼在某些层面上已经不再具备唐代宾礼"教化蛮夷"的作用,②反而在礼仪的教习中受制于"蛮夷"。

2. 提升金使朝、宴班次

使节见、辞并宴会的班次问题也是绍兴时期南宋对金宾礼改作的一项重要内容,且更能直观地展现其比之对辽宾礼规格的提升。

(1) 见、辞班次

前文提到,北宋时期契丹使、副见辞班次或缀西班亲王班,或在节度使之西,与其平齐或稍次;西夏、高丽、交州使副则不许上殿序班,只可列于东西朵殿。南宋建炎及绍兴初期的使节班次史书缺载,绍兴十三年十二月,始重新确定金使班次。时金国贺正旦使将至,当

---

① (元)脱脱等:《金史》卷38《志第十九·新定夏使仪注》,中华书局,1975,第870页。
② 参见王贞平:《唐代宾礼研究——亚洲视域中的外交信息传递》,中西书局,2017,第18页。

月二十三日高宗下诏书将金使的班次定为西班班首,与宰臣相对。①西班班首本是属于亲王、使相的位次,这体现出此时金使在见、辞礼仪中受到的重视。

绍兴三十二年(1162),由于宋金之间的战争,南宋对金使见辞等相关仪注进行了修定,其中涉及朝见班次的规定:"参酌传语意度,并以在京旧仪,及渡江后近例,北使见日,位于西班,照东班宰臣稍退。"②此时又在使节班次上降低了金使的位次。这种情况的出现与宋金之间战争初歇,金世宗急于求和以稳定局面有关。宋方利用金急于求和的心态,借机提出收复失地、修改受书礼、双方交往以敌国礼。③虽大部分提议不了了之,但其借机降低金使的班次,并未引起金使的非议。大略此时金在意的只是其在宋金关系中主导地位的维持,这些细枝末节的内容并不影响其整体诉求。之后金国遣使,即以此为准。

(2)宴仪座次、押宴官等级

关于金使来宋的宴会问题,目前已有研究进行了相关分析,在此不多赘述。④只言与宴会坐次有关的内容。绍兴十三年十二月二十二日,宋高宗下诏确定金使赴宴时的座次,"令与宰臣相对稍南"⑤,首次提到金使宴会坐次问题。由于此诏书在确定金使正旦立班位次之前,故很难讲明其在宴会上将金使置于比宰臣稍次的位次的具体

---

① 参见(清)徐松辑:《中兴礼书》卷223《宾礼二·正旦金国使人入贡》,上海古籍出版社,2002,第82页。另外《宋志》中记载为"权移西班使相在东壁宰臣之东"。
② (宋)李心传编撰,胡坤点校:《建炎以来系年要录》卷198,绍兴三十二年三月壬寅,中华书局,2013,第3896—3897页。
③ 参见赵永春:《金宋关系史》,人民出版社,2005,第245—263页。
④ 参见张敬坤:《宋、金交聘中的宋朝赐宴及宴仪探析》,武汉大学历史学院主编《珞珈史苑》2018年卷,武汉大学出版社,2018,第114—132页。
⑤ (清)徐松辑:《中兴礼书》卷223《宾礼二·正旦金国使人入贡》,上海古籍出版社,2002,第82页。

意图。参考北宋时期辽使在见、辞班次及宴会位次上的差异,可以肯定的是宴会与见辞位次的不同有旧例可循,且其整体上较之辽使宴、见辞的班次为上,故此时所定之金使班次,主要意在优礼金使,避免双方在礼仪层面上出现摩擦,以稳定时局。之后宋金交往过程中,宴仪中金使基本以此班次赴宴。

同时需要注意在见、辞前后,北宋针对辽使亦会赐宴都亭驿(或班荆馆),且以高品官押宴,如仁宗景祐元年(1034)四月丙午仁宗命参知政事王随至都亭驿押赐御筵,元丰八年(1085),哲宗命门下侍郎司马光都亭驿押赐御筵等,王随、司马光其时皆列执政。① 宋徽宗宣和五年之后,宋金之间的往来基本循此旧例。绍兴和议前后,金使之来,都亭驿赐宴皆以宰执押,以示对金使的重视。

(3) 三节人从上殿序班等事

北宋时,契丹使见辞,三节人从不序班,前期于殿庭外行礼,上殿行拜礼毕后立东朵殿。绍兴和议达成前,金使见辞基本同此。绍兴十四年五月十九日,馆伴使张澄奏称金国贺生辰使副要求三节人从等"随百官入殿立班"并上寿,上寿仪后亦入殿吃茶酒,获得应允。② 这种状况虽在绍兴三十二年时有所改变,但并未持续太久,又回到许上殿立班的状态。以上见辞、宴等仪式环节使节班次的变化,正是绍兴年间宋金交聘关系强弱对比的反映。

3. 礼仪动作及呼喝的变化

礼仪行用中使节礼仪动作与言语回应的变化在南宋对金宾礼中也不容忽视。审视《中兴礼书》、《宋志》及《要录》等相关礼书与史籍的记载,"舞蹈"礼、"奏圣躬万福"、"呼万岁"在南宋对金宾礼中或取

---

① 参见(宋)李焘:《续资治通鉴长编》卷114、卷359,景祐元年四月丙午、元丰八年九月丁酉,中华书局,2004,第2674、8594页。

② 参见(清)徐松辑:《中兴礼书》卷222《宾礼一·金国使上寿仪》,上海古籍出版社,2002,第79—80页。

消,或做出了适应宋金关系演变的修改。

《随隐漫录》记圣节、元正、冬至朝会"舞蹈"礼、拜礼行礼次数:"紫宸殿上寿,三十三拜,三舞蹈";"正旦朝贺,一十九拜,三舞蹈";"冬至朝贺,一十二拜,一舞蹈"。① 这表明在各种朝会上,具体的拜礼、舞蹈礼的行礼次数相对固定。前文已经提到,"舞蹈"礼被引入宾礼出现于宋真宗时期对宾礼仪注的修定。特殊时期的特殊行为使"舞蹈"礼在交聘礼仪中具备一国使节向交聘国君主臣服与尊敬的意味。但是在行敌国之礼的双方,这种礼仪规格是对等的;而君臣之国间,这种"舞蹈"礼的行用则是单方面的。"绍兴和议"的达成,在各方面确立了金宋之间的君臣关系,金使所存之"大国之卿当小国之君""使者不可以北面"的意识,以及金使在与宋交聘中的强势,"舞蹈"礼从对金宾礼中删去实属必然。但是同期金对宋的宾礼中,"舞蹈"礼仍然存在,②这进一步证明了"舞蹈"礼在各政权交往中所具备的明辨等级秩序的性质。

"奏圣躬万福"的性质及其被引入使节见、辞,前文已有交代。北宋宣和年间,宋金遣使交聘时尚互问圣躬万福。宋高宗绍兴年间,群臣贺正旦、生辰,皆奏"圣躬万福","呼万岁"③;而金使来贺生辰、正旦时,却只令群臣及金使奏"万福"。④ 这种情况的出现与宋向金称臣联系密切,在金礼中群臣、各国使节朝见金帝奏"圣躬万福"⑤,金

---

① (宋)陈世崇撰,孔凡礼点校:《随隐漫录》卷1,中华书局,2010,第2—4页。
② 参见(元)脱脱等:《金史》卷38《志第十九》,中华书局,1975,第865—870页。
③ 参见(清)徐松辑:《中兴礼书》卷200《嘉礼二十八·大朝会二》,上海古籍出版社,1987,第26页。
④ 参见(清)徐松辑:《中兴礼书》卷222《宾礼一·金国使副上寿》,上海古籍出版社,1987,第79页。
⑤ 参见(元)脱脱等:《金史》卷38《志第十九》,中华书局,1975,第865—870页。

朝东宫官见皇太子奏"清躬万福"。① 绍兴三十二年，洪迈等馆伴金使时曾提出更革交聘礼仪十四事，其中即有"旧接伴使问大金皇帝圣躬万福，北使只问宋帝清躬万福，今彼此不问"。② 由此可见，此时金宋关系中所谓"圣躬"是金帝的专属。另北宋时期辽、高丽等以宋帝生辰为名目遣使被称为贺圣节，至金宋交聘期间，金朝以庆贺宋高宗生辰为名目的遣使不再称为贺圣节，而只以"上寿"或贺生辰为名目。所以，"奏圣躬万福"在宾礼仪文中存在与否的关节在于宋金两个政权的君主间的关系是否对等，"呼万岁"亦是如此。

三、绍兴三十二年后南宋对金宾礼改作

行文至此，不妨考虑一个问题：虽然南宋现存有关宋金之间宾礼仪文的史料相对较少，但屡次修定仪注后未形成完整的宾礼仪注，看起来是一件比较吊轨的事情。《中兴礼书》及《宋史》中所存金使见辞等内容其实只是一些礼仪改作与行用实例，这固然与《中兴礼书》的修纂体例有关，但似乎又受到其他因素的影响。笔者认为这主要来自对契丹使朝见"旧例"的思慕及对"受书"礼的避忌。

宋徽宗宣和年间，金渴望通过强调宋辽之间的交聘旧例获得与宋对等的地位。建炎以后，情况出现了逆转。在面对与金的交往争端时，南宋君臣也寄望于通过对"契丹故事"的强调尽量在礼仪形式上与金保持对等，如与金在岁币问题上多参照与契丹交聘时的数额进行交涉。③ 又前引绍兴十四年金贺生辰使来依旧例修定相关仪注

---

① （金）张玮撰，任文彪点校：《大金集礼》卷8《大定二十七年册皇太孙》，浙江大学出版社，2019，第129页。
② （宋）李心传编撰，胡坤点校：《建炎以来系年要录》卷198，绍兴三十二年三月壬寅，中华书局，2013，第3896页。
③ 参见（宋）李心传编撰，胡坤点校：《建炎以来系年要录》卷3，建炎元年三月戊午，中华书局，2013，第94页。

事,目的是希望与金保持对等关系。但是"绍兴和议"中双方约为君臣之国,又以"受书礼"确定了这种君臣关系,显然与宋方的期望出现一定偏差,"受书礼"也成为令赵宋君臣讳莫如深的话题,同"受书礼"性质类似的礼仪也都远离南宋的官方话语体系,这些新出现的内容就演变成绍兴和议后定礼诏书中的"新例"。而在南宋官方对相关礼仪环节的记载中,凡涉及宋金"君臣之国"地位的仪节基本不记载在内。如《宋史》记金使见辞环节只记大略,不言仪式环节,①史籍中所见基本同此,对双方之间不对等地位语焉不详。因此,基本可以确认,史籍中不见完整的对金仪文,应是宋方为追求与金对等而有意模糊双方关系实况造成的。这也就不难理解为何金使来朝,宋帝总是强调以契丹故事参酌新例详定,而不明言具体见辞内容。由此而言,"受书"礼及其他显示双方不平等地位的仪式动作与环节,已经成为高宗君臣心中的隐痛。

绍兴十三年至十四年制定的对金宾礼仪注,在一定程度上减少了宋金交聘中的摩擦,维持了宋金关系的稳步发展。但关系的稳定是以金对南宋保持稳定的交往策略为前提,以宋方对既有关系的妥协、接受为代价。当金对宋政策变化,开始再次兴起战端,破坏既有政权间交往秩序时,势必会引出宋金之间在礼仪层面的博弈。故至绍兴三十二年后,宋金之间开启了长达十数年的礼仪交涉。②

绍兴三十一年(1161),金海陵王发兵南侵。这场战争历时数月,战争进行中,由于金国内部兵变,主张与宋维持和平的金世宗继位。随着金在采石之战中落败,宋金战争基本告一段落,金世宗主张与宋议和,遂于宋高宗绍兴三十二年初遣使入宋告登位。宋方借金使主

---

① 参见(元)脱脱等:《宋史》卷119《礼志二十二·宾礼四》,金国聘使见辞仪,中华书局,1997,第2811—2812页。
② 参见吴淑敏:《"隆兴和议"后的宋金"受书仪"之争》,《北京社会科学》2019年第4期。

动前来之机,提出更革交聘礼仪的要求。据载,当年三月辛丑,洪迈、张抡充接伴使、副,二人请求"变更旧例":

> 所更凡十四事。其大略则不传御名,不问圣躬,不称上国、下国;伴使与北使语称主上为本朝皇帝,而北使亦改宋国为宋朝;旧中使读口宣,微称有旨,今抗声言有敕;旧称帝恩隆厚,今改称圣恩;旧私觌用状申送,今用目子;旧与北使远迎状,及赂北引接金银等,皆罢。①

洪迈等人所提更革内容,目的是通过"更定朝谒与进书、授书仪范,及伴使与北使抗礼"②、更改对双方皇帝的称谓等内容,以改变或取消双方在礼仪形式上的不平等地位。由于其所提内容变动较大,金使未接受,致使金使见、辞之礼迁延月余而不能行,但最终金使朝见以宋方期望的形式举行了。其详细礼仪环节及与之相对的金使朝见"近例"见表三。

表三 绍兴三十二年金国报登位使朝见与绍兴事金近例③

新旧礼 内容	绍兴三十二年金国报登位使朝见	朝见近例
入宫下马	北使于隔门外下马。 三节人下马于皇城外。	北使于宫门内隔门接下马。 三节人在皇城门内上下马。
班次	使副位于节度使之南,不设毡褥。	使副与宰相齐班,并设毡褥。
仪仗	以钦宗丧制未终,不设仗。	依《政和五礼新仪》, 排设黄麾角仗一千五十六人。④

---

① (宋)李心传编撰,胡坤点校:《建炎以来系年要录》卷198,绍兴三十二年三月辛丑,中华书局,2013,第3896页。

② (宋)李心传编撰,胡坤点校:《建炎以来系年要录》卷198,绍兴三十二年三月辛酉,中华书局,2013,第3904页。

③ (宋)李心传编撰,胡坤点校:《建炎以来系年要录》卷198,绍兴三十二年三月壬子,中华书局,2013,第3900页。

④ 材料依据(清)徐松辑:《中兴礼书》卷222《宾礼一·金国使副上寿》,上海古籍出版社,2002,第81页。

第三章 宋朝对各政权的宾礼——基于宾礼仪式的探讨

新旧礼 内容	绍兴三十二年金国报登位使朝见	朝见近例
受书	馆伴使擎其书以进。	皇帝起立亲自受书。

又当月丁巳,金使入辞。"置酒垂拱殿……面受报书,用敌国礼……忠建等捧授如仪。"①通过表三及上引金使朝辞的情景可知:洪迈等所提更革旧礼十四事在当时得到了实施,南宋君臣在未与金使达成一致的情况下单方面将对金的事上之礼改为如同契丹旧仪时的敌国之礼。虽然金使被迫接受完成了此次见辞,但之后洪迈等使金欲以敌国之礼进行朝见时,被金世宗等以同样的方式,被迫行以臣礼,南宋关于"受书"礼的交涉也失败了。

宋孝宗继位后,双方围绕交往礼仪进行了长时间的交涉,且中途再起战端,当"隆兴和议"达成后,双方约为"叔侄之国",虽可于国书中称宋帝,但"受书"礼等仍维持原状,大致的礼仪环节及形式基本延续绍兴时期的内容。绍兴三十二年宋高宗在金使见辞仪中变君臣之礼为敌国之礼的行为,只是在特殊历史背景下的一次改变尝试,最终未能从根本上改变双方在宾礼体系中的地位。

第四节 宋代宾礼的特质

清人秦蕙田对宋代宾礼内容的评论可谓精当,其言"宋与契丹约为兄弟之国","如古诸侯之交聘,非蕃国比也";"建炎南渡,奉表称臣于金,而就藩封之礼……使者东面,宋主西面,受诏、拜起皆如仪……《宋史》讳其事。高宗所谓'事从简便,旧日礼数岂可尽行者',特饰词

---

① (宋)李心传编撰,胡坤点校:《建炎以来系年要录》卷198,绍兴三十二年三月丁巳,中华书局,2013,第3902页。

耳……盖讫于金亡,未尝一日正敌国之礼。宋志所书未必皆实录也"。① 此论既指出了宋对辽、金宾礼的实质是"古诸侯之交聘"与"藩封之礼",也指明在南宋对金宾礼的书写上,宋帝及修史者采取了回护的书写方式。这其中又反映出宋代宾礼怎样的特点?

一、宋代宾礼是一种层级分明的复合型礼仪

朱溢认为宋代确立的依政权不同而差别对待的宾礼模式是宋与唐宋宾礼最重要的区分依据。② 尹承则直接指出宋代宾礼的定型正是由于"大中祥符仪注"中确立的因政权不同分设宾礼的模式。③ 这些观点皆指明因政权而异分别礼仪等级对于宋代宾礼的重要性,而整个宋代对他国之宾礼也因应政权的强弱及与宋关系的亲疏而表现出鲜明的层级性。其主要表现在礼仪书写上的"藩国——敌国"与实际行用中的"藩国——敌国——上国"的等级次序的并存,同时也反映在宋关于藩国的宾礼亦区分强弱、亲疏。

(一)礼仪书写上的"藩国——敌国"等级次序

宋代礼书中的宾礼,除宋初的藩国主朝见仪外,整体上呈现"藩国——敌国"的等级次序。宋真宗时期修礼除确定待契丹以平等的敌国之礼外,又同时确定高丽等政权所适应的礼仪为待藩国之礼。尽管其在礼仪次序上有先后之分,且在相关仪文条目明确规定了诸藩国(部、客)同时来朝时见辞的先后顺序,但基本上仅此而已。仪文呈现的只是宾礼中敌国与藩国的分野。宋徽宗时期的礼仪书写多半是这种"藩国——敌国"分野的延续。秦氏所言北宋时期对辽宾礼类

---

① (清)秦蕙田:《五礼通考》卷 226《宾礼七》,《四库全书》文渊阁影印本,第 141 册,台湾商务印书馆,1986,第 147—148 页。
② 参见朱溢:《北宋宾礼的建立及其变迁——以礼仪制定原则的讨论为重点》,《学术月刊》2014 年第 4 期。
③ 参见尹承:《〈太常因革礼〉研究》,博士学位论文,山东大学,2015,第 90 页。

似"古诸侯之交聘,非蕃国比",正道出了此期宾礼书写中的等级次序。

南宋时期的礼仪书写基本与北宋时期相似,姑且不论南宋宾礼在实际行用中的情形如何,呈现在今人面前的南宋对金礼仪是一种模糊了有关具体礼仪环节与动作的笼统仪式流程的集合,修礼者有意将南宋对金宾礼比之"大辽旧例"①,即是在书写上强调宋与金的"敌国"地位。而在书写待交趾、安南等政权的宾礼时,则突出其"蕃国"的地位,并规定"遇诸蕃到阙"照此执行,②突显了此时礼仪书写中的"蕃国——敌国"的层级次序。

(二)礼仪行用中"蕃国——敌国——上国"的等级次序

参考本章对宋待前述诸政权的宾礼内容可知,在实际宾礼行用中,这种"蕃国——敌国"的层级次序很难得到有效维持,无论是宋,还是辽、金等,往往都会根据本政权的政治诉求对礼仪提出相应的改动。

宋真宗时期制定对辽宾礼时尽管是在认可与辽对等的基础上提出的,但习仪环节及相关礼仪动作的改动充斥着宋标榜其优越地位的考量,而一旦辽方滋生出同样的文化意识,势必会在礼仪行为方面对宋方的有意安排提出挑战。由于辽中期"中国""正统"意识的兴起,辽使于仁宗天圣五年(1027)四月在朝见宋帝时就殿上位次提出异议:"中国使者至契丹,坐殿上,位高。今契丹使至中国,位下,请升之","大国之卿当小国之卿,可乎?"③这指明在这种鲜明的层级次序

---

① (清)徐松辑:《中兴礼书》卷222《宾礼二·金国使副上寿》,上海古籍出版社,2002,第79页。
② 参见(清)徐松辑,刘琳、刁忠民、舒大刚等校点:《宋会要辑稿》职官三五之一七至一八,上海古籍出版社,2014,第3882页。
③ (宋)李焘:《续资治通鉴长编》卷105,仁宗天圣五年四月辛巳,中华书局,2004,第2439页。

之下暗含着礼仪设计者以自我为中心的建构,在无形中消解着这种层级次序。

"敌国"间对等地位维持的基础是双方政治、军事等实力的对等。这其中一些特殊的政治期许往往会打破双方的均势。金之于宋的地位在北宋末年之后先后经历了"蕃国——敌国——上国"三种层级,即是北宋对燕云故地以及事功的渴求,加之生存危机等多重因素结合造成的。这就使宋代宾礼在行用中超脱其仪文中体现的"蕃国——敌国"的层级,而成为一种多层级的复合礼仪。除待蕃国之礼外,待敌国之礼与待上国之礼表现出一定的相似性,南宋时期对金宾礼的行用只是在对辽宾礼的基础上改变了部分环节参与人员的等级及相关礼仪动作。这在一定程度上为宋人在礼仪书写中消解事上之礼提供了便利,使宋代宾礼整体上呈现出礼仪书写上的"蕃国——敌国"与实际行用中的"蕃国——敌国——上国"的等级次序并存的特点。

(三)蕃国政权间亦有固定层级结构

前文指明蕃国同时来聘时,宋代宾礼中自有一套等级次序。这些蕃国(部、客)中,西夏与高丽处于该层级的顶端,而交趾、安南等处于中间,西南蕃部、海外蕃客等处于礼仪层级的最底端。但由于宋朝自身政治诉求的影响,个别政权在宋代宾礼行用中会出现一定的升降。① 如北宋前中期的西夏,以及北宋中后期的高丽等。

诸蕃国在宋代宾礼体系中地位的变动受到各政权间地缘亲疏以及时人文化观念的影响。宋真宗时期宋、夏间基本保持和平的关系,西夏在北宋的认知中的地位虽近似于蕃国,但并未完全将其视为如高丽一般的外蕃。大中祥符年间所修相关宾礼仪注中并未单列夏州

---

① 参见周立志:《宋朝外交运作研究》,博士学位论文,河北大学,2013,第142页。

(抑或西夏)使节见、辞礼仪,但鉴于西夏在北宋地缘关系中的重要性,当其遣使如宋,在宋朝实际的宾礼行用中,其地位又高于诸蕃国。大中祥符年间夏使参与宴会的座次已经指明此点。① 宋神宗时期,高丽与北宋恢复官方遣使,此时制定高丽使节见辞礼仪时多比附西夏使见、辞旧例修定,但鉴于北宋对政权安全的思量②以及高丽的慕华倾向③,宋廷在某些环节上给予高丽使节以超等对待。而在实际礼仪执行中,仍以高丽使节在西夏后。这种情况在宋徽宗朝时亦在《政和五礼新仪》的相关仪注中得到确认,表明宋对西夏使节的重视程度仍高于对高丽使节的礼遇。个中因由,仍与西夏边境与辽宋相接,且长期徘徊于宋、辽之间有关。这一定程度上反映出蕃国之间的等级次序切实存在,但在宋代宾礼的书写与行用中是变动的。④

此外,北宋时期的宾礼在某些具体时段表现出一定的内外层级结构。《政和五礼新仪》中的宾礼内容在形式上突出了宋代臣僚的地位,是宾礼在这一特殊历史时段内"重内略外"属性的展现。故基于以上论述,可以将宋代的宾礼视为一种层级分明的复合型礼仪,整体上呈现出等级层级与内外层级的结合。

二、宋代宾礼礼仪书写与政治实践的错位

通过以上章节的讨论,基本可以确认宋代各时段的宾礼在书写

---

① 参见(元)脱脱等:《宋史》卷113《礼志第六十六·嘉礼四》,中华书局,1997,第2684页。
② 参见黄纯艳:《朝贡体系与宋朝国家安全》,《暨南学报》(哲学社会科学版)2018年第2期。
③ 参见黄修志:《高丽使臣的"小中华馆"与朝鲜"小中华"意识的起源》,《古代文明》2012年第4期。
④ 参见周立志:《宋朝外交运作研究》,博士学位论文,河北大学,2013,第147页。该文认为宋对实际礼仪行用中的蕃国秩序有决定权,但宋人文献中也有虚构的蕃国秩序。

与政治实践之间存在着一定的差距,这是宋人文化心理与政治现实之间的疏离在礼仪上的表现。

宋初借鉴《大唐开元礼》更定宾礼内容与此时期区域格局的变化相违背。之前的论述中已经提到《开元礼》中的宾礼反映的是盛唐时期"万邦来朝"的情景,在这种宾礼建构中,唐廷居于中心地位。但宋初的局势已然不同,北宋也并非不清楚周边局势的变化,其只是想要结束五代时期"礼文仪注多草创,不能备一代之典"①的局面。在修成一代之典的思想指导下,《大唐开元礼》自然就成了其效法的对象,这也注定这些仪文会成为不行之典。

"大中祥符仪注"中的宾礼是宋真宗君臣心态转变与区域局势变动妥协的结果。"澶渊之盟"后,宋方在与辽的交往中承认辽的"敌国"地位,但在其礼仪设计中,却在仪式环节上预设辽使从王化的形象。宋真宗之后诸帝鉴于高丽的慕华形象及其与辽战和中的重要性,在实际礼仪行用中予以超等对待,但在礼仪书写中却仍将其列在西夏之下,揭示出礼仪行用与礼仪书写的冲突。

宋徽宗时期的宾礼则更反映了时人文化心理与现实政治的脱节,此时的礼仪书写沦为了"营造盛世"的工具。南宋时期的对金宾礼在书写与实际行用中的反差更为剧烈,宋高宗一边亲自起立受书,与金使分庭抗礼,同时又言"事从简便,旧日礼数岂可尽行",这种言与行的差异更突出了礼仪书写与现实政治的疏离。

三、宋代宾礼是一种因时、因事不断调适的礼仪

唐代的宾礼具备严格与灵活兼而有之的特质,在礼仪执行中严格礼仪程序,对失仪行为进行纠举;同时又借助礼仪明辨尊卑、亲疏的属性,对朝聘唐廷者予以"加敬"或者"杀礼",以展示唐廷对待蕃属

---

① (元)脱脱等:《宋史》卷98《礼志一》,中华书局,1997,第2421页。

第三章 宋朝对各政权的宾礼——基于宾礼仪式的探讨

政权的态度。① 同样,宋代宾礼亦具备相似的特点,除在礼仪行用中加强对官员失仪行为的纠举外,又常常因时、因事,针对宾礼的行用做出相应的调整,但这些调整基本上是其在区域局势中现实处境的体现。

首先,宋真宗时针对宋辽双方在区域格局中地位的变化,修成对"敌国"之礼,是其礼仪修订顺应其地位变化的表现。其次,辽使如宋,宋方基本遵循"待遇之礼,宜得折中"②的原则接待契丹使节,在不损赵宋国体的基础上,遵循"南北异宜,各从其土俗"③的原则,在相关礼仪环节与行为方面做出一定妥协。再则,宋徽宗时因应"营造盛世"的政治诉求,仿三代之礼,视臣僚为古诸侯。这虽有违宾礼演变的整体趋势,却是此时政局发展的真实反映。此外,高丽在宋徽宗以前被待以蕃国之礼,宋徽宗因欲攻辽而将其礼仪规格与辽等同;北宋末年至南宋初,因高丽向金称蕃,宋降杀其礼;至南宋时期时人认为通好高丽不能"为吾地,使我得志于强敌",也不能"为吾谋,归我二圣于穷朔"④,而尽量减少与高丽的往来,终致待高丽之礼在南宋宾礼中彻底消失。前文所举因交趾与安南为世仇,北宋做出的相关礼仪安排等,皆是宋代宾礼因时、因事调整的例证。至于前述对金宾礼由待蕃国到事上的转变过程,更是宋因本朝在区域格局中地位的变化而做出礼仪调整的明证。

综上所述,宋代宾礼是一种层级分明的复合型礼仪,在礼仪书写

---

① 王贞平:《唐代宾礼研究——亚洲视域中的外交信息传递》,中西书局,2017,第59—67页。
② 参见(宋)李焘:《续资治通鉴长编》卷60,真宗景德二年五月乙亥,中华书局,2004,第1342页。
③ (宋)李焘:《续资治通鉴长编》卷60,真宗景德二年五月乙亥,中华书局,2004,第1343页。
④ (宋)廖刚:《高峰文集》卷1《劄子·论遣使劄子》,《四库全书》文渊阁影印本,第1142册,台湾商务印书馆,1986,第309页。

上呈现出"蕃国——敌国"的层级次序,而在具体的礼仪行用中又呈现出"蕃国——敌国——上国"的等级次序。宋代的宾礼同时也是因时、因事不断调适的礼仪,宋朝多因应区域关系格局的演变及自身的政治诉求对宾礼做出相应的更革。同时宋代宾礼在整体上呈现出礼仪书写与政治实践的错位,书写之礼在某些时段并不能如实地反映政权间关系变化的实貌。

本章小结

本章从仪式与政治之间的联系入手,探讨宋代待各政权的宾礼中仪式环节、动作的变化等如何反映宋朝政治、心理的转变,并通过对相关内容的探讨,对宋代宾礼的特质进行了总结。

"澶渊之盟"确立了区域关系中宋辽并立的二元格局。北宋既希望继续维持旧有的天下秩序,又不得不接受辽的崛起。在与各政权使节交往中,为维持宋的中心地位,事先对蕃国排定次序,采取对不同政权的使节进行区别对待的方式,修订宾礼仪注,成为北宋中期之后宾礼演变的基础。宋在与辽、金以外的其他蕃国政权的聘使往来中,基本待之以蕃国之礼;蕃国僧来,亦会以聘使之礼相待。蕃使见辞礼基本依对辽宾礼为基准,但规格比之略低,包括见辞、宴的班次等都有很大的区别。诸蕃国在宋代宾礼体系中的地位亦有一定的差异,地缘政治与文化上的认同与否是宋对周边政权宾礼在规格上存在差异的重要原因。宋神宗时期日僧成寻来华时的记载为我们了解宋代宾礼礼仪书写与行用间的差异提供了参考。南宋时期,由于偏安一隅,蕃国来朝不如北宋时期频繁,随着占城与宋的交往日趋紧密,南宋临时指定的对占城宾礼仪范成为其他蕃国使节见辞的基准。

宋辽"澶渊之盟"后,宋根据宋辽间交聘活动的现实修订与辽的对等之礼。终北宋一朝,辽使见辞礼仪一直未出现较大改动,这是宋

第三章 宋朝对各政权的宾礼——基于宾礼仪式的探讨

辽间和平关系一直得以维系的体现。宋对辽宾礼在指明双方间对等关系基础上,在一些具体礼仪环节与礼仪动作上与之前的宾礼存在一定的差异,揭示了此时期北宋对辽心态的变化,是北宋逐渐重内政轻外事的体现,凸显宾礼具备了更多向内强调皇权威严的意味。

北宋末年至南宋时期的对金宾礼经历了"蕃国——敌国——事上"之礼的转变。南宋时期的对金宾礼基本依照北宋时期宋辽交聘旧例,结合宋金交聘近例而确定。在对金宾礼中,"习仪"向"说仪"转变,"舞蹈礼"与"奏圣躬"、"呼万岁"在宾礼中消失;而对金宾礼变化的核心是绍兴和议后宋帝亲自接领国书的"受书"礼的确立,指明了宾礼的事上性质,与此时宋金之间关系实质契合。绍兴末年的宾礼改作基本围绕如何消解对金宾礼的事上性质展开。绍兴三十二年以后南宋借金主动求和之机试图改变以"受书"礼为核心的对金交聘礼仪,改变双方君臣之国的地位,以确立双方之间的敌国之礼。当年南宋在金使来朝时确实强制实行了敌国之礼,但是在之后漫长的礼仪交涉中,未从根本上扭转对金宾礼"事上"的性质。

宋代宾礼是一种层级分明的复合型礼仪,在礼仪书写上呈现出"蕃国——敌国"的层级次序,而在具体的礼仪行用中又呈现出"蕃国——敌国——上国"的等级次序。宋代的宾礼同时也是因时、因事不断调适的礼仪,宋朝多因应区域关系格局的演变及自身的政治诉求对宾礼做出相应的更革。同时宋代宾礼在整体上呈现出礼仪书写与政治实践的错位,书写之礼在某些时段并不能如实地反映政权间关系变化的实貌。宋代的宾礼兼具多重属性,是宋与周边各政权间关系的体现。

第四章
宋代宾礼的影响因素

在西周分封制影响下,周天子对其所分封的诸国在等级次序上有较为明确的区分,其最初以血缘远近为基础,①致其宾礼行用时依照"先同姓,次异姓,后云四卫蕃国以下"的等级次序。② 春秋战国以后,诸侯国军事实力的强弱成为诸侯国在相互宾礼体系中地位变化的重要因素。盛唐时,蕃国对中原王朝的"政治态度""接受中国文化、政治制度的程度""蕃望"成为影响宾礼行用的主要因素。③ "凡四夷君长,以蕃望高下为簿,朝见辨其等位"④表明"蕃望"成为蕃国使节适用唐代宾礼的等级标准。唐玄宗开元十三年(725),封禅礼毕,玄宗接待蕃国主及使节所列位次⑤即是唐代宾礼行用中重蕃望的体现。

盛唐之后,中央政权的衰落,使周边蕃国势力逐渐兴起,至宋代

---

① 参见徐义华:《略论中国早期国家的血缘与地缘关系》,《中原文化研究》2020年第1期。
② 参见(汉)郑玄注,(唐)贾公彦疏:《周礼注疏》卷27,见(清)阮元校刻《十三经注疏》,中华书局,1980,第822页下栏。
③ 参见王贞平:《唐代宾礼研究——亚洲视域中的外交信息传递》,中西书局,2017,第14页。
④ (宋)欧阳修,(宋)宋祁:《新唐书》卷48《百官志》,中华书局,1975,第1257页。
⑤ 参见(后晋)刘昫等:《旧唐书》卷23《礼仪志三》,中华书局,1975,第900页。

时,终由隋唐一元而成为辽、宋各为中心的二元天下格局。在宋、辽之外,又有西夏、高丽、女真等次级政权、蕃部的存在,且长期徘徊于辽、宋之间。以"对中原王朝的'政治态度'、'接受中国文化、政治制度的程度'、蕃望"等视为影响宾礼的因素或不切合史实,或不能完全涵盖影响宾礼演变的因素。有研究认为影响宋朝君臣对诸夷的态度上的差别的因素包括"来朝政权或国家的实力强弱、地缘关系的远近、与宋关系的友好程度"等。① 此说针对宋人对夷狄的认知,基本也适用于对诸政权的宾礼行用,但其更强调地缘关系对宋人观念意识的影响,未点明影响宋代宾礼构建及行用的因素。在宋代,基于区域局势的变化,各政权在文化观念认知上存在一定的冲突,这种观念上的矛盾,影响着宋代宾礼的细节调适;同时,宋朝地缘关系的变化影响着宾礼的宏观格局。

第一节 "夷夏"观念与宋代宾礼

夏夷之辨"曾是历代统治者处理民族关系和对外关系的理论背景",②古代中国士人观念中的"正统"、"夷夏"和"中国","分别侧重于王朝对于全中国统治的正当性、族群文化的优越性和地域的优越性"三方面的表述,但是在10—13世纪的多政权并立期,这三种观念"混而为一、难以截然分开"。③ 因此,在宋、辽、金时期,士人的夷夏观念中又渗透着其对"中国"、"正统"的认识。时人的这些观念意识

---

① 单长城:《宋代构建夷夏关系的理念与现实》,硕士学位论文,山东师范大学,2018,第75页。
② 李云泉:《朝贡制度史论——中国古代对外关系体制研究》,新华出版社,2004,第197页。
③ 参见王灿:《北宋"正统""夷夏""中国"诸观念问题新探——以士大夫言论为中心》,《北京社会科学》2018年第2期。

在政治、文化、区域政权间往来等领域都产生了一定影响,宾礼的演变也概莫能外。

目前针对辽、宋、金元时期士人对"夷夏"、"中国"、"正统"等观念的研究,多集中于辽、宋、金等对自身正统的构建及"中国观"的演变方面,①同时有研究就这些观念上的变化是否是中国近代民族、国家意识产生的远源等进行了相应的探讨。② 如果以时人在上述观念影响下对各政权、族群的认识为中心进行研究,结合宾礼内容的相关变化,或可发现礼仪变动与夷夏观念之间存在怎样的关联。

一、宋人的"夷夏"观念及其对各政权的认知

唐代中后期,四夷政权兴起,朝廷的弱势及其崇佛倾向导致士人在思想领域里开始出现对夷夏观念的思考。③ 宋承五代之乱而兴,随着其统治地域的萎缩以及周边少数民族政权的兴起,两宋面临着更为糟糕的外部局势。基于宋与"北朝"实力对比的变化,宋人在思想领域中更加重视对夷夏观念的阐发,对宋的华夏、"中国"、"正统"地位的强调孜孜不倦。在宋人对"夷夏"观念的阐释中,出现了"中国

---

① 相关研究如刘扬忠:《论金代文学中所表现的"中国"意识和华夏正统观念》,《吉林大学社会科学学报》2005 年第 5 期;赵永春:《辽人自称"北朝"考论》,《史学集刊》2008 年第 5 期;赵永春:《试论辽人的"中国"观》,《文史哲》2010 年第 3 期;赵永春、李玉君:《辽人自称"中国"考论》,《社会科学辑刊》2010 年第 5 期;赵永春:《金人自称"正统"的理论诉求及其影响》,《学习与探索》2014 年第 1 期;熊鸣琴:《超越"夷夏":北宋"中国"观初探》,《中州学刊》2013 年第 4 期;熊鸣琴:《金人"中国"观特质新论》,《江西社会科学》2014 年第 8 期。

② 相关研究如葛兆光:《宋代"中国"意识的凸显——关于近世民族主义思想的一个远源》,《文史哲》2004 年第 1 期;赵永春:《从复数"中国"到单数"中国"——试论统一多民族中国及其疆域的形成》,《中国边疆史地研究》2011 年第 3 期;王灿:《北宋"正统""夷夏""中国"诸观念问题新探——以士大夫言论为中心》,《北京社会科学》2018 年第 2 期。

③ 参见(唐)韩愈撰,马其昶校注:《韩昌黎文集校注》卷 1《杂著·原道》,上海古籍出版社,1986,第 17 页。

之有夷狄,如阳之有阴"、夷夏之变、"严夷夏之辨,谨夷夏之防"的论调。

(一) 宋人的"夷夏"观念

首先,宋人的思维世界中,中国与四夷是阴阳共生关系,北宋与夷狄是截然对立又相互依存的。如包拯认为"夷狄者,中国之阴也";①范仲淹认为"四夷为中国之阴。"②仲讷在论述边事时提到"中国阳也,四夷阴也";③章楶论宋与西夏之和战时也提到"臣闻夷狄,天之一气,从古无灭绝之理";④朱熹亦提及"今人以为阳不能无阴,中国不能无夷狄。"⑤ 蔡襄⑥、范祖禹⑦、黄庶⑧等人亦有类似表述。这些观点反映了北宋士人对当时区域局势的理解。在外患难弭的情况下,承认夷狄与中国的共生,这是"中国人独特的思维",二者之间的互动形成一种"虚虚实实的'势'",夷狄自有天命,宋人通过这种阴阳关系的表达阐释了夷狄存在的合理性,同时也将夷夏置于相对平

---

① (宋)包拯撰,杨国宜校注:《包拯集校注》卷2《论地震》,黄山书社,1999,第92页。
② (宋)范仲淹撰,李勇先、王蓉贵点校:《范仲淹全集》卷18《表·让枢密直学士右谏议大夫表》,四川大学出版社,2002,第413页。
③ (宋)仲讷:《议御戎》,见(宋)吕祖谦编,齐治平点校:《宋文鉴》卷106《议》,中华书局,1992,第1467页。
④ (宋)李焘:《续资治通鉴长编》卷505,哲宗元符二年正月丁巳,中华书局,2004,第12036页。
⑤ (宋)黎靖德辑,王星贤点校:《朱子语类》卷72《易八》,中华书局,1986,第1837页。
⑥ 参见(宋)蔡襄撰:《端明集》卷9《箴·丕显元圣上奉天时》,《四库全书》文渊阁影印本,第1090册,台湾商务印书馆,1986,第405页下栏。
⑦ 参见(宋)范祖禹撰,(宋)吕祖谦注:《唐鉴》卷6《太宗四》,《四库全书》文渊阁影印本,第685册,台湾商务印书馆,1986,第491页。
⑧ 参见(宋)黄庶:《上秦州李密学贺启》,《伐檀集》卷下,《四库全书》文渊阁影印本,第1092册,台湾商务印书馆,1986,第792页上栏。

等的位置。① 鉴于双方均势的形成,宋人便将话题引向内忧,夷狄为"皮肤之患"②,"四夷内窥中国"为外忧,外忧起于内患,解决外忧的先决条件是"先治内患"③;"国家之患不在夷狄"④;"先内和人心,而后制四夷"⑤;制夷狄应"先强中国"。⑥ 这些言论的目的在于为北宋疲弱的军事存在寻找借口,也成为北宋待辽以"敌国"之礼的思想渊源。

其次,"夷夏"主要强调"人群的夷夏之分"⑦,其既是一种族属概念,也是一种文化观念。战国时期孟子就提到"吾闻用夏变夷者,未闻变于夷者"⑧,以强调诸夏以礼义教化蛮夷,而不可被蛮夷所化。韩愈认为唐代"举夷狄之法"有损"先王之教",是"以夷变夏"的行为。⑨ 宋人谈及历史上夷狄入主中国史事时对"夏"订立了一个标准,"居中国之位,有中国之民,行中国之政"⑩则可被视为夏,而不应

---

① 参见韦兵:《完整的历史经验:天下的"夷狄之维"》,《学术月刊》2013年第6期。
② (宋)李焘:《续资治通鉴长编》卷141,仁宗庆历三年六月癸丑,中华书局,2004,第3388页。
③ (宋)韩琦:《上仁宗论内忧始于外患》,见(宋)赵汝愚编:《宋朝诸臣奏议》卷131,上海古籍出版社,1999,第1446页。
④ (宋)李焘:《续资治通鉴长编》卷141、177,仁宗庆历三年六月甲子、至和元年十月己亥,中华书局,2004,第3389、4285页。
⑤ 参见(宋)李焘:《续资治通鉴长编》卷53,真宗咸平五年十一月庚申,中华书局,2004,第1165页。
⑥ (宋)李焘:《续资治通鉴长编》卷237,神宗熙宁五年八月,中华书局,2004,第5761页。
⑦ 王灿:《北宋"正统""夷夏""中国"诸观念问题新探——以士大夫言论为中心》,《北京社会科学》2018年第2期。
⑧ (汉)赵岐注,(宋)孙奭疏:《孟子注疏》卷五下《滕文公章句上》,见(清)阮元校刻《十三经注疏》,中华书局,1980,第2706页上栏。
⑨ 参见(唐)韩愈撰,马其昶校注:《韩昌黎文集校注》卷1《杂著·原道》,上海古籍出版社,1986,第17页。
⑩ (宋)陈师道:《后山集》卷13《论·正统论》,《四库全书》文渊阁影印本,第1114册,台湾商务印书馆,1986,第637页。

以"夷"视之。胡寅①、王应麟②持论大抵如此。赵汝适将海外蕃国行华夏之礼比之"泰伯用夏变夷之遗风犹有存者"③,似乎表明宋人对夷夏互变之间的宽容。但是这种"夷夏之变"的宽容态度只限于蕃国对"中国"礼乐文化的接受,对涉及其自身存亡的问题,又有不同的理解。如宋高宗建炎三年(1129),胡寅在上疏中提到高宗应该下诏:"金贼以小狄猖獗,薰污中华,逆天乱伦,扶立僭伪,用夷变夏,俾臣作君……"④胡氏视金人占有"中国"为"以夷变夏",与其对史事的议论相违背,表明宋代士人的认知中,现实中的"北朝"只是与之相对应的"夷狄"。这种趋势又引出南宋流行的"谨夷夏之辨,严夷夏之防"的论调。

最后,两宋时期夷夏观念的主流应当是"谨夷夏之辨,严夷夏之防",于南宋尤甚。相较于北宋士人对"四夷不足患"的阐释,靖康以后,士人对夷夏之防的强调,表明宋人夷夏观念的转向。石介认为"四夷处四夷,中国处中国,各不相乱"⑤是夷夏相处的理想状态,这可避免夷俗影响"中国",导致"以夷变夏"的情况出现。除上述胡寅的相关言论外,真德秀"立朝行己","其见于议论,必尊《春秋》古经,必排王氏别说,必明夷夏大分,必辟和议,必诋权臣"。⑥ 这表明南宋

---

① (宋)胡寅:《致堂读史管见》卷27《后梁纪·均王》,宛委别藏本,台湾商务印书馆,1981,第1844页。
② (宋)王应麟撰,孙通海整理:《困学纪闻》卷6,载上海师范大学古籍整理所编《全宋笔记》,第七编第9册,大象出版社,2015,第188页。
③ (宋)赵汝适撰,杨博文校释:《诸蕃志》卷上《志国·渤泥国》,中华书局,1996,第156页。
④ (元)佚名撰,汪圣铎点校:《宋史全文》卷17上《高宗三》,宋高宗建炎三年闰八月庚寅,中华书局,2016,第1155页。
⑤ (宋)石介著,陈植锷点校:《徂徕石先生文集》卷10《论四篇·中国论》,中华书局,1984,第117页。
⑥ (宋)李幼武:《宋名臣言行录别集》上卷10,《四库全书》文渊阁影印本,第449册,台湾商务印书馆,1986,第465页上栏。

时期的这种"夷夏之辨"与宋金之间的关系紧密相关,"谨夷夏之辨"的提出具有一定的政治意义。王夫之在论宋高宗朝史事时认为"当其时,雪二帝之耻,复祖宗之地,正夷夏之防,诚切图矣,而抑犹其末也"①,是综合宋代内外局势、文化、族群等方面发出的议论。

这种夷夏之分,根本上是夷夏礼俗的分辨,以此来严格夷夏之间的分别,维持宋的文化正统与"中国"地位。"夷夏、内外之辨,礼而已"②,即是孰为夏、为"中国",孰为夷狄、为外蕃,其根本在于礼仪上的分别。"圣人贵中国,贱夷狄,非私中国也。中国得天地中和之气,固礼仪之所在。贵中国者,非贵中国也,贵礼仪也"③;"中国之所以为中国,以其有三纲,夷狄之所以为夷狄,只缘无三纲。"④"三纲"即指"君臣、父子、夫妇"之间的礼仪秩序,上述言论皆表明夷夏之间在礼俗方面的差异为"夷夏之分"的主要内容。由此可知,南宋时期严夷夏之辨是基于南宋面临的外部局势与士人对"中国"、正统的强调而兴起的。

上述三种观念,以夷夏为阴阳,强调夷夏之间的相互对立与依存,大致北宋多于南宋;严夷夏之辨,谨夷夏之防,则南宋盛于北宋。⑤ 北宋时期士人多强调"以夏变夷",体现出宋人在礼仪文化方面的优越心态,强调"中国"在文化上的优势地位。南宋时期强调"谨夷夏之辨"而预防"以夷变夏"情况的出现。两宋士人的这种"夷夏"

---

① (清)王夫之著,舒士彦点校:《宋论》卷10《高宗》,中华书局,1964,第186页。
② (宋)陈仁子:《文选补遗》卷7《论通康居》,《四库全书》文渊阁影印本,第1360册,台湾商务印书馆,1986,第125页下栏。
③ (宋)陆九渊著,钟哲点校:《陆九渊集》卷23《讲义·太学春秋讲义四》,中华书局,1980,第277页。
④ (宋)吕祖谦:《左氏传说》卷4《楚国之举常在少者》,《吕祖谦全集》第七册,浙江古籍出版社,2008,第49页。
⑤ 李辉认为南宋时期兼有夷夏共生与尊中国而贬夷狄的观念。详见李辉:《宋金交聘制度研究1127—1234》,上海古籍出版社,2014,第10—19页。

观念的演变与该时期春秋学的发展轨迹相似:"宋代《春秋》之学,北宋重尊王(孙复著《春秋尊王发微》十二篇可见之);南宋重攘夷(胡安国著《春秋传》可见之。"①相对而言,宋辽之间对等的政权间关系,并未激起士人对外患的过分焦虑,而是将注意力集中于内忧,从内部加强皇帝的威权。金灭北宋给宋人带来的刺激,激起了士人攘除夷狄的尊王心理。此正如王夫之论胡安国之学:

> 尝读胡氏《春秋传》而有憾焉。是书也,著攘夷、尊周之大义,入告高宗,出传天下,以正人心而雪靖康之耻,起建炎之衰,诚当时之龟鉴矣。顾抑思之,夷不攘则王不可得而尊,王之尊非唯诺趋伏之能尊,夷之攘非一身两臂之可攘。师之武,臣之力,上所知,上所任者也。②

胡安国提出"攘夷"的主要意图是期望"正人心而雪靖康之耻",这表明此时政权间关系的变化对士人思想、学术等方面产生的影响。这种学术理念上的转变并非只是局限于士人对《春秋》的阐释,同样激荡起士人在现实政治中明夷夏之分的意识。这种意识往往作用于宋对其他政权的宾礼中。

(二)夷夏观影响下宋对区域内各政权的认知

"夷夏之辨"的关键在于文化与礼仪上的认同与贬抑,因此宋人的华夷观念势必会影响到其对区域内各政权的认知,这种认知在"夷夏"观念的影响下又对宋代的宾礼产生了一定的影响。基于宋人的夷夏观念,在宋人的认知中,始终以宋为"中国""华夏""正统"。而将辽、金、西夏、高丽、交趾等视为夷狄、蛮夷,或为宋之敌国,或为宋之蕃国。

---

① 饶宗颐:《中国史学上之正统论》,中华书局,2015,第81页。
② (清)王夫之著,舒士彦点校:《宋论》卷10《高宗》,中华书局,1964,第184页。

首先，宋视辽、金为夷狄、北朝。"澶渊之盟"后，宋、辽双方文书中以"南朝"与"北朝"、"大宋国"与"大契丹国"互称。官方文书中所记是对双方对等地位的确认，并不能消弭宋人在思想意识中对辽的轻视，仍以夷狄视之。如柳开视契丹南下为"兴兵无名，以夷犯华"①；王称记真宗时荆王元俨"名闻外夷，契丹尤畏其名"②。即使是双方关系稳定发展的北宋中期，宋人仍不免以夷狄视辽。乐史撰《太平寰宇记》将契丹列入四夷目下的北狄；③苏辙认为"朝廷交接四夷，莫如辽夏之重"，并认为朝廷待高丽"比二虏多或过之"并非明智之举；④同时苏辙出使契丹时据其所见闻，言其兄苏轼"莫把文章动蛮貊，恐妨谈笑卧江湖"⑤。北宋后期面对金的兴起，宋人思维中对辽的态度虽有所松动，但仍强调双方之间的夷夏之别。政和年间朝臣论朝廷通女真事亦有"今与女真共蹙契丹，未必能得地也，而先弃信义，无以复御夷狄"⑥。但是在视辽为夷狄之外，将辽视为"知礼义""慕王化"的国家，如宋人言其"久渐圣化，粗知礼义"⑦；宋使使辽也多认为其"颇慕华仪"⑧；至宋欲联金攻辽时，甚至有臣僚提及辽

---

① （宋）柳开：《河东集》卷10《奏事宜表》，《四库全书》文渊阁影印本，第1085册，台湾商务印书馆，1986，第314页。

② （宋）王称撰，孙言诚、崔国光点校：《东都事略》卷15《世家三》，齐鲁书社，2000，第124页。

③ （宋）乐史撰，王文楚点校：《太平寰宇记》卷199《四夷二十八·北狄十一》，中华书局，2007，第3810页。

④ （宋）苏辙：《上哲宗乞裁抑高丽人使》，载（宋）赵汝愚编：《宋朝诸臣奏议》卷141《边防门·高丽》，上海古籍出版社，1999，第1597页。

⑤ （宋）苏辙著，曾枣庄、马德富校点：《栾城集》16《奉使契丹二十八首·神水馆寄子瞻兄四首》，上海古籍出版社，1987，第398页。

⑥ （宋）陆游撰，孔凡礼点校：《家世旧闻》卷下，"舅氏居正论时事"，中华书局，1993，第223页。

⑦ （宋）宋昭：《上徽宗论女真决先败盟》，见（宋）赵汝愚编《宋朝诸臣奏议》卷142《边防门·女真》，上海古籍出版社，1999，第1603页。

⑧ （宋）李焘：《续资治通鉴长编》卷68，宋真宗大中祥符元年二月丁卯，中华书局，2004，第1527页。

"慕华风,革旧俗"①,表明这种粗知礼义的认识并非孤例。但上述内容仍不能摆脱宋人以夷狄视之的命运。宋人虽在思想意识中坚守宋辽之间的华夷分野,但在双方对等往来基础上,对辽的态度出现部分变化。

金在宋代的官方认知中经历了蕃国至对等之国,再到上国的转变。与宋对契丹的认知相似,宋人在其思维中始终将金作为夷狄看待,且由于双方之间的战争导致南宋偏安一隅,现实中"中国"地位的丧失使南宋士人在观念上更加强调金为夷虏,而将南宋视为"中国""华夏"。如靖康年间,秦桧上书宋钦宗提到"金国远夷,俗尚狙诈"②;魏了翁论宋金之事有"堂堂天朝,相率而为夷虏之陪臣"③之言。以上内容表明双方关系往来中金的上国地位并未获得宋代士人观念上的认同,甚至更加深了对金的抵触,而将之视为夷狄。而上述宋人对辽、金在观念上的认知及现实政权间交往现实的差异,最终对宋代的宾礼行用产生了一定影响。

其次,宋以西夏等为"戎""蛮"。与宋对辽、金的双重认知不同,北宋始终以西夏为蕃国,而在宋人观念上也将之视为夏戎、蛮夷。宋神宗时期,赵约论以"岷、河蕃部"牵制西夏之策为"以蛮夷攻蛮夷"④;宋诏书及士人言论也多以"戎"视之,言"戎情狡狯"⑤,言"夏

---

① (宋)李纲撰,王瑞明点校:《李纲全集》卷150《迂论六·论立国在于足兵》,岳麓书社,2004,第1413页。
② (宋)秦桧:《上钦宗论边机三事》,见(宋)赵汝愚编《宋朝诸臣奏议》卷142《边防门》,上海古籍出版社,1999,第1605页。
③ (宋)魏了翁:《鹤山全集》卷55《致堂先生胡公斐然集序》,四部丛刊初编本。
④ (宋)李焘:《续资治通鉴长编》卷247,神宗熙宁六年十月丙戌,中华书局,2004,第6025页。
⑤ (宋)李焘:《续资治通鉴长编》卷366,哲宗元祐二年二月丙子,中华书局,2004,第8792页。

戎,朝廷患"①;称颂宋礼待西夏等蕃部为"奄有四极,至仁无私,靡间华夷,视之如一",言宋夏间的使节往来使"华夷两安,为利甚大"。②纵有如此认识,西夏在宋代士人观念中仍只是夷狄,故朱熹总结道:"西夏李继迁本夷狄。"③而与对西夏的态度相似,交趾只是宋人眼中的南夷、蛮貊。

最后,宋视高丽为东夷与慕华之国。后人对高丽的认识,多因其对中华传统儒学的接受,而将其视为"慕华"之国。④但是在宋代严夷夏之辨的历史语境及区域内犬牙交错的政权间关系影响下,高丽在两宋官方往来及宋人观念中仍然只是"东夷"。宋初编修的《乐书》将高丽舞列入胡部,视其用乐为"东夷之乐"。⑤大中祥符年间,"外夷来朝者,惟有高丽、西夏、注辇、占城……"⑥北宋中后期,胡舜陟视高丽入贡带来的弊端为"以蛮夷弊中国"。⑦苏辙认为熙宁时期重新与高丽恢复使节往来是"欲以招致远夷为太平粉饰,及犄角契丹为用兵援助而已。"⑧南宋时士人评价本朝之政时提到:"本朝提防外夷之

---

① (宋)范仲淹撰,李勇先、王蓉贵点校:《范仲淹全集》卷13《墓志·东染院使种君墓志铭》,四川大学出版社,2002,第357页。
② (宋)李焘撰:《续资治通鉴长编》卷374,哲宗元祐元年四月辛卯,中华书局,2004,第9064页。
③ (宋)黎靖德辑,王星贤点校:《朱子语类》卷133《本朝七·夷狄》,中华书局,2004,第3188页。
④ 参见黄修志:《高丽使臣的"小中华馆"与朝鲜"小中华"意识的起源》,《古代文明》2012年第4期;黄修志:《双冀创立高丽科举与朝鲜"小中华"思想的根基》,《史学月刊》2019年第11期。
⑤ (宋)陈旸撰:《乐书》卷174《乐图论·胡部》,舞·高丽舞,《四库全书》文渊阁影印本,第211册,台湾商务印书馆,1986,第800页。
⑥ (宋)王栐撰,诚刚点校:《燕翼诒谋录》卷4,中华书局,1981,第41页。
⑦ (宋)胡舜陟:《上钦宗论高丽人使所过州县之扰疏》,见(宋)赵汝愚编《诸臣奏议》卷141《边防门》,上海古籍出版社,1999,第1600页。
⑧ (宋)苏辙:《上哲宗乞裁抑高丽人使》,见(宋)赵汝愚编《宋朝诸臣奏议》卷141《边防门》,上海古籍出版社,1999,第1597页。

意,可为密矣。高丽一水可至登莱,必令自明州入贡者,非故迁之也,政不欲近耳"①,表明宋代官方对高丽仍以夷狄视之,贡路的改变也是对"夷狄"的提防造成的。

宋人视高丽为"东夷",在大部分时段与视其为"慕华"之国的认识相互纠缠,两种认知的交杂似乎萌生出与对辽、金认知的某些相异之处。熙、丰年间,曾巩认为高丽乃"蛮夷中为通于文学,颇有知识,可以德怀,难以力服"②,表现出与对其他政权相异的交往策略。苏辙诗文中记高丽"东夷从古慕中华,万里梯航今一家"③,以"慕华"与"一家"形容宋丽之间的往来。北宋中后期,又有"高丽,海外诸夷中最好儒学"的认识。④ 宋徽宗时期,李端行为太常博士时,曾目睹高丽"遣子入学,夷礼不革,趋揖无声。宰相蔡京入学,议革之"的情景,李端行对此建议"用夏变夷,未闻变于夷者,当绳以国礼"。⑤ 同样,曾随国信使、副出使高丽的徐兢也提到"臣闻东南之夷,高丽人材最盛"。⑥ 这些皆是宋人对其"慕华"的认知,其中对高丽由"通文"到"慕华"再到宋丽"一家"的表述,部分呈现出宋人对高丽的认可,但并未从根本上改变宋人对高丽"夷狄"身份的认知,故而才有李端行言高丽宾贡在太学内行本国之礼为"以夷变夏"。朱子与门人的对话较

---

① (宋)周去非撰,查清华整理:《岭外代答》卷5,宜州买马,载上海师范大学古籍整理所编《全宋笔记》,第六编第3册,大象出版社,2013,第143页。
② (宋)曾巩撰:《元丰类稿》卷35《奏状·明州拟辞高丽送遗状》,《四库全书》文渊阁影印本,第1098册,台湾商务印书馆,1986年,第655页下栏。
③ (宋)苏辙著,曾枣庄、马德富校点:《栾城集》卷8《诗十六首·送林子中、安厚卿二学士奉使高丽二首》,上海古籍出版社,1987,第174页。
④ (宋)王辟之撰,吕友仁点校:《渑水燕谈录》卷9《杂录》,中华书局,1981,第112页。
⑤ (宋)史能之:《(咸淳)重修毗陵志》卷17《人物(国朝)》,无锡·李端行,《宋元方志丛刊》第三册,中华书局,1991,第3117页下栏。
⑥ (宋)徐兢撰,虞云国、孙旭整理:《宣和奉使高丽图经》卷8《人物》,载宋易安、傅璇琮等主编:《全宋笔记》第三编第8册,大象出版社,2008,第38页。

为准确地反映了时人对高丽的这种认识:"或问:高丽风俗好？曰:终带蛮夷之风。"① 即使高丽对中国文化的学习不遗余力,但由于"夷夏"观念的藩篱及现实中政权间关系的纠葛,在"慕华"与宗北朝间徘徊的高丽也难以摆脱其"东夷"的身份,其在宋人观念中仍是与辽、金、西夏相似的夷狄之国。以上表明,在宋人的思维世界中,以宋为中心的天下一元观念并未从宋人观念中消亡:"华夏"始终是宋的专属,而辽、金、西夏、高丽不过是天下边缘的四夷而已。

二、辽、金的"中国"观及其对宋的定位

10—13世纪,分别夷夏、称本政权为中国、以本政权为正统等观念,不独是宋人的专属,作为由宋人眼中的"夷狄"建立的政权,辽、金等在立国之后都面临着正统构建及其子民对国家认同的问题。相较于宋人对"谨华夷之辨"的执着,辽、金等更着力于对与夷夏观念相关的"中国"、"正统"进行符合本国在区域格局中地位的阐释。辽、金在立国后,通过对汉文化的接受,针对"夷夏"做出了相应的理论建构,在此基础上树立起以本国为"中国"的观念,并从不同侧面构建符合当时历史实际的"正统"体系,从而使宋以前的中原王朝勉力维持的单数"中国"逐渐演化为多民族皆以"中国"自居的复数"中国"体系。②

(一) 辽、金两代观念中的"夷夏"、"中国"与"正统"

首先,辽自立国后经历了由自比蕃夷到自居正统的改变。契丹在立国之初对"夷狄""蕃"等概念虽有一定的认知,但基本上并不否认本政权的夷狄身份。如述律太后以"自古但闻汉和番,不闻番和

---

① (宋)黎靖德辑,王星贤点校:《朱子语类》卷133《本朝七·夷狄》,中华书局,2004,第3191页。

② 参见赵永春:《从复数"中国"到单数"中国"——试论统一多民族中国及其疆域的形成》,《中国边疆史地研究》2011年第3期。

汉。汉儿果能回意,我亦何惜与和"①的言论打消臣僚建议耶律德光和中原的声音。有学者将之与北京房山辽塔所出土的塔砖文字所记"大蕃天显……"②等内容,视为辽前期对其"蕃""夷"身份的认可的证据。③ 契丹以自身为"蕃夷"情况的出现只是基于其在文化上对华夏文化的钦慕而得出,这与契丹自比"中国"的观念相互交织。契丹立国后在文化思想领域里的一系列举措体现出契丹"夷狄"与"中国"观念的相互纠缠。辽太祖立国后,以"佛非中国教"而"建孔子庙,诏皇太子春秋释奠"④,这一弃佛崇儒的表述被视为契丹"对'华风'向慕和初步接受"的体现。⑤ 与此同时,契丹有意将族源与炎、黄二帝相联系,将自身视为诸夏之后,并开始出现自称"中国"的倾向⑥,这"反映契丹人对'中国'的心理认同"。⑦ 辽太宗在灭亡后晋时诘问时为后晋将领的刘知远既不臣服"南朝"又不臣事"北朝"的意图,⑧这其实是将其自身作为与"南朝"对等的又一"中国"。由此可知,在契丹前期,契丹对自身的认知其实是"夷狄"与"中国"两种观念的相互交缠。

"澶渊之盟"后,契丹国内萌生出更为坚定的"中国"意识,契丹君

---

① (宋)叶隆礼撰,贾敬颜、林荣贵点校:《契丹国志》卷3《太宗嗣圣皇帝下》,第35页。
② 陈述辑校:《全辽文》卷4《房山辽塔出土砖文》,中华书局,1982,第67页。
③ 参见郭康松:《辽朝夷夏观的演变》,《中国史研究》2001年第2期;赵永春、王观:《10—13世纪民族政权对峙时期的"中国"认同》,《陕西师范大学学报》(哲学社会科学版)2018年第1期。
④ (元)脱脱等:《辽史》卷72《义宗倍传》,中华书局,1974,第1209页。
⑤ 刘扬忠:《辽"中国"化的历史进程及其文学书写》,载于吉林大学中国文化研究所主编《华夏文化论坛》第2辑,吉林大学出版社,2007,第73—84页。
⑥ 参见赵永春:《试论辽人的"中国"观》,《文史哲》2010年第3期。
⑦ 赵永春:《契丹自称"炎黄子孙"考论》,《西南大学学报》(社会科学版)2012年第6期。
⑧ (宋)司马光:《资治通鉴》卷286,后汉高祖天福十二年正月癸丑,中华书局,1956,第9333页。

臣的"夷夏观念发生了质变",不再甘于成为宋方眼中的夷狄,而切实地以与北宋对等的"北朝"来看待自身,视自身为"华夏""中国"。①辽圣宗与辽兴宗时期,在强调自身为"华夏""中国"的同时更加强调本政权的正统地位,将契丹作为华夏正统看待。辽圣宗开泰十年(1021)遣使"驰驿取石晋所上玉玺于中京"②一事,被研究者视作契丹着力构建自身正统的开端,辽圣宗所作《传国玺诗》中"一时制美宝,千载助兴王。中原既失守,此宝归北方。子孙宜慎守,世业当永昌"③的诗文,有意将契丹的正统续于石晋之后,表明契丹是承继中原政权而有国,是契丹"正统"观念萌发的体现。④ 也是辽中期夷夏观念逐渐由自比"中国"到自居华夏正统的缩影。辽后期,"中国"与"华夏正统"由契丹君臣的观念走出,逐渐出现在辽君臣的奏疏批答中。⑤ 刘辉上书辽道宗言辽之西北边患,径自以"中国"自居,⑥"正统"即谓大辽。⑦ 同时,此时期契丹在与周边政权的往来中屡称本政

---

① 参见刘扬忠:《辽朝"中国"化的历史进程及其文学书写》,载于吉林大学中国文化研究所主编:《华夏文化论坛》第2辑,吉林大学出版社,2007,第77页。

② 参见(元)脱脱等:《辽史》卷57《仪卫志三·符印》,中华书局,1974,第913—914页。

③ (宋)孔平仲撰,池洁整理:《珩璜新论》卷4,朱易安、傅璇琮等主编:《全宋笔记》第二编第5册,大象出版社,2006,第277页。

④ 参见郭康松:《辽朝夷夏观的演变》,《中国史研究》2001年第2期;刘扬忠:《辽朝"中国"化的历史进程及其文学书写》,载于吉林大学中国文化研究所主编:《华夏文化论坛》第2辑,吉林大学出版社,2007,第78页;赵永春、李玉君:《辽人自称"中国"考论》,《社会科学辑刊》2010年第5期。

⑤ 参见赵永春、李玉君:《辽人自称"中国"考论》,《社会科学辑刊》2010年第5期。

⑥ 参见(元)脱脱等:《辽史》卷104《文学列传下·刘辉传》,中华书局,1974,第1455页。

⑦ 参见陈述:《契丹政治史稿》,人民出版社,1986,第134页。

权为中国正统①,体现出其在夷夏观念影响下对本政权在区域中地位的塑造。《松漠纪闻》记辽道宗言"上世獯鬻、猃狁,荡无礼法,故谓之夷。吾修文物,彬彬,不异中华,何嫌之有"②,道出其对宋称其为夷狄的不满,而自比中华。"华夏""中国""正统"的意识历经近两百年的逐渐强化,至辽天祚帝时已深入骨髓,即使是在其对金请降时仍不忘标示辽之正统③,即是夷夏、中国、正统等观念对辽之思想意识领域产生影响的明证。而随着这些观念上的深入,面对宋在礼仪行为上的小动作,必然会有相应的对策。

其次,金朝自居"中国正统"。相较于辽在建国之初对宋称辽为蕃夷的坦然受之,金在立国之后即否定其"夷狄"身份。金在构建自身政权合法性时,金太祖君臣首先想到的是请域内大国对其进行封册,辽成为其请封的对象。不同于小国请求大国册封时的谦卑之态,金在要求辽的册封时仍自居大国。④ 随着辽与北宋的相继灭亡,金也开始了自居"中国"、"正统"的建构。"金人自称'中国'的理论依据包括'夷而进于中国则中国之'","'夷狄用'中国'(中原)之礼则中国之','有公天下之心,宜称曰汉'"。⑤ 这表明金刻意在为其夷狄身份赋予"华夏""中国""正统"意涵,而其所依据的标准——"进于中国"

---

① 参见(朝鲜李朝)郑麟趾:《高丽史》卷11《肃宗世家一》,人民出版社,西南师范大学出版社,2014。该卷载辽遣使入高丽册封高丽王太子的诏书中有"朕荷七圣之丕图。绍百王之正统"一语。
② (宋)洪皓撰,张剑光、刘丽整理:《松漠纪闻》卷上,载于朱易安、傅璇琮等主编:《全宋笔记》第三编第7册,大象出版社,2008,第121页。
③ 参见(金)佚名编:金少英校补,李庆善整理:《大金吊伐录校补》第189《辽主耶律延禧降表》,中华书局,2001,第508页。
④ 参见(宋)徐梦莘:《三朝北盟会编》卷3,重和二年正月十日,上海古籍出版社,1987,第16页;赵永春:《金人自称"正统"的理论诉求及其影响》,《学习与探索》2014年第1期。
⑤ 参见赵永春:《试论金人的"中国观"》,《中国边疆史地研究》2009年第4期。

与"用中国礼"——恰是其通过战争轻易获得的。① 基于金前期即在区域关系格局中建立了相应的政治、军事优势,且在文化上承继宋、辽,在文化心态上出现了与"中国"趋同的倾向,故以自身为"中国正统"是其夷夏、中国、正统观念的基点,后续则是如何证明敌国(南宋)非"中国"。

金熙宗时期开始拒绝南宋称金为"邻邦"②,且要求宋向金称臣,将其先祖及金开国之君塑造为正统皇帝,强调其因占据中原而自为"中国正统";金海陵王时期又提出"自古帝王混一天下,然后可为正统"③的主张;金世宗时期鉴于海陵王未最终灭亡南宋、反而与南宋由"君臣之国"转变为"叔侄之国"的事实,一变而强调应以"有德"者为正统,基于金先后灭亡辽与北宋,并在与南宋的对峙中处于优势地位,仍强调金的"正统"地位;金章宗之后则又开始以金的"德运"继辽或继"北宋"的讨论来强化金的正统性。④ 以上皆指明金在立国后将自身视为"中国"、"正统",这与宋人坚定地视"北朝"为蛮夷的观念针锋相对。金人自居"正统"的思想观念是其在区域关系中始终凌驾于周边政权之上的军事实力决定的,对北宋末年以后的宾礼行用产生了重要影响。

(二)夷夏观念影响下"北朝"对宋朝的定位

辽、金在上述"中国"与"正统"认识的基础上是如何认识宋朝的

---

① 如前述章节提到宋徽宗宣和四年(1122)高庆裔等入宋,出契丹例卷,要求宋待金宾礼要"一依事辽旧例",即反映了金对中国礼的掌握与接受。参见(宋)徐梦莘:《三朝北盟会编》卷9《政宣上帙九》,宣和三年九月三日至十三日,上海古籍出版社,1987,第62—63页。

② 参见(宋)佚名撰,程郁、瞿晓凤整理:《宣和乙巳奉使金国行程录》,第二十八程,上海师范大学古籍整理所编:《全宋笔记》第四编第8册,大象出版社,2008,第13页。

③ (元)脱脱等:《金史》卷84《耨怨温敦思忠传》,中华书局,1975,第1883页。

④ 赵永春:《金人自称"正统"的理论诉求及其影响》,《学习与探索》2014年第1期。

定位的？在上述观念影响下，"南""北"间谁当为"中国"，谁当为"蛮夷"；谁为"正统"，谁又为"闰"？现有对辽、金——尤其是金——的观念中"中国"的归属的研究有两种不同的取向，一种观点认为辽、金在自居"中国""正统"的同时，试图将其他政权排挤出"中国""正统"之外，强调夷夏之间的分野。① 另一种观点认为辽、金在自居"中国"的同时，并不否定宋的"中国"地位，因此10—13世纪充盈于士人心中的是"中国"的逐渐"多元"，即"复数"中国。② 时人观念上的"复数"中国概念以及多民族同为"中国"肯定是历史发展的必然，但是这种"复数"中国观念的形成并不是一蹴而就的，辽、金在自称"中国"之后，随着其对自身定位的提高，必然也有否定宋政权"中国"地位的情况出现，因此辽、金在多数时段极力证明自身优越性的同时，都极力否定宋朝的正统地位。

首先，辽不以北宋为"正统"。庆历二年（1042），宋与契丹关于增加岁币的问题展开交涉，契丹欲令北宋在进契丹的誓书中将输辽岁币用"献"字，而"'献'乃下奉上之辞"。契丹目的是要在文字上将北宋视为属国，在宋人记述中最终用一"纳"字代替。③ 但是辽方的相关记载则以"进贡"视之，比"献"字更甚，不能仅简单地用"以下奉上"④概括了。在此时期辽显然有意将"中国"观念单一化，使"中国"尽归于辽。

---

① 参见刘扬忠：《论金代文学中所表现的"中国"意识和华夏正统观念》，《吉林大学社会科学学报》2005年第5期；熊鸣琴：《金人"中国"观特质新论》，《江西社会科学》2014年第8期。
② 参见赵永春：《试论金人的"中国观"》，《中国边疆史地研究》2009年第4期；《从复数"中国"到单数"中国"——试论统一多民族中国及其疆域的形成》，《中国边疆史地研究》2011年第3期。
③ （宋）李焘：《续资治通鉴长编》卷137，宋神宗庆历二年九月癸亥，中华书局，2004，第3292页。
④ （元）脱脱等：《辽史》卷86《刘六符传》，中华书局，1974，第1323页。

辽道宗寿昌二年（1096），辽臣刘辉谈到欧阳修等编撰《新五代史》将契丹列入四夷列传下一事时提及双方本应以"兄弟之礼"相待，但宋帝"令臣下妄意作史，恬不经意"，故建议道宗在修国史时将赵宋立国前后事迹附于国史后。① 此建议虽然只是对宋方做法的反制，但也反映出辽朝士人自居"中国"意识的强化对北宋"中国"地位的冲击。郭康松认为刘辉的观点并非"他个人夷夏观念变化的偶然表露"，而是当时辽人夷夏观念趋于成熟的整体表现。②

如果说辽否定北宋的"中国"地位只是偶然现象，那么辽在否认宋的"正统"地位而以自身为"中国正统"方面则不遗余力。辽中期以后围绕传国玺开始正统的构建与对宋正统的否定。辽兴宗重熙七年（1038）策试进士，以"有传国宝者为正统赋"③为题，意在通过人才的选拔，加强辽为唯一的"中国正统"的观念，从而否定"南朝"的"中国正统"地位。刘浦江指出："辽朝的正统论是建立在承石晋之统的基础之上。"④事实也正如此，不只是辽获得石晋之传国宝，在德运的确立上，金人吕贞幹等认为辽"以水为德"⑤，冯家昇与刘浦江皆以此说为是。⑥ 赵永春认为金之"水德"不只是确立了其本身的"中国正统"，而且直接将之后的"后汉、后周以及北宋列入所谓的'非正统'的

---

① （元）脱脱等：《辽史》卷104《文学列传下·刘辉传》，中华书局，1974，第1455页。
② 参见郭康松：《辽朝夷夏观的演变》，《中国史研究》2001年第2期。
③ （元）脱脱等：《辽史》卷57《仪卫志三·符印》，中华书局，1974，第914页。
④ 刘浦江：《德运之争与辽金王朝的正统性问题》，《中国社会科学》2004年第2期。
⑤ （金）官修：《大金德运图说》，《四库全书》文渊阁影印本，第648册，台湾商务印书馆，1986，第310—311页。
⑥ 参见冯家昇：《契丹名号考释》，见氏著《冯家昇论著辑粹》，中华书局，1987，第25页；刘浦江：《德运之争与辽金王朝的正统性问题》，《中国社会科学》2004年第2期。

'闰位'"。① 因此,辽所称"中国"或许是多元的,但是其所言正统,则是单一的。现实区域关系格局中,在谋求和平共处时,双方互称"南北";而一旦有利益冲突时,双方又不自觉的视对方为"非正统"的"小国"。这种观念的存在是双方在交聘礼仪中纠纷频现但始终未突破使节往来礼仪界限的重要原因。

其次,金不以南宋为"中国"。部分时段部分金人虽然承认宋的"中国"地位,但并不能以此否定金对域内唯一"中国"地位的诉求。金朝一直致力于强化其自身的"中国"意识,这就需要通过对宋的"中国"地位加以否定来实现。首先,被金人认为是"中国"的宋,多指被金灭亡的北宋,并非受其军事威胁而偏安江南的南宋。如金末时的修端提到"自建炎之后,中国非宋所有"②,其言语中透露的是认可被其灭亡的北宋为"中国",而失去中原地区的南宋则已不再是"中国",这正是受金朝内部兴起的"夷而进于中国则中国之"的观念影响所致,并由此而强调金本身的"正统"性。③ 金海陵王时期,在与宋的交往中一改北宋末以宋为"大国"的情况,而以南宋为"江南"④、"江表"⑤,彻底将之排除在"中国"与"正统"之外。金中后期时,更是以"岛夷"⑥称南宋,由否定其"中国""正统"而将之再贬为蛮夷。这些称呼的变化显示至少在宋金关系激化的时段,金独以自身为"中国正统"。熊明琴认为金不以南宋为"中国",而以之为夷狄,"主要还是出

---

① 赵永春:《试论辽人的"中国"观》,《文史哲》2010年第3期。
② (元)王恽撰;杨晓春点校:《玉堂嘉话》卷8,中华书局,2006,第171页。
③ (金)赵秉文:《滏水集》卷14《论·蜀汉正名论》,《四库全书》文渊阁影印本,第1190册,台湾商务印书馆,1986,第230页。
④ 参见(宋)徐梦莘:《三朝北盟会编》卷184《炎兴下帙八十四》、卷185《炎兴下帙八十五》,绍兴八年八月八日、绍兴八年十一月二日,上海古籍出版社,1987,第1332、1334。
⑤ 参见(元)脱脱等:《金史》卷77《完颜宗弼传》,中华书局,1975,第1756页。
⑥ (金)赵秉文:《滏水集》卷10《杂体·平章左副元帅谢宣谕赐马铰具冤鹘匹段药物表》,《四库全书》文渊阁影印本,台湾商务印书馆,1986,第190页上栏。

于'以我为中心'的政治理念,以及维护金朝政治地位的现实需要",或许更加契合此时金人"中国正统"认识的实况。①

金朝关于德运与"正统"的论争,在重塑金朝"正统"的同时,也直接否定了南宋的正统地位。在金章宗时期关于德运承继争论中,有主以金初所定之金德者,有主承辽之水德而为木德者,但最终金章宗君臣"以继亡宋火行之绝,定为土德"。② 其中所谓之"亡宋"指明北宋灭亡后宋统断绝,南宋之"中国正统"为伪,而金却适得其所。

故基于以上所举事例可知,在金人的观念中,以金为当时区域关系中唯一的"中国""正统",至少是切实存在的,甚至可能是金朝的主流思想意识。现有部分研究中提出金人虽"极力称自己为'中国',但并没有将其他政权排除在'中国'之外"。③ 这与研究者所举史料有关,目前所存金人以宋为"中国"的相关材料,或成文于蒙古攻金时期,或出现在金遗民对金、宋并立时期的回忆文字中。元好问在其诗、文中不止将"中国"专属于金,也将其扩展至南宋与周边蕃夷。④ 这条材料被不同的研究者引为例证,赵永春等以之证明金人在"中国"观方面具备一定程度的包容性⑤;熊鸣琴认为元氏在金亡后承认南宋的"中国"地位,与在他之前的赵秉文认为南宋为夷狄并不产生冲突,因为类似元氏的观点也只有在"金亡之后才有可能发表"。⑥ 而基于元好问《中州集》等确成于金亡之后,结合赵秉文坚定地称南宋为"岛夷"、"蛮夷"出现于金朝存续期间看,熊氏所论或许更加契合

---

① 熊鸣琴:《金人"中国"观特质新论》,《江西社会科学》2014年第8期。
② (元)脱脱等:《金史》卷107《张行信传》,中华书局,1975,第2367页。
③ 赵永春:《试论金人的"中国观"》,《中国边疆史地研究》2009年第4期。
④ 如(元)元好问《中州集》中保留大量以"南冠"为条目的诗作,这可被视为其认可南宋"中国"地位的证据。见是书卷1、7、10,《四库全书》文渊阁影印本,第1365册,台湾商务印书馆,1986。
⑤ 赵永春:《试论金人的"中国观"》,《中国边疆史地研究》2009年第4期。
⑥ 熊鸣琴:《金人"中国"观特质新论》,《江西社会科学》2014年第8期。

金朝"中国"观的实际:在金亡国前,南宋始终被金人视为蕃夷。

三、宋人的"夷夏"观念对宋代宾礼的影响

宋人的夷夏观念突出了宋朝居于区域关系格局中心的理念。这种理念是如何作用于其宾礼建构与行用的?

(一) 礼仪形式上严格区分夷夏

夷夏观对宾礼的另一影响即是宋人在礼仪行用中严格区分夷夏。这首先表现在要求外使行宋礼。以习仪为例,"澶渊之盟"后,"习仪"成为宾礼行用中的重要环节,宋设此环节的目的是要四夷使节等习宋礼,以保证朝堂上宾礼的顺利进行,这从根本上说是宋代礼仪文化的强制传播,是从礼仪上标榜夷夏文化优劣的重要形式,林摅使辽拒绝辽方习仪安排一事从侧面印证了这种论断。

另一种表现是对接受夷狄礼仪的官员的惩戒。宋仁宗庆历五年(1045)五月庚午,时任知制诰的余靖被贬知吉州,因其出使契丹过程中作胡语诗,受到台谏的弹劾。《续资治通鉴长编》记载其被贬原因是"习外国语,尝对契丹主为蕃语诗","失使者体"。[1] 其诗文曰:"夜宴设逻(厚盛也)臣拜洗(受赐),两朝厥荷(通好)情感勤(厚重)。微臣雅鲁(拜舞)祝若统(福佑),圣寿铁摆(嵩高)俱可忒(无极)。"[2] 又据《宋会要辑稿》:"靖奉使契丹,采蕃语为诗,失使者体。帝以靖累出使,不欲加责,而侍御史王平等弹奏不已,故出之。"[3] 根据刘攽的记载,宋仁宗时,皇帝要求官员出使要做到"待虏有礼",不能违背相

---

[1] (宋)李焘:《续资治通鉴长编》卷155,宋仁宗庆历五年五月庚午,中华书局,2004,第3772页。

[2] (宋)刘攽撰:《中山诗话》,《四库全书》文渊阁影印本,第1478册,台湾商务印书馆,1986,第273页下栏-274页上栏。

[3] (清)徐松辑,刘琳、刁忠民、舒大刚等校点:《宋会要辑稿》职官六四之四九,黜降官一,上海古籍出版社,2014,第4794页。

关礼仪。余靖使北所谓"失体",应仅表现在其所作胡语诗。但胡语诗是受契丹主邀请所做,在形式上并未违背相关礼仪,故有仁宗"不欲加责"之举。那么问题的关键应当是在内容上用夷语表达对契丹皇帝的尊敬之情,如自称微臣、拜舞等。台谏官员弹劾余靖的根源在于其用夷语,过于谦卑,违背了"夷夏"之间本来的秩序。这与刘沆因使辽奏出塞乐可能导致的宋辽之间的交聘争端[1]及吴奎因出使契丹不参加契丹国主生辰观礼[2]而遭贬不同。南宋人谈到余靖被贬时,基本将其原因归为"三使北戎,时相忌之,出知吉州,坐习蕃语夺官"[3],北宋至南宋,余靖被贬原因由"作蕃语诗"到"习蕃语"的转变,正与两宋时期逐渐强调"严夷夏之防"的大背景紧密相关。

(二)夷夏观影响下的使节假官

受夷夏观念的影响,宋在与周边政权的交聘人员派遣方面又有别样的发明。首先,选用低品官员假借高品官职充任使节出使。宋人认为假官出使最初出现于西汉时期,其时,苏武借官中郎将使匈奴。[4] 此后一直至隋唐时期,并无借官的记载。五代十国时期,偶有使节借官出使的情况,但多是个例。宋辽并立,北宋一时难以放弃其在区域关系中的核心地位,故在与辽的交往中常见使节假官接待辽使或使辽。关于使节假官,《职官分纪》中有详细记载,此不赘述。[5]

北宋时期宋遣往辽的使节多以低品假借高品,北宋时期官员假

---

[1] 参见(宋)刘攽撰:《中山诗话》,《四库全书》文渊阁影印本,第1478册,台湾商务印书馆,1986,第273页下栏—274页上栏。

[2] 参见(清)徐松辑,刘琳、刁忠民、舒大刚等校点:《宋会要辑稿》职官六五之一三,黜降官二,上海古籍出版社,2014,第4804页。

[3] (宋)谢维新:《古今合璧事类备要》续集卷16《类姓门》,"余·下邳·商音",《四库全书》文渊阁影印本,第940册,台湾商务印书馆,1986,第497页上栏。

[4] 参见(宋)章如愚:《群书考索》后集卷1《官制门》,《四库全书》文渊阁影印本,第937册,台湾商务印书馆,1986,第11页下栏。

[5] 参见(宋)孙逢吉撰:《职官分纪》卷45《国信使》,《四库全书》文渊阁影印本,第923册,台湾商务印书馆,1986,第829页下栏—830页下栏。

官品级整体上低于南宋,且北宋末年宋金交聘时期,开始出现布衣假借官品出使①。假借品级与宋在区域关系中地位的变化紧密联系。明朝有士人评价使节假官:"宋朝使北,正、副二人皆假尊官出疆以示重。"②但此论仅就使节官品在假借中提高的基础上提出,忽略了宋遣使本身品级较低,而北使官品往往高于宋使真正的品级。聂崇岐认为宋代假官的出现是宋在外交活动中"自居中朝,不欲遣大臣使'虏'",故依据派出使节官职加借使辽,以绥远人。③ 此观点指明使节假官本意不在对"北朝"的重视,而是在重视敌国的外衣下暗含着其看低敌国的心态,是宋人观念中根深蒂固的夷夏观念在礼仪上的体现。

外使之来,宋朝廷多用前次出使的官员充馆伴、接送伴使,一般借其出使时所假官职,并针对接引活动制定了相应的官员回避等制度。如宋太宗时期,孔维因曾借紫出使高丽,"自高丽还,会东使至,维自耻衣绯,因求见。上诡言:'高丽使问臣获何罪降服,臣无以对'。"④最终得以衣紫。宋真宗又规定之前曾充任北朝国信使者,"每有北朝人到阙,并依所借官位、服色班坐宴"。⑤ 宋仁宗庆历二年(1042)三月己丑,曾经出使契丹的河北同提点刑狱、崇仪副使王整,因官位已经改变,"虑北使过境,讶其官名不同"⑥,特改官职,避免被

---

① 参见李辉:《宋金交聘制度研究 1127—1234》,上海古籍出版社,2014,第 80—84 页。
② (明)沈德符撰:《万历野获编》卷 11《吏部·借官出使》,中华书局,1959,第 279 页。
③ 参见聂崇岐:《宋辽交聘考》,见氏著《宋史丛考》,中华书局,1980,第 283—375 页。
④ (元)脱脱等:《宋史》卷 431《孔维传》,中华书局,1977,第 12811 页。
⑤ (清)徐松辑,刘琳、刁忠民、舒大刚等校点:《宋会要辑稿》职官五一之一,上海古籍出版社,2014,第 4417 页。
⑥ (宋)张方平:《乐全集》卷 25《论王整改官》,《四库全书》文渊阁影印本,第 1104 册,台湾商务印书馆,1986,第 255 页下栏。

辽使发现其前后官职的不同而徒惹纠纷。绍兴十四年(1144)十二月二十六日，"诏今后遇人使在庭，曾借官臣僚并依旧例立借官班"；绍兴二十年(1150)二月三十日，又定"今后遇人使在庭，不系侍从官曾经借官人免赴起居立班；如见差充接送伴者，依借官所服立班赴坐。"①宋廷不惮烦琐，遣低阶官员借官出使，又在外使来聘时，以回避、临时借官序班等方式应对，表面上是对外使来聘的重视，但这些制度的出现更多是为宋人极度自我而又相对软弱的政治心理埋单。以低级官员假官出使、接待外使，正是宋人"内中国而外夷狄"这一夷夏观念在政治制度中的体现。宋遣往高丽使节的假官也基本与此类似，名义上表示对高丽的重视，但其实只是以临时提高官品的形式笼络高丽。

宋人与"北"人对宋以假官出使或接待其他政权使节表现出不同的态度，宋人认为使节假官是正常现象，如杨万里在诗文中提到："贺老如何尾从班，真官也作借官看。君恩至重无真假，赐酒何曾味两般。"②袁说友亦有诗云："平生青紫滥纡身，更冒金章肃使宾。何以假为诚岂敢，乌知非有笑无因……有时宜假不宜真。"③"宜假不宜真"道出宋代士人对曾出使者以其所借官序班应对外使见辞的理解，这在当时是一种普遍现象。而"北朝"则对宋遣低级官员假官出使颇有微词，两宋之交宋以布衣、小臣假官出使金者，一般都被扣留；为应对宋假官出使的情况，金入宋使节多以高品假低阶，以杀礼应对与宋

---

① (清)徐松辑，刘琳、刁忠民、舒大刚等校点：《宋会要辑稿》仪制三之四九，上海古籍出版社，2014，第2356页。
② (宋)杨万里著，辛更儒笺校：《杨万里集笺校》卷28《朝天续集·正月五日以送伴借官侍宴集英殿十口号》，中华书局，2007，第1461页。
③ (宋)袁说友：《肃客借重金紫绶》，见(元)方回选评、李庆甲集评校点：《瀛奎律髓汇评》卷6《宦情类》，上海古籍出版社，1986，第273页。

的交聘。①

(三) 夷夏观影响下的礼仪书写与行用的冲突

本文第三章在梳理南宋时期的对金宾礼时提到,在官方表述中南宋较之北宋时期在宾礼书写上出现较大的改变,在官方议定礼待金使的相关仪式时,南宋君臣多言"依旧例"并"近例"参酌,或期望按与契丹交往故事施行。

宋真宗景德时期,宋与契丹对等交往达成,但北宋文书中称契丹为"北朝"一事使真宗君臣耿耿于怀,至大中祥符六年(1013)时,真宗仍因翰林学士所拟答契丹国书中有"邻壤"一词,而愤怒批称"朽壤、鼠壤、粪壤"。② 宋真宗的表现是唐宋易代以来中原与北方少数民族政权之间关系变易给宋人带来的心理落差的体现,"中国"士人一直坚持的"内中国而外夷狄"的观念因宋、辽对等关系的确立而受到强烈的冲击。最终宋辽对等关系持续百年,期间双方虽偶有摩擦,但整体上,宋人在形式上接受了与辽的对等,宋在辽使见辞礼仪中确认了双方之间的平等关系。在宋辽关系存续期间,契丹虽常被宋人视为夷狄,但在宋弱金强的对外关系格局确立之后,与辽的对等之礼又成了宋人心目中理想的政权间使节往来旧例。

绍兴八年(1138)之后确立的宋金受书礼,是现实中以金为中心的区域关系格局在礼仪形式上的体现。受书礼与宋人的夷夏观念相悖,宋帝在礼仪形式上表达对金国主的臣服,宋人对此讳莫如深。在传统的夷夏观念影响下,皇帝向金国主表现臣服的事项也难以被载入礼典,因此才有绍兴前期依据与契丹交往礼仪修定对金宾礼,又有绍兴十四年(1144)前后"依旧例"并"近例"参酌修礼的表述。《中兴

---

① 参见李辉:《宋金交聘制度研究1127—1234》,上海古籍出版社,2014,第114—119页。

② (宋)李焘:《续资治通鉴长编》卷80,宋真宗大中祥符六年六月己巳,中华书局,2004,第1828页。

礼书》与《宋史》中所记的对金宾礼并不是完全意义上的宾礼仪文,比之宋对辽宾礼,对金宾礼更像是广义宾礼中的相关礼仪流程的摘录,至于各个环节的礼仪动作等语焉不详。这种情况的出现固然与南宋后期礼书的体例有关,但《太常因革礼》基本上完整地收录了宋真宗朝所修对辽宾礼仪注,南宋时期礼书中不记具体的见辞仪式环节与动作,最根本的应当是不欲在文字上体现宋、金之间的不对等,而用参酌"旧例""契丹故事"等表述,营造宋金之间的对等,以维系赵宋君臣那种极度自尊的夷夏观念。

(四)"慕华"与诸政权在宋代宾礼体系中的地位变化

除辽、金与宋在政治、军事上形成相互对立的敌国或上国关系,在宋代宾礼体系中最受重视,其他诸如西夏、高丽、交趾等政权在宾礼体系中的地位则又与其对华夏文化的接受有关。

宋太宗时期,宋在诏书中即以"久慕华风"盛赞高丽国主的朝贡之举①,而高丽在与宋的交往中也确实表现出"久慕华风"、接受儒家教化的一面。② 故尽管宋人在观念上仍将高丽视为夷狄之国,但在某些方面又待之以高于对蕃国的礼仪。宋神宗时期,宋与高丽复交,宋将"押伴"改作"馆伴",又将"引伴"改为"接伴",接待使臣名目逐步与对辽宾礼同。北宋末期,在实际宾礼行用中,徽宗将高丽使节位次提到西夏之上,且高丽朝贡事务与辽使来聘一道,同隶枢密院。整个北宋时期,高丽在宾礼体系中的地位是逐渐上升的,高丽在思想文化方面对"中国"礼乐教化的接受及宋对高丽联合攻辽的诉求在一定程度上干扰了宋人对高丽与宋交往意图的研判。

---

① 参见(宋)钱若水修,范学辉校注:《太宗皇帝实录》卷35,雍熙三年二月癸卯,中华书局,2012,第433—434页。
② 参见(宋)徐兢撰,虞云国、孙旭整理:《宣和奉使高丽图经》卷6《宫殿二·延英殿阁》,载朱易安、傅璇琮等主编:《全宋笔记》第三编第8册,大象出版社,2008,第31页。

第四章 宋代宾礼的影响因素

在对待交趾及西南蕃部的朝贡时,宋代亦多以"慕华"视之,元祐二年(1087)五月,宋朝廷敕溪洞蛮人彭汝宗等"旌居裔壤,心慕华风,来修任土之仪,远效充庭之实。载惟勤悃,良用叹嘉。"①将西南蕃部入宋朝贡视为慕华的体现,在宋代的制书中并不鲜见。② "东夷"与"南夷"的"慕华"有一定区别。以"慕华"视二夷臣事"中国"之举,是宋代官方涉外文书中描述藩国朝贡的常用表达。宋代士人对诸藩国接受汉文化的程度自有认识,前文已述及两宋士人对高丽接受儒家文化的态度,而相较于高丽,交趾等蕃国对"中国"礼乐的接受较为滞后,至南宋时,随着宋与"南夷"的关系逐渐紧密,宋人对其制度才有稍许认可。随着南宋与高丽官方往来的中断,交趾与占城在南宋宾礼中的地位逐渐提高,而处于仅次于金的地位。这与夷夏观念影响下的宋人对其朝贡之举的认识不无关系。

综上,宋人的夷夏观念并没有随政权间关系格局的改变而变化,南宋士人反而更加强调"夷夏之分"。受此思想的影响,作为集中反映政权间关系的宾礼,在书写、行用过程中都被打上了时人夷夏观念的烙印。宋代尤其是南宋的宾礼,在某种意义上正是宋人夷夏观念与现实政权间关系本体矛盾冲突的产物。陶晋生称:"传统中国固然

---

① (宋)苏轼著,孔凡礼点校:《苏轼文集》卷41《内制敕书·赐溪洞蛮人彭允宗等进奉端午布敕书》,中华书局,1986,第1180页。

② 相关记载如(宋)苏颂著,王同策、管成学、颜中其等点校:《苏魏公文集》卷24《敕书·赐溪洞进奉贺明堂并兴龙节及冬正溪布示谕敕书》,中华书局,1989,第322页;(宋)苏轼著,孔凡礼点校:《苏轼文集》卷41《内制敕书·赐西南罗藩进奉敕书》,中华书局,1986,第1181页;(宋)汪藻:《浮溪集》卷16《南平王李乾德嗣子阳焕吊祭敕书》,丛书集成初编,第1959册,商务印书馆,1936,第186页;(宋)洪适:《盘洲文集》卷16《赐南平王李天祚历日敕书》,宋集珍本丛刊,第45册,线装书局,2004,第148页;(宋)许应龙:《东涧集》卷5《赐安南国陈日煚特授静海军节度观察处置等使特进检校太尉兼御史大夫上柱国特封安南国王食邑三千户食实封一千户特赐劲忠顺化功臣仍赐袭衣金银带制》,宋集珍本丛刊,第73册,线装书局,2004,第192页。

有一个很强的传统来维持以中国为中心的世界秩序,要求邻国称臣朝贡,但是另一个传统也不可以忽视,那就是与邻国实际维持的对等关系。"①在宋代,这种"很强的传统"正是宋人的夷夏观念,而其所着力维持的对等关系,至南宋时也只能以其思想文化上的"谨夷夏之辨",强调其作为"中国""华夏"来达成。基于这种观念与现实之间的矛盾,宋人一边严格区分夷夏,一边又勉力谋求达成与"北朝"的对等,如对等亦不可得,则委身以"事上"之礼待之,但绝不承认宋在礼仪上弱于"北朝"的现实。双方在使节往来中的不平等地位反而更加扭曲了宋人对"北朝"的认知。②

四、"北朝"正统观念的滋生对宋代宾礼行用的影响

在考虑夷夏观念对宋代宾礼的影响时,不只要关注宋人的夷夏观念对宾礼建构与书写的影响,作为宾客的"北朝"的"中国""正统"观念与宋人夷夏观念的冲突对宋代宾礼行用的影响亦应被充分考虑。

(一)辽人"中国观"影响下的宋待辽宾礼的行用

宋辽"澶渊之盟"交涉期间,正值辽朝"中国"、"正统"意识的逐渐形成时期,此时辽对宋之"中国"地位基本持认可态度,且在其本国礼仪中"颇遵用汉仪"③,"见汉使强服衣冠"④。在双方的使节往来中,关于相关礼仪的交涉多是平和的,如遇礼仪纠纷,往往能够通过使节的交涉合理解决。

---

① 陶晋生:《宋辽关系史研究》,中华书局,2008,第 7 页。
② 参见周立志:《南宋与金交聘研究》,硕士学位论文,河北大学,2010,第 88 页。
③ (宋)李焘:《续资治通鉴长编》卷 58,真宗景德元年十二月丁酉,中华书局,2004,第 1297 页。
④ (宋)李焘:《续资治通鉴长编》卷 64,真宗景德三年十月乙亥,中华书局,2004,第 1429 页。

首先,"澶渊之盟"达成初期,双方在礼仪上多秉持"折中"的态度,"各从土俗"。在此期间契丹使节入宋,基本遵从宋方礼仪,稍有不遵汉仪,宋方多妥协待之。宋真宗景德元年(1004)十二月庚辰,契丹使韩杞朝见,"既受袭衣之赐,及辞,复左衽,且以赐衣稍长为解",①在宋臣的反对下改服。"左衽"被宋人视为夷狄之俗,为宋人所不齿,如宋高宗时期朝臣弹劾王伦"以祖宗之天下,为犬戎之天下;祖宗之位,为犬戎藩臣之位!陛下一屈膝虏人,则祖宗社稷之灵,尽污夷狄,祖宗数百年之赤子,尽为左衽,朝廷之宰辅,尽为陪臣……"②韩杞"左衽"为其本国俗,但是有违宋方礼法。"改服"表明韩杞最终遵从宋礼。在之后双方和议的交涉中,契丹使节前来,相关仪节"并如韩杞之礼"。③

之后辽使如宋,宋方遵循"折中"的原则接待契丹使节,对契丹国俗,在不损赵宋国体的基础上,针对相关礼仪环节与行为方面做出了一定妥协。如宋真宗景德二年(1005)五月,赵宋在制定契丹使节前来聘问的礼仪规格时提到按"南北异宜,各从其土俗"④的原则备礼,以减少礼仪行用中的冲突。受此观念影响,同年十一月契丹使耶律留宁来贺承天节欲佩刀上殿时,"馆伴使李宗谔引令式不许佩刀,至上阁门,留宁等欣然解之",宋真宗以为"戎人佩刀,是其常礼,不须禁以令式",下令"听自便"。⑤ 契丹使节从宋礼与宋真宗不强令辽使从

---

① (宋)李焘:《续资治通鉴长编》卷58,真宗景德元年十二月庚辰,中华书局,2004,第1288页。
② (宋)王明清撰,中华书局上海编辑所编:《挥麈录》挥麈后录卷10,中华书局,1961,第207页。
③ (宋)李焘撰:《续资治通鉴长编》卷58,真宗景德元年十二月甲申,中华书局,2004,第1291页。
④ (宋)李焘:《续资治通鉴长编》卷60,真宗景德二年五月乙亥,中华书局,2004,第1343页。
⑤ (宋)李焘:《续资治通鉴长编》卷61,真宗景德二年十一月癸酉,中华书局,2004,第1374页。

宋礼的行为表明:"澶渊之盟"初定之时,双方在夷夏观念上并无不可调和的冲突,故而双方在使节往来的礼仪交涉上,多能遵从初定的对等原则,在一些礼俗冲突环节,保持最大程度的谅解而做出相应的妥协。各从"土俗",在仪文中则表现为使节的着装及仪式动作从其本国俗方面。首先,契丹使节朝见宋帝,着其本国服,只在朝见之后的宴会环节方"着所赐衣服、束带、腰带"①,表明宋辽双方在礼仪上的妥协。契丹国信使、副上殿行拜礼时,宋方规定"其拜及舞蹈,并依本国仪"。②契丹使依其本国俗行拜礼及舞蹈礼,是宋对辽俗的尊重,也确立了宋帝与辽帝的对等。

其次,伴随辽中期"中国""正统"意识的兴起,宋辽之间在宾礼上的摩擦增多。随着辽圣宗与辽兴宗时期"中国""正统"意识兴起,辽在与宋的往来中开始主动强调其自身作为"中国"的地位。仁宗天圣五年(1027)四月,出现宋辽之间关于契丹使节朝见宋帝在殿上的位次之争,辽使指出"中国使者至契丹,坐殿上,位高。今契丹使至中国,位下",请升位次,宋臣以"此真宗皇帝所定,不可易"拒绝。这时辽使指出"大国之卿当小国之卿",被宋臣僚回以"南、北朝安有小大之异",终被拒绝。③ 辽使所提北宋不应以"大国之卿当小国之卿",历来被研究者当作契丹"中国"意识激扬的证据。④ 概因华夏礼仪中自古即有"大国之卿当小国之君"的表述,故辽使甫一提出如此说法就被宋人主观地认为是辽有意要凌驾于北宋之上。这其中自然有辽

---

① (宋)欧阳修等:《太常因革礼》卷83《新礼十六·契丹国信使副元正圣节朝见宴》,宛委别藏本,江苏古籍出版社,1988,第873页。

② (宋)欧阳修等:《太常因革礼》卷83《新礼十六·契丹国信使副元正圣节朝见宴》,宛委别藏本,江苏古籍出版社,1988,第871页。

③ 参见(宋)李焘:《续资治通鉴长编》卷105,仁宗天圣五年四月辛巳,中华书局,2004,第2439页。

④ 参见郭康松:《辽朝夷夏观的演变》,《中国史研究》2001年第2期;赵永春:《试论辽人的"中国"观》,《文史哲》2010年第3期。

代"中国"意识觉醒为宋方警觉的因素,但程琳所言"此真宗皇帝所定,不可易"才是问题的根源。此后,宋辽间关于辽使班次的争论并不稀见。据《宋会要辑稿》载,熙宁二年(1069)四月,国信所上奏辽使耶律禀等"赴文德殿拜表",质疑"南使到北朝缀翰林学士班,今来却在节度使之下"。① 辽使的质疑自然是基于对辽"中国"地位认同的基础上,要求宋以对等之礼相待。但这次交涉也被宋以两朝官制之别为由搪塞,辽欲改变使节班次的努力失败。

之后双方围绕礼仪的交涉由使节序班逐渐转移到礼仪习学及双方国书中的文字表述方面,这表明在辽朝夷夏观念转变,开始明确自居"中国正统"后,辽宋双方在交往礼仪方面的关注点由实际的礼仪秩序向礼仪的象征意义转变。《续资治通鉴长编》熙宁八年(1075)四月辛巳条所记辽使萧禧不接受宋方的习仪安排②,按照本文前述章节所论,应是辽使以为"习仪"代表的是辽使对宋代礼仪文化的接受,这显然有悖于此时辽朝强烈的"中国正统"意识,一定程度上显示出契丹在强烈的"中国"观念影响下,开始主动地在双方交聘礼仪中将本政权立于高于宋的境地。至于本节所涉及的宋输辽岁币时在誓书中当应用"献""纳"抑或是"进贡"等字样的交涉,更是辽人自居"中国"后优越心理的体现。

尽管"澶渊之盟"后辽宋双方使节往来中时有礼仪摩擦,但由于辽在自居"中国正统"的同时,亦认同宋为中国,这种文化观念上的认同,加之双方在政治、军事方面均势的形成,即使双方偶有突破既有交聘礼仪的想法,一般也都在礼仪交涉中消弭于无形。当辽之"正统"意识强烈激荡,渐有打破既有礼仪体系之势时,辽与北宋俱为金

---

① 参见(清)徐松辑,刘琳、刁忠民、舒大刚等校点:上海古籍出版社,2014,《宋会要辑稿》仪制三之三五,第2348页。

② (宋)李焘:《续资治通鉴长编》卷263,中华书局,2004,神宗熙宁八年丙申,第6429页。

所灭,这种强烈的正统意识为金所继承。

(二) 金人中国观影响下的宾礼冲突与交涉

与辽、宋间宾礼交涉并未产生激烈的争端相反,在金宋关系存续期,金全面否定南宋之"中国"、"正统"地位,而独标榜金为"中国正统"。受此思想影响,金宋使节往来中,金使在相关交聘礼仪的态度上往往比较强势,加之南宋在夷夏认知取向上愈加消极,双方之间的礼仪摩擦与交涉事件出现频次远高于宋辽之间的使节往来。

1. 绍兴三十二年之前的宋、金宾礼冲突与交涉

金初,当辽金尚处于对峙状态时,金即遣使请辽对金进行封册,但针对这次请封,金在其中增加了十项要求:加金"徽号大圣大明",建"国号大金",备"玉辂"、"衮冕"、"玉刻印御前之宝",双方"以弟兄通问"、"生辰、正旦遣使",辽向金"岁输银绢十五万两匹"、辽"割辽东、长春两路"与金、辽"送还女真阿鹘产、赵三大王"。① 金这次请求封册,与其说是向大国请求名分,倒不如说是强迫辽向金称臣,由此可见金初在其外事活动中已经以大国姿态去处理政权间关系,体现其在区域关系中的强势。但此时金的强势基本只是表现在其谋求与辽的对等地位方面,这在其与宋的往来中也是如此。宣和四年(1122)九月,金使乌舍、高庆裔使宋,借宋徽宗欲灭辽获取燕云故地的急切心理,而要宋依"事辽旧例"待金,②正反映了金在此时谋求对等的努力。

当金灭北宋占有中原后,金人以"夷而进于中国则中国之"标榜自身为"中国正统",视南宋为"江南",与两宋时期称南唐为"江南"异

---

① 参见(宋)徐梦莘:《三朝北盟会编》卷3,重和二年正月十日,上海古籍出版社,1987,第22页下栏。
② (宋)徐梦莘:《三朝北盟会编》卷9《政宣上帙九》,宣和四年九月十一日,上海古籍出版社,1987,第63页上栏。

曲同工①，这种称谓上的变化显示出金将自身视为区域内的天下共主。宋金开始逐渐恢复使节往来之后，金显然不再满足于"契丹旧例"，而是提出契合金朝地位的要求。绍兴八年（1138）十二月，张通古"为诏谕江南使"入宋，针对金使与宋主受书时的位次问题，认为此时宋向金称臣，金"天子以河南、陕西赐之宋"，而"大国之卿当小国之君"，故在交受国书时，"使者不可以北面。"②尽管宋方不愿金使"与人主抗礼"③，但最终在交受国书时，宋高宗"命设东西位，使者东面，宋主西面，受诏，拜、起皆如仪"。④ 这次事件或多或少体现出此时金对其自身唯一"中国正统"地位塑造的痕迹。这是宋金使节往来中宋帝亲自接受国书的开始，对南宋的对金宾礼产生了重要影响。这种受书仪节在礼仪形式上将宋由"大国"贬为"小国"，成为臣服于"中国"（金）的"蕃夷"。这又引出之后宋金在宾礼行用中的冲突与交涉，一时成为宋金交聘礼仪的焦点问题。宋高宗绍兴十三年（1143）至十四年（1144）对金宾礼修定中并未明确提出在相关礼仪中写入受书礼的内容，而是用与金"交往近例"的形式进行表述。即便如此，宋帝亲自受书在双方实际往来中也成为一种定例，被赵宋君臣隐晦地认可了。

随着金熙宗时期金之"中国""正统"意识的不断增强，至金熙宗皇统九年（1149）完颜亮弑君篡位而为海陵王，之后更是提出帝王要"混一天下"，然后才可称为"正统"的主张。在这种思想的主导下，人

---

① 两宋时期对南唐称谓的变化体现了宋构建自身正统的过程，对南唐称江南，正是以否定五代十国来强调自身的正统地位。参见靳梦妮：《历史真实与文本书写——以宋人著述所见南唐国名演变为例》，硕士学位论文，华中科技大学，2017，第51—52页。

② （元）脱脱等：《金史》卷83《张通古传》，中华书局，1975，第1860页。

③ （宋）徐梦莘：《三朝北盟会编》卷188《炎兴下帙八十八》，绍兴八年十二月一日，上海古籍出版社，1987，第1361页。

④ （元）脱脱等：《金史》卷83《张通古传》，上海古籍出版社，1987，第1860页。

宋之金使采取了更为激进的做法,以强调金主之"天下共主"地位。在金熙宗与海陵王时期,金使团中的三节人从在见、辞礼仪中得以上殿立班,①这远超越对辽宾礼规格,使团随从得以与宋之臣僚同殿立班,在等级严明的帝制社会,不得不被认为是对南宋君臣的讽刺。此与"受书礼"一道,成为金世宗时期宋金礼仪交涉的重要内容。

2. 绍兴三十二年后宋、金的交聘礼仪冲突与交涉

金世宗代海陵王称帝,预示海陵王"混一天下"可为"正统"的理念暂时失败。金世宗主动遣使与宋议和,使赵宋君臣看到在礼仪形式上改变对金臣属地位的希望。绍兴三十二年(1162)起,充斥于赵宋臣僚心中的满是改变对金礼仪劣势的企盼。时任太府少卿、总领四川财赋王之望即上疏宰执,阐释对金遣使的看法:"金人改图,愿修旧好","和议甚切。盖和议不定,则必有内忧,不独惧我师之致讨",因此,朝廷应趁机与金达成"正名分""减币聘""划疆界"三事。② 其又进一步分析道:"金人之议必出两端,一则欲仍用旧仪,更增岁赂,而以河南故地尽归本朝。一则欲请复侵疆,各守旧境,而以契丹故事求为敌国。二者皆未可遽许也。"③王氏对金使前来南宋朝廷可能面对的两种情况进行了预设,其中涉及双方交聘礼仪如何选择的内容是"用旧仪"行"事上"之礼,还是"以契丹故事"行"敌国"礼,其虽然建议"二者皆未可遽许",试图谋求以大国待蕃国之礼应对金使,但当金使至宋国都将要行朝见礼时,金使与赵宋臣僚所主立场却正是其预设的两端。

---

① 参见(宋)李心传撰:《建炎以来系年要录》卷198,绍兴三十二年三月壬子,中华书局,2013,第3900页;(清)徐松辑:《中兴礼书》卷222《宾礼一·金国使副上寿》,上海古籍出版社,1987,第79页。

② 参见(宋)李心传撰,胡坤点校:《建炎以来系年要录》卷198,绍兴三十二年闰二月癸巳,中华书局,2013,第3891页。

③ (宋)王之道撰:《相山集》卷22《奏议·论收复当自陕西始奏议》,宋集珍本丛刊,第40册,线装书局,2004,第488页。

而在王氏上书之前,针对这次金使的接待已经出现要突破事金"旧仪"的趋势。绍兴三十二年(1162)闰二月癸巳:

> 先是,北使高忠建等将入境,责臣礼及新复诸郡。接伴使洪迈移书曰:"自古以来,邻邦往来并用敌礼。向者本朝皇帝上为先帝,下为生灵,勉抑尊称,以就和好,而岐国无故兴师背盟,自取夷灭。窃闻大金新皇帝有仁厚爱民之心,本朝亟谕将帅,止令收复外,不许追袭,乃蒙责问,首遣信使,举国欣幸,无以为谕。但一切之礼,难以复仍旧贯,当至临淮上谒,更俟惠顾,曲折面闻。"近例,迓使相见于淮河中流,及是,见于虹县之北虞姬墓,始抗礼。比锡燕,以钦宗丧制未终,不用乐。①

上引材料表明此次礼仪争端在宋所遣接伴使在边境接引金使时即已出现,金使"责臣礼"显然表明接伴使在接引金使时并未按照既往成例以事上之礼待之,而是如洪迈移书中所称"邻邦往来并用敌礼"。洪迈在其移书中认为南宋皇帝答应金帝遣使请和的本意是"上为先帝,下为生灵",故才"勉抑尊称",但因形势变化,"一切之礼,难以复仍旧贯",已经指明宋方对双方交聘旧例的态度——改作。受南宋接引官员改作思想的影响,宋金使节边境相见地点由淮河中流移到虹县之北(两者之间的位置关系见图一),这表明采石之战后宋在军事上取得暂时优势,而趁机将势力拓展至淮河以北,此次以虹县为起点接引金使,是对其新"拓展"土地在礼仪上的确认。

据洪迈所言,其在接伴金使过程中对相关礼仪的改变较为彻底,通过《建炎以来系年要录》引《日历》所记洪迈"更变旧例十四事"可见

---

① (宋)李心传撰:《建炎以来系年要录》卷198,绍兴三十二年闰二月癸巳,中华书局,2013,第3890—3891页。

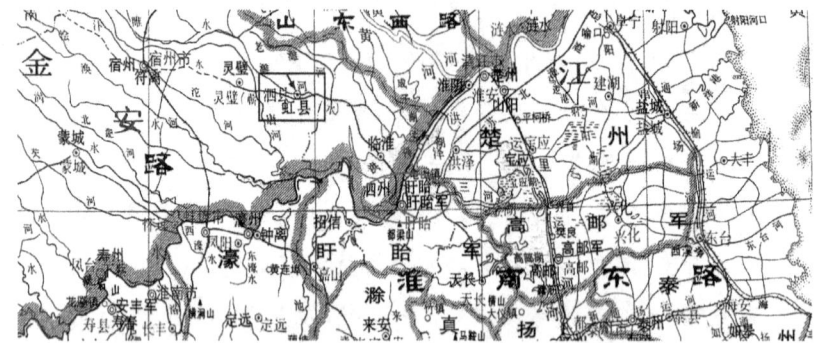

图一 虹县与淮河中流相对位置(南宋时期)①

一斑,详见表四。

表四 更变接伴旧例十四事前后对比②

更变环节	绍兴三十二年前旧例	绍兴三十二年变更后
迎接地点	淮河中流	虹县北虞姬墓首。
答状形式	接伴使副先一日发远近状,人使不答。	今来不与。
皇帝称号	只传帝名,北方传庙讳、御名。	彼此不传。
问圣体	接伴使问大金皇帝圣躬万福,北使只问宋帝清躬万福。	彼此不问。
立位叙班	相见之初对立已定,接伴出班,就北使立位叙致。	彼此稍前。
服饰、迎接礼仪动作	上、中节公参时,接伴公服,出笏,迎于幕外,与之揖。	只着紫衫,而彼冠服如仪,上节先作一番参,接伴稍起,不还,揖,中节来则坐受其礼。
赠金	北引接初传衔时,赂以金十两、银二十两;	今不与
两国互称	与北使语称上国、下国;北使口称本朝为宋国。	与北使语称贵朝、本朝;北使口称本朝为圣朝。
皇帝称呼	旧对使人称皇帝为主上。	称本朝皇帝。
宣旨方式	赐御筵,中使读口宣,低称有旨。	抗声言有敕。
使节相揖	中使与北使相揖,北引接请中使称前。	只依平揖。

---

① 地图截取自谭其骧主编:《中国历史地图集》第六册《宋、辽、金时期》南宋淮南东路,淮南西路,中国地图出版社,1982,第 62 页。

② 参见(宋)李心传撰,胡坤点校:《建炎以来系年要录》卷 198,绍兴三十二年三月壬寅,中华书局,2013,第 3896 页。

更变环节	绍兴三十二年前旧例	绍兴三十二年变更后
劝酒呼号	御筵劝酒,传语称帝恩隆厚。	称圣恩隆厚。
使节押状	送私觌,接伴用衔位、姓名申状,人使回状押字,不书名。	彼此用目子。

上述"变更旧例十四事"呈现了此时改作的目标正是将"事上"之礼一变而为"对等"之礼,使其恢复到南北对等的状态。当金使进入临安,此时接伴、馆伴等官员开始针对接待北使的相关仪制提出更为具体的改作目标。三月壬寅,接伴使洪迈、馆伴副使张抡上书请求之后接待金使时应按"接伴变更旧例事件"进行。① 而国都的金使接待礼仪也确实按此施行了,本文表三"绍兴三十二年金国报登位使朝见与绍兴事金近例"对此时的相关改作进行了简单对比,可做参考。双方礼仪争议的核心在于受书礼的改变上,金使自然不会轻易接受,宰执陈康伯等屡次令馆伴使徐嘉等劝诫金使接受宋方所改礼例,仍出现金使上殿升阶后"犹执旧礼"的情况。陈康伯述及其与金使之谊,金使退而求其次,请宰执受书。陈康伯以"宰执难以下行阁门之职"拒绝,金使"奉书,跪不肯起"。宰执责问馆伴使之责,最终徐嘉等"径前,掣其书以进"。② 宋人认为金使被迫接受受书礼的变化是宋在礼仪交涉上取得的巨大胜利,然而若抛弃相关的民族情感等影响主观判断的因素看,这次礼仪改作本质是在既定预设下宋方一意孤行之举,双方并未取得一致认同。

金世宗虽然强调应以"有德"者为正统,表面上看是对金海陵王"混一天下"方可为正统的否定,但是其认为"绌辽、宋主,据天下之正"乃是"有德"③,则表明在政权间关系中对宋的优势才是其"正统"

---

① 参见(宋)李心传撰,胡坤点校:《建炎以来系年要录》卷198,绍兴三十二年三月壬寅,中华书局,2013,第3896页。

② 参见(宋)李心传撰,胡坤点校:《建炎以来系年要录》卷198,绍兴三十二年三月壬子,中华书局,2013,第3900页。

③ (元)脱脱等:《金史》卷28《礼志一》,中华书局,1975,第694页。

地位的基础,金之"正统"观念并未发生根本性扭转,故南宋改变对金宾礼的种种行为,必然不被金接受。宋高宗绍兴三十二年四月,洪迈充贺登位使使金,"欲令金称兄弟敌国",故在国书中"行书用敌国礼"。① 洪迈入金,与金方接伴使臣约定以"敌国礼"接待,但最终其所进国书等皆被金主退回,令其复以事上之礼从事。② "抑令使人于表中改'陪臣'二字,朝见之仪必欲用旧礼。"③洪迈不从,遭到金方软禁,被迫接受金方要求。这表明南宋在金使前来时取得的暂时性礼仪优势转瞬被金方以同样的方式打回原形。

  宋孝宗继位之后,与金的礼仪交涉仍在继续。绍兴三十二年六月,孝宗遣刘珙再次以对等之礼使金,金世宗仍令其臣下对使臣"责旧礼",这次谋求对等的礼仪交涉亦不了了之。④ 尽管之后赵宋内部力主"恢复"的声音甚嚣尘上⑤,并由此而成北伐之势,双方达成"隆兴和议",但所改变的也仅是双方名义上由"君臣之国"而为"叔侄之国"。⑥ 作为表明双方君臣关系的受书礼仪,依然未作丝毫变改。隆兴和议后,宋孝宗虽多次遣使,与金交涉改变"受书"礼,但皆未成功。

---

  ① 参见(元)脱脱等:《宋史》卷373《洪皓传附洪迈传》,中华书局,1997,第11571页。

  ② 参见(宋)罗大经撰,王瑞来点校:《鹤林玉露》丙编卷3,容斋奉使,中华书局,1983,第289页。

  ③ (元)脱脱等:《宋史》卷373《洪皓传附洪迈传》,中华书局,1997,第694页。

  ④ 参见(宋)宇文懋昭撰,崔文印校正:《大金国志》卷16《纪年·世宗圣明皇帝上》,中华书局,1986,第224页。

  ⑤ 相关"恢复"的议论,如蔡戡《乞备边札子》提到:"臣恭惟陛下即位以来,宵衣旰食,思中兴之治,于兹一纪,建议之臣莫不以恢复为己任。"又(宋)黄震《读本朝诸儒理学书》,"李丞相奏议序"条提到:"然今天子方总群策,以图恢复。是书也,得备清间之燕,而幸有当上心者,则有志之士将不恨其不用于前日,而知天之所以生公者,真非偶然矣。"由此可见一斑。参见(宋)蔡戡撰:《定斋集》卷1《奏议·乞备边札子》,《四库全书》文渊阁影印本,第1157册,台湾商务印书馆,1986,第567页;(宋)黄震:《黄氏日钞》卷35《读本朝诸儒理学书》,载见氏著、张伟、何忠礼主编《黄震全集》,第四册,浙江大学出版社,2013,第1322页。

  ⑥ 参见(元)脱脱等:《宋史》卷33《孝宗本纪一》,中华书局,1997,第630页。

至乾道九年(1173)时,绍兴三十二年强迫金使接受宋方礼仪安排的情况再次出现,金使完颜璋先是拒绝南宋欲以太子受书的请求,又被宋孝宗遣人于驿馆强制夺取国书,致使完颜璋在回金复命时遭黜责。① 之后金多次遣使责问宋孝宗君臣,令其依旧按旧例受书。淳熙元年(1174)之后,双方针对"受书"礼的摩擦与交涉告一段落。至于金宋关系存续的后期,双方之间的受书礼依然按照此施行,虽间有改作之举,但基本未能改变宋帝亲自受书这一事实。②

宋金关于受书礼仪交涉的失败实属必然,究其根源在于仪式改作的背后是对金宋"君臣"关系的全面否定。在当时金强宋弱的区域关系格局未有根本改变,且金朝内部以自身作为"中国正统",而视南宋为"江南""夷狄"的观念日渐甚嚣尘上时,任何触及这种观念上的一元"中国"意识的修礼行为都必然受到金的抵制。"夷夏""中国"等观念对宋代宾礼的影响可见一斑。

第二节 地缘关系与宋代宾礼

时人在夷夏、"中国"、"正统"等观念上的冲突必然导致各政权在礼仪行用中的矛盾冲突及相关礼仪的交涉与变更,但是基于观念的差异产生的礼仪改作影响着宾礼的细节调整,政权间地缘关系的变化则影响着宾礼的宏观格局。

---

① 参见(元)脱脱等:《宋史》卷34《孝宗本纪二》,中华书局,1997,第656页;(清)赵翼著,王树民校正:《廿二史札记》卷25《宋辽金夏交际仪》,中华书局,1984,第544-545页。《孝宗本纪》记完颜璋不遵宋方安排后,由于宋高宗介入,姑且以旧仪受书;赵翼在《宋辽金夏交际仪》中认为:"此事《宋史》有错误处,《孝宗纪》云璋来贺正旦,以议受书仪不合诏,俟改日,别以太上皇旨,姑听仍旧。是璋初未尝失礼也。而《金史》璋传以使事失礼,归杖黜,则在宋亏礼之处,自是实事。《宋史》所云以太上皇诏姑仍旧礼者,盖次年刘仲诲贺正旦之事,误记于璋至之日耳。"

② 参见赵永春:《宋金关于"受书礼"的斗争》,《民族研究》1993年第6期。

一、地缘关系的相关概念

地缘关系作为一种地理政治学的概念,其本身是一种文化舶来品,强调国际政治中地理因素对政权间关系的影响,国内学者对地缘关系的相关概念也进行了一定的阐述。于爱华认为政权间的地缘关系大体囊括了地缘政治、地缘经济以及地缘文化三个层面的关系。①目前利用地缘关系及地缘政治理论研究国际关系问题为较多的学者所接受,朱坚真认为:"地缘政治学是政治地理学中的一种理论。它是通过对各种地理要素和政治格局的地域形式的分析,预测世界或地区范围的战略形势和有关国家的政治行为。"②任维德认为:"地缘政治是指由国家间、民族间因区位和历史地理因素而结盟、对抗以至扩张、争夺战略要地的战略思想和行为……在国家关系中,对抗和结盟一般是不可避免的,其目的是为谋取领土、支配权力及控制权力而斗争。"③地缘政治关系一般包括政权间的地缘关系、区域间的地缘关系及世界范围内的地缘关系三个层次。美国政治学家斯皮克曼在其著作中提出的"边缘地区论"认为在欧亚大陆诸传统强国之外普遍存在着一个"边缘地区","谁支配着边缘地区,谁就控制欧亚大陆;谁支配着欧亚大陆,谁就掌握世界的命运"。④

地缘关系与地缘政治皆是发源于西方国际关系研究领域的概念,上述概念在研究中国当代地缘政治与地缘关系时具有一定的普适性,如果将其应用于中国历史时期政权间关系的分析中,二者虽有

---

① 于爱华:《南宋地缘政治关系研究》,博士学位论文,云南大学,2010,第2页。
② 朱坚真主编:《中国海洋安全体系研究》,海洋出版社,2015,第44页。
③ 任维德等著:《当代中国民族发展的政治分析》,内蒙古大学出版社2016,第230—231页。
④ (美)斯皮克曼:《和平地理学》,商务印书馆,1965,第78页。

一定程度的契合,但必然也有一定程度的排异现象,必须要考虑将之进行"本土化"的改变。① 本文并非对地缘关系的专门研究,不会对此进行重点说明,仅借用地缘关系与地缘政治的相关研究思路与方法,做出相应的改变。本节将地缘关系概念应用于两宋时期民族与政权间关系的分析,这是因为两宋时期区域关系格局的演变受地缘因素的影响程度较深,在"南朝(宋)"与"北朝(辽、金)"的夹缝中亦存在一个"中间地带",这成为双方博弈的重要关节,与当下部分地区面临的国际关系局势有一定的相似性。但需要注意近代以来国际关系中的"国家"与中国历史时期的单个"政权"有较大的区别。② 这种受地缘因素影响下的政权间关系互动,从宏观方面影响着宋代宾礼的基本形态及其内在的等级次序。

二、10—13世纪南北并立的区域关系格局

目前学界关于10—13世纪东亚区域范围内政权间关系的研究内容涵盖政权间关系③以及关系体系④两个方面。细节已无须赘

---

① 关于对历史学研究中相关理论应用的反思参见包伟民:《理论与方法:近三十年宋史研究的回顾与反思》,《史学月刊》2012年第5期。
② 关于"国家"与宋代政权概念差异的讨论,较近的研究可参见(瑞士)谭凯著,殷守甫译:《肇造区夏:宋代中国与东亚国际秩序的建立》,社会科学文献出版社,2020,第3—28页。是书认为尽管现代与古时国族概念迥异,但萌生于宋代的国族意识与现代所称之"中国"仍有一定的渊源。
③ 参见陶晋生:《宋辽关系史研究》,中华书局,2008;李华瑞:《宋夏关系史》,中国人民大学出版社,2010;杨渭生:《宋丽关系史研究》,杭州师范大学出版社,1997;赵永春:《金宋关系史》,人民出版社,2005;杨浣:《辽夏关系史》,人民出版社,2010;马旭俊:《金夏关系研究》,博士学位论文,吉林大学,2017。
④ 参见(美)费正清等编:《中国的世界秩序:传统中国的对外关系》,中国社会科学出版社,2010;黄枝连:《亚洲的华夏秩序:中国与亚洲国家的关系形态论》,氏著《天朝礼治秩序研究》上卷,中国人民大学出版社,1992;付百臣主编:《中朝历代朝贡制度研究》,吉林人民出版社,2008;黄纯艳:《宋代朝贡体系研究》,商务印书馆,2014。

述,仅就当时的大体格局略作勾勒。

契丹立国后,在盛唐旧疆范围内即出现多个强势政权并立的局面,形成各政权多边互动的关系格局,此时契丹、五代、南唐之间的关系尤其值得关注。① 在宋辽二元格局出现之前,已经形成了契丹与中原政权多元并立的局面。随着宋相继灭亡南方政权,宋初形成了契丹、宋、北汉的并立,只不过比之宋、辽,北汉更像是双方的"边缘地区",是双方直接军事冲突之前的角力中心。② 南北并立的二元格局已经悄然形成。

宋灭北汉之后,"澶渊之盟"前的宋辽之间的"边缘地区"仅余与北宋隔海的高丽。前期与辽战事的失败,使北宋内部滋生出联丽攻辽的想法,加之当时辽丽因边境矛盾频繁交战,宋太宗雍熙年间,宋"以高丽接辽境屡为其所侵",遣韩国华"赍诏谕之,且令发兵西会"。③ 双方不但未实现"西会",宋反而在雍熙北伐中大败而归,高丽随之在辽的进攻下被迫向辽称藩。双方沉寂了十数年,在宋真宗景德元年(1004)终于达成"澶渊之盟",最终形成宋辽之间对等并立的关系格局。

由于之后西夏的兴起,加之东方的高丽,南边的交趾、安南,及周边的女真、吐蕃诸部,在与辽、宋的朝贡互动中,分别形成了以辽、宋为中心的朝贡体系,"宋辽两大朝贡体系呈现二元并存、多层结构,又相互交错的格局"④。西夏、高丽、女真等都是这两大中心的"边缘",这种重叠的"边缘",是双方在地缘关系中角力的重点。

---

① 关于五代时期契丹与南唐及中原政权之间的关系演进客参见曹流:《辽朝与五代十国政治关系诸问题》,博士学位论文,北京大学,2010。
② 参见李鹏:《大辽与北汉联盟关系探析》,《内蒙古社会科学》2013年第1期。
③ 参见(元)脱脱等:《宋史》卷277《韩国华传》,中华书局,1997,第9443页。
④ 参见黄纯艳:《宋代朝贡体系研究》,商务印书馆,2014,第82页。

11—12世纪之交,女真逐渐由"边缘"走向"中心",随着其相继灭亡辽与北宋,并通过进一步的军事行动,逐渐压迫南宋的生存空间,使南宋的北方地缘关系日趋恶劣,之前南北"二元并存、多层结构,又相互交错"的关系格局逐渐演变为金朝"一元"的关系格局,不过在这种"一元"格局之外,南宋应是作为亚中心的存在。两宋之际地缘关系方面已经发生巨大变化,西夏、高丽由在辽、宋之间徘徊逐渐转向于依附金,南宋对待南、北"边缘"的态度已经发生较大的转变。

目前关于两宋及其周边政权关系的研究多兼顾南北政权之间的关系及其与周边诸政权的互动,即宋辽、宋金与其他政权之间的三角关系[①],这也从侧面强调了"边缘"之于南北政权间关系演变的重要性。辽、宋、金并立期,诸方地缘关系的重心在于双方交界的边疆地带,即宋之北部边疆及辽、金的南部边疆。这种边疆战和关系的演变决定了宋朝对外关系的重心是应对北方地缘关系的变化,至于由交趾与西南蕃部等构筑的南方内外部地缘关系并非宋廷关注的重点。南北政权地缘关系的变化,正是此时期相关政权在宋朝宾礼体系中地位变化的重要原因。

三、宋的高丽政策及高丽在宋代宾礼中的地位演变

作为宋代北方地缘关系中的重要"边缘地区"之一,宋辽、宋金的互动多与高丽产生联系。宋丽交往中,对高丽牵制"北朝"的期望是赵宋君臣的主要动机。宋对高丽宾礼规格的升降受到地缘关系演变及宋人主观动机调整的影响。

---

① 参见杨渭生《宋丽关系史研究》,杭州师范大学出版社,1997,第148—218页;黄纯艳:《宋代朝贡体系研究》第三章《宋朝朝贡体系下的区域秩序》,商务印书馆,2014,第187—260页。

(一)宋初"联丽制辽"政策的提出与失败

北宋立国之初,高丽即奉宋正朔。北汉灭亡后,宋对辽的几次北伐失败,使宋内部开始寻找外部盟友,遂有雍熙三年(986)韩国华等出使高丽,开展联丽制辽的游说,并最终迫使高丽答应出兵。① 但由于雍熙北伐失败,宋太宗君臣在对外关系中日趋保守②,出现"外忧不过边事,皆可预防……内患,深可惧也"③的认识。自此,宋在对外关系中逐渐转向守势,联丽攻辽的政策方针自然也就不了了之。本身即与契丹争端不断的高丽又因策应北宋而遭致契丹更为猛烈的军事进攻,高丽成宗、显宗曾数次遣使入宋请求宋介入,而北宋内部则认为"夷狄相攻,盖常事,而北边甫宁,不可轻动干戈"④,甚而有王旦等人"契丹伐高丽,万一高丽穷蹙,或归于我,或来乞师……当顾其大者"⑤的论调。"澶渊之盟"的达成,正是北宋政策重心转向内在的集中体现,在契丹与高丽的争端中宋廷自然不愿再因远隔汪洋的高丽而破坏与辽之间的关系,遂导致高丽两度与宋绝交,"不复朝贡矣"。⑥

宋真宗时期"联丽制辽"已经不再行用,高丽也"贡奉累数岁不一至"。⑦ 宋真宗时待海外蕃国宾礼仪注的修定基于大中祥符元年各

---

① 参见(朝鲜李朝)郑麟趾等:《高丽史》卷3《成宗世家》,成宗四,人民出版社,西南师范大学出版社,2014,第64—65页。
② 参见李华瑞:《宋夏关系史》,中国人民大学出版社,2010,第20—21页。
③ (宋)李焘撰:《续资治通鉴长编》卷32,太宗淳化二年八月丁亥,中华书局,2004,第719页。
④ (宋)李焘撰:《续资治通鉴长编》卷36,太宗淳化五年六月庚戌,中华书局,2004,第788页。
⑤ (宋)李焘撰:《续资治通鉴长编》卷74,真宗大中祥符三年十一月壬辰,中华书局,2004,第1694—1695页。
⑥ (宋)李焘撰:《续资治通鉴长编》卷36,太宗淳化五年七月壬子,中华书局,2004,第789—790页。
⑦ (宋)李焘撰:《续资治通鉴长编》卷74,真宗大中祥符三年十一月壬辰,中华书局,2004,第1695页。

蕃国遣使朝贺,但此年及前后数年高丽并未遣使入宋,宋仍将高丽列为诸蕃国之首。这是高丽在宋代既往区域关系格局中地位的体现,表明北宋前期在北方复杂地缘关系影响下,对辽宋之间的"边缘地区"保持较高的关注度。

(二) 北宋中期"联丽制辽"的再提出

尽管宋真宗大中祥符七年(1014)之后,高丽不再遣使朝贡,但是北宋君臣关于联丽制辽的讨论从未中断。仁宗庆历四年(1044),范仲淹上《河北守御十二策》中提到高丽乃"三韩旧邦,诗书礼义之风,不减中国","不得已而臣"契丹,"高丽款附之切……无一日而忘也。但略遣人翘发,则其来必矣","他时契丹复欲犯顺,以逞凶志,我遣人使高丽激之……"①庆历年间,北宋的西北边患加剧,契丹在北部边境亦有异动。范仲淹认为在此情况下,高丽是北宋牵制契丹的重要外部力量,但范氏所论多是以自身文化对高丽的吸引而言,殊不知高丽此时已逐渐滋生出"我国文物礼乐兴行已久……于中国实无所资"②的认识。

宋神宗时期在对外政策上的事功取向助推了宋丽的复交以及"联丽制辽"策略的再提出。双方复交的动机中亦有"联丽制辽"的考虑,如韩琦于神宗熙宁八年(1075)四月上书言"高丽小邦,岂能当契丹之盛"③,其中即隐约指出宋神宗推动与高丽复交有利用高丽牵制契丹的考虑。而富弼则直言宋神宗推动宋丽复交是"招致高丽为牵

---

① (宋)李焘撰:《续资治通鉴长编》卷150,仁宗庆历四年六月,中华书局,2014,第3651页。
② (朝鲜李朝)郑麟趾等:《高丽史》卷8《文宗世家二》,文宗十二年八月,中华书局,2014,第218—219页。
③ (宋)李焘:《续资治通鉴长编》卷262,神宗熙宁八年四月,中华书局,2014,第6387页。

制之援"①。"联丽制辽"再次提出的基础是宋神宗对军事、经济等领域的改革加剧了宋辽在边境的冲突,根本上是地缘关系的变动导致其对外策略上的变化。基于此,针对高丽的宾礼进行了相应的改动,以提高对高丽使节的接待规格,如遣使入高丽用有文行者,参照宋对西夏宾礼改动对高丽礼仪,接引官员对高丽使节行为多有放纵②,甚而在其贡路沿线州军的接待中有比附对辽礼仪规格的事例出现③,亦有在未明确高丽何时遣使而提前遣接引官员至入境地点等待的情况④,等等。这表明基于北宋北部地缘关系的变动,"联丽制辽"的再提出对北宋待高丽的宾礼产生了一定影响,高丽在北宋宾礼中的地位因宋方的主观政治诉求被刻意提高了。

此时由于西北地缘的变化,宋加强了对西夏的攻势,高丽在宋代宾礼体系中的地位渐有超越西夏的趋势。如宋哲宗即位后,士人论议高丽、西夏等朝贡事宜当隶主客司还是应隶属鸿胪卿时,将高丽置

---

① （宋）李焘:《续资治通鉴长编》卷 162,神宗熙宁八年四月,中华书局,2014,第 6392 页。

② （宋）李焘:《续资治通鉴长编》卷 278,神宗熙宁九年十月甲申,中华书局,2014,第 6793 页。据载:"熙宁九年冬十月甲申朔,上批:'高丽使至明州已久,虑引伴使臣纵其国人所过游观,以致留滞,将来阻闭汴口,宜密指挥依前来所在住留日数,毋得稽程。'"宋代对待外使的接待程序都有严格的规定,因此宋神宗此通批示体现出此时对高丽的接待程序有超越相关礼仪规定的倾向。

③ 参见（宋）李焘:《续资治通鉴长编》卷 278,神宗熙宁九年十月丙申,中华书局,2014,第 6800 页。据载:"赠宣徽南院使、判应天府张方平言:'高丽使赴阙仪制,所至京府州军知州通判例出城接送。伏见契丹使过北京止是通判摄少尹接送,高丽外蕃,其使乃陪臣也,而宣徽使班秩同二府,出城接送,其礼更复重于契丹,非所以崇国体、示威灵也。'诏止,令通判接送,如使人来见,即回谒,扬州依此。"虽然最终并未以张方平迎接高丽使,但以通判迎接并回谒使人,其礼基本上遵循对辽仪节执行。

④ 参见（宋）李焘:《续资治通鉴长编》卷 298,神宗元丰二年五月乙卯,中华书局,2014,第 7257 页。据记载:"上批:高丽恐今岁九月间遣使入贡,可预选引伴官二员,令于明州少待其至。"

于西夏之前①,这是高丽在宋神宗时期礼仪体系中地位提升的体现。

(三) 北宋晚期"联丽制辽"策略及其失败

宋哲宗继位之初,待高丽使节之礼比之神宗时期犹有过之,如苏辙于宋哲宗元祐五年(1090)壬子上书中提到:"高丽之于契丹,大小相绝,有君臣之别。今馆饩之数、出入之节,或皆如一,或更过厚,其于事体实为不便。"②此时在外使来朝的接待礼仪规格上,高丽逐渐与辽同,甚至在部分仪节上有超越辽的趋势。考虑到苏轼、苏辙兄弟二人对朝廷通高丽基本持否定态度③,苏辙奏疏中的内容或许有某些主观成分,但朝廷待高丽以超等之礼应是事实。而元祐中期以后臣僚对给予高丽使节超等礼待的反对,促使朝廷对高丽使节的在京活动及其相应礼仪等级稍加限制、减损④,但并未从根本上改变待高丽使节之礼。

宋徽宗时期,辽金之间的争战使北宋看到收复燕云故地的可能性,于是开始遣使从海路交通女真,希望达成合力攻辽的盟约。高丽睿宗十年(1015)主动与辽断绝使节往来,也使宋徽宗君臣看到"联丽制辽"再次实施的可能性,于是更为重视对高丽使节的接待礼仪。宋徽宗先是于政和元年(1111)明确高丽在宋代宾礼体系中的地位在"西、北二国之间",令恢复熙宁十年(1077)旧例,并改变接引使节名

---

① 参见(宋)李焘:《续资治通鉴长编》卷391,哲宗元祐元年十一月壬申,中华书局,2014,第9514—9515页。

② (宋)李焘:《续资治通鉴长编》卷449,哲宗元祐五年十月癸丑,中华书局,2014,第10798页。

③ 参见王友胜、侯娟娟:《苏轼对宋丽关系的基本态度及其原因分析》,载吉林大学中国文化研究所主编:《华夏文化论坛》,吉林大学出版社,2015,第81—89页。

④ 参见(宋)李焘:《续资治通鉴长编》卷449,元祐五年十月癸丑,中华书局,2014,第10798页。

目。① 但目前所见《政和五礼新仪》中的相关礼仪条目其实是将高丽置于西夏之后,这与是书所记乃政和以前礼仪行用的总结有关。政和五年(1115)又将对高丽礼仪事务"与辽人皆隶枢密院"②。政和七年(1117),高丽在北宋宾礼体系中的地位在相关仪注及官方文书中得到重新确认,修成《高丽国人贡接送馆伴条例》一千四百九十八册,包括"《高丽敕令格式例》二百四十册、《仪范坐图》一百五十八册、《酒食例》九十册、《目录》七十四册、《看详卷》三百七十册、《颁降官司》五百六十六册"。③ 高丽在礼典中地位高于西夏的确立,应正自《高丽国人贡接送馆伴条例》始。

宋徽宗宣和年间至宋钦宗时,高丽屡次拒绝北宋的封册,且在靖康年间金攻北宋时,拒绝北宋联合攻金的建议。这表明北宋联丽制北策略的失败。时人据此对宋神宗以来对高丽之礼遇进行反思:"不知朝廷蠹国害民以待此小丑,果何用耶?"④更是指出宋对高丽礼仪规格的提升是联丽制北政策实施在礼仪上的体现。

(四) 南宋初期借道攻金策略的提出与宋对高丽策略的转变

徽、钦时期对高丽的礼遇及高丽在宋钦宗时期的对宋态度终于使赵宋朝堂与官僚群体内部反思联丽制辽政策之失。但是在部分文武臣僚心中仍对高丽抱有幻想,故"联丽攻金"或假道高丽奉迎二圣的言论仍不时被提出,是以才有宋高宗建炎二年(1128)三月"丁未,两浙东路马步军副总管杨应诚假刑部尚书,充大金、高丽国信使",出

---

① 参见(元)脱脱等:《宋史》卷119《礼二十二·宾礼四》,中华书局,1997,第2810页。
② (宋)马端临:《文献通考》卷325《四裔考二·高句丽》,中华书局,2011,第8957页。
③ (清)徐松辑,刘琳、刁忠民、舒大刚等校点:《宋会要辑稿》刑法一之三,上海古籍出版社,2014,第8243页。
④ (宋)胡舜陟:《上钦宗论高丽人使所过州县之扰疏》,见(宋)赵汝愚编《宋朝诸臣奏议》卷141《边防门》,上海古籍出版社,1999,第1600页。

使高丽,欲"结鸡林以图迎二圣"。① 时人认为杨应诚"欺罔君父,自为身谋……取侮远方",这表明此时建议与反对联丽制金的观点并存。

南宋时期支持联丽攻金者多以武臣为主,如宗泽于建炎二年五月上《乞回銮疏》中称"用臣为陛下条画措置,造膝陈请,遣一使泛海道入高丽,谕以元丰构好之旧,令出兵攻仇方之西"②,又于《奏乞回銮仍以六月进兵渡河疏》中称"仍乞遣知几辩博之士,西使夏,东使高丽,喻以祸福。两国素蒙我宋厚恩,必出助兵同加扫荡。若然,则二圣有回銮之期,两河可以安贴,陛下中兴之功远过周宣之世。"③这表明尽管宋钦宗时期遣使与高丽联盟攻金被拒,但是武臣出于坚定赵宋君臣抗金决心的考虑,仍将联丽制金作为其设想中的可行战略之一。甚而至绍兴末期宋金再度爆发军事冲突时,联丽策略仍不时被提起,如吴璘于绍兴三十一年(1161)发布檄文,强调高丽、西夏等政权"久为巨宋之欢邻。玉帛交驰,尚忆百年之信誓;封疆迥隔,顿疏两地之音邮。愿敦继好之规,共作侮亡之举。"④

但此时的文臣对于北宋联丽政策失误进行反思,反对交通高丽,因此在对待高丽的认识上表现得更为理性。当杨应诚出使高丽无功而还后,时为尚书右丞的朱胜非认为:"彼国与金为邻,而与中国隔海,远近利害甚明。此乃曩时待之太厚,安能责报?"⑤朱氏讲明高丽

---

① (宋)李心传撰,胡坤点校:《建炎以来系年要录》卷14,建炎二年三月丁未,中华书局,2013,第351页。
② (宋)宗泽:《宗泽集》卷1《劄子·乞回銮疏(建炎二年五月)》,浙江古籍出版社,1984,第28页。
③ (宋)宗泽:《宗泽集》卷1《劄子·奏乞回銮仍以六月进兵渡河疏》,浙江古籍出版社,1984,第30页。
④ (宋)李心传撰,胡坤点校:《建炎以来系年要录》卷193,绍兴三十一年十月庚子,中华书局,2013,第3748页。
⑤ (宋)李心传撰,胡坤点校:《建炎以来系年要录》卷18,建炎二年十月甲寅,中华书局,2013,第417页。

不助宋朝的根本原因在于其所处之地缘——"与金为邻,而与宋隔海",决定了高丽不可能事宋以诚。建炎三年(1129)八月壬申,针对高丽即将遣使的使团中有"上皇所遣内臣、宫女各二人"一事,辅臣吕颐浩言:"此必金人之意,若非彼意,数人者虽至高丽,高丽亦不肯令来。"①吕氏之论亦讲明高丽此时之于金的臣属地位。廖刚在其《论遣使劄子》中提到:"在神祖时,(笔者按:通高丽)或有他图,于今六十余年,曾无毫发之助,以报累朝旧恩,则通好之策,亦可见无益矣",通好高丽不能"为吾地,使我得志于强敌",也不能"为吾谋,归我二圣于穷朔"。②这不只是讲明宋神宗时期与高丽交好"有他图",并直言彼时高丽不能助南宋,无需再遣使而"徒扰吾民"。郑兴裔亦以与高丽交通不只徒增耗费,且"国家行都在临安,与东都事体大异"③,惧高丽为金国海上向导而攻宋,反对高丽入贡。

　　南宋朝廷对高丽保持疏离的态度乃是不争之事实,但由于宋金之间关系的演变,在实际外事运作中,对待高丽遣使又时有反复。故常见建炎、绍兴年间拒绝高丽入贡事件,但以超等之礼待高丽使节的现象也偶有发生。如"绍兴初,高丽使入贡,宰相乃出笏见之,非故事",其所谓的"故事"则是参照宋神宗时期张方平以其入朝"班视二府",遇高丽使过南京不当亲为"陪臣",只有"外夷国王来朝,宰相出笏见之,使者则否。"④但这种超等对待与北宋后期不同,只是一种偶发现象,此时对高丽礼仪的主流是对双方之间的关系做冷处理,南宋

---

① (宋)李心传撰,胡坤点校:《建炎以来系年要录》卷26,建炎三年八月壬申,中华书局,2013,第610页。
② (宋)廖刚:《高峰文集》卷1《劄子·论遣使劄子》,《四库全书》文渊阁影印本,第1142册,台湾商务印书馆,1986,第309页。
③ (宋)郑兴裔:《郑忠肃奏议》遗集卷上《请止高丽入贡状》,《四库全书》文渊阁影印本,第1140册,台湾商务印书馆,1986,第207页。
④ (宋)费衮撰,金圆点校:《梁溪漫志》卷2,外夷使入朝,上海古籍出版社,1985,第20页。

拒绝高丽由海至陆,而高丽也逐渐减少主动遣使,终至于无,南宋对高丽的宾礼内容也消失于礼典。

四、宋代的西夏政策及西夏在宋代宾礼中地位的变化

与宋对高丽的策略变化不同,宋对西夏的策略一直在战和之间徘徊。宋太祖时期对西北的经营多任用"当地酋豪为众所服者,以其州邑就封之",并且准许其首领世袭。① 宋太宗太平兴国七年(982)五月,定难军留后李继捧入朝,"自陈诸父昆弟多相怨怼,愿留京师,遂献其所管四州八县"。② 宋太宗因势派遣官员接收其所管诸州县,招致李继迁的反抗。③ 这是宋夏战争的开端。但是由于宋太宗时期的整体对外策略转向保守,且类似"灵州不可坚守"④的声音充斥于朝堂,对西夏虽时有进讨之举,但大部分时间仍是通过加官、册封、赐国姓等非战争手段⑤,期望打消李继迁反宋的念头。宋真宗景德元年(1004),李继迁去世,其子"德明纳款"⑥,双方议和,并最终于景德二年(1005)达成和议。

宋辽"澶渊之盟"前,西夏向契丹朝贡;"澶渊之盟"后,西夏由向辽称臣转而入宋朝贡,辽夏之间的矛盾逐渐激化,且短暂中断对契丹

---

① 参见李华瑞:《宋夏关系史》,中国人民大学出版社,2010,第11—14页。
② (宋)李焘:《续资治通鉴长编》卷23,太平兴国七年五月己酉,中华书局,2014,第520页。
③ 关于李继捧入朝献地及李继迁反宋的讨论可参见吴天墀:《西夏史稿》,四川人民出版社,1983,第18—19页;李华瑞:《宋夏关系史》,中国人民大学出版社,第14—17页。
④ (宋)李焘:《续资治通鉴长编》,卷42,至道三年十二月辛丑,中华书局,2014,第894页。
⑤ 参见(宋)李焘:《续资治通鉴长编》,卷42,至道三年十二月甲寅,中华书局,2014,第923—925页。
⑥ (宋)司马光撰,邓广铭、张希清点校:《涑水记闻》卷7,向敏中罢相复相,中华书局,2017,第151页。

的朝贡,招致辽圣宗于开泰九年(1020)亲征西夏。① 西夏终又对契丹"臣贡如初"②。这是"澶渊之盟"后辽夏关系的缩影,西夏成为辽、宋争夺的重点,宋、辽双方皆将维持与西夏的关系作为牵制对方的重要方略,西夏成为宋朝北部地缘关系中的重要构成因素。

真宗时期宋夏间基本保持和平的关系,西夏在宋人认知中的地位虽近似于蕃国,但并未完全将其视为如高丽一般的外蕃。大中祥符年间所修相关宾礼仪注中并未单列夏州(抑或西夏)使节见、辞礼仪,反映了此时期宋仍将西夏视为其统治力量所能触及的区域。由于西夏在北宋地缘政治中的重要作用,当其遣使如宋,在宋朝实际的宾礼行用中,其地位又高于诸蕃国,如"祥符中,宴崇德殿。夏使于西廊南赴坐,交使以次歇空,进奉、押衙次交州,契丹舍利从人则于东廊南赴坐"。③ 由于此时高丽对宋的朝贡时断时续,并无相关文献直接指明此时夏使与高丽使节位次先后。宋神宗时期,高丽与北宋恢复官方遣使,此时制定高丽使节见辞礼仪时多比附西夏使见、辞旧例修定,但在某些环节上给予高丽使节以超等对待,而实际执行中,仍以高丽使节在西夏后。这种情况在宋徽宗朝时亦在《政和五礼新仪》的相关仪注中得到确认,在实际礼仪执行中,对西夏使节的重视程度仍高于对高丽使节的礼遇。个中因由,仍与西夏边境与辽宋相接,且长期徘徊于宋、辽两大并立政权之间有关。西夏是双方之间最重要的"边缘地区",其既是辽、宋争夺的对象,又是双方外事冲突的缓冲。这是西夏在北宋中后期宾礼中地位较高丽为重的重要原因。至于靖康以后,南宋疆域日蹙,其与西夏之间为金阻隔,双方往来近乎断绝,

---

① 参见王万志:《辽夏封贡关系探析》,《史学集刊》2017年第5期。
② (元)脱脱等:《宋史》卷485《外国一·夏国传上》,中华书局,1997,第13991页。
③ (元)脱脱等:《宋史》卷113《礼志第六十六·嘉礼四》,中华书局,1997,第2684页。

故对西夏之礼消失于礼典。

本章小结

礼仪是政治的外延,宾礼更是政权与周边政权关系亲疏的体现。宾礼既是相关仪式的集合,但同时又是切实行用的制度。① 政权间关系不只包括传统的政治、文化、经济上的交融与冲突,多政权并立期各政权对自身及对敌对政权认知方面的差异也应被视为政权间关系的重要内容,这种观念上的对立与冲突影响着宋代宾礼的细节调适;地缘关系的变化影响着宾礼的宏观格局。以上正是影响宋代宾礼书写与行用的重要因素。

地缘关系的变化影响着宾礼的大体格局。唐宋之际由天下一元的区域关系格局逐渐演变为宋辽二元对立的关系格局,区域关系内形成宋、辽两大政权的并立,而高丽、西夏、交趾等围绕在这两大政权周边,形成所谓的"边缘地区",在区域关系中形成多个三角关系并存的局面。南北政权的"对等",是宋代宾礼层级次序中以"北朝"为重的重要原因;基于自身政治诉求的考量,"边缘地区"是"南""北"两个政权争夺的重点,地缘关系的变动引起的南北政权间对外政策的变化是宋代宾礼中高丽、西夏礼仪规格演变的重要原因,也是宋代宾礼作为层级分明的复合型礼仪的重要因素。

宋代,东亚区域内各政权对"夷夏""中国""正统"认知的冲突与交融影响着宾礼细节的调适。宋代士人的夷夏观念大致包括夷夏相互依存、反对以夷变夏、"谨夷夏之辨"等三方面的内容,促使宋人往往以宋为华夏、"中国"、"正统",而视周边政权为夷狄。宋人的夷夏观念与政治现实间的冲突,使宋代宾礼在书写与行用中严格区分夷

---

① 参见尹承:《〈太常因革礼〉研究》,博士学位论文,山东大学,2015,第89页。

夏；宾礼的制度设计也往往在细节上彰显宋朝之于夷狄的优越地位；当宋人眼中的夷狄在区域格局中处于宋朝之上时，宋人在宾礼的书写中往往会做出相应的模糊化处理，以消解宋的弱势地位；同时在夷夏观念影响下，宋人往往优礼"慕华"的政权、蕃部。

与宋以辽、金为夷狄相似，辽、金在接受汉文化之后，皆以自身为"中国""正统"，而否定宋的"中国""正统"地位。辽朝中后期"中国""正统"意识的觉醒，促使辽使在入宋过程中针对宋方的接待礼仪提出异议与交涉，但这些交涉在宋人的夷夏观念影响下多被拒绝。金从其立国起即以大国、"正统"自居，故在其向南攻略过程中始终以上国自居。北宋至南宋初年，金在宋代宾礼中由蕃国到对等之国再到上国的演变轨迹反映了金代"正统"意识觉醒及军事、政治实力对其礼仪地位的影响。绍兴末年以后，宋金关于使节往来礼仪的交涉，虽最终达成双方互称敌国的和议，但是金始终未在"受书礼"的交涉中作任何让步，这正是其一直以自身为"中国正统"而视南宋为蕃夷的体现。至于金遗民后来承认南宋为"中国"，并不意味着金曾以南宋为"中国"。金朝这种强烈的"中国正统"意识是其在使节往来礼仪中始终处于优势地位的重要原因。

因此，在考虑影响宾礼书写与行用的因素时不能只考虑政权间实力对比，还需要从地缘、观念等多方面、多层次地对政权间关系进行探讨，以明辨宾礼与政权间关系演变的联系。

结　语

　　先秦时期,宾礼主要包括周天子礼待诸侯、四夷,以及诸侯之间相交聘之礼。西周建构的宾礼礼仪具备亲邦国、明尊卑、辨亲疏、示强弱、重内略外的属性;春秋战国时期,诸侯与其臣僚间主宾关系的消解,可被视作"封建"制度在礼仪方面崩溃的前兆。两汉魏晋南北朝时期,宾礼逐渐由对内诸侯之礼转变为待四夷蕃国之礼,至唐代《大唐开元礼》的修成,宾礼在礼典中彻底演变为针对四夷、蕃国的礼仪。《大唐开元礼》宾礼部分内容的修定,确立了宾礼彻底的对"外"属性。这种宾礼形式及意涵的演变对宋代宾礼产生了深远影响。

　　宋初《开宝通礼》损益《大唐开元礼》而修成,其中的宾礼从内容到环节皆与唐礼同。"大中祥符仪注"因政权等级分别设置宾礼,包括待敌国与待蕃国两个层级。《政和五礼新仪》中的宾礼充斥着赵宋君臣对理想君臣关系的认知,是徽宗皇帝个人意志作用于礼仪修定活动的产物。以臣僚为"宾",是北宋末期现实之"宾"向理想之"宾"演变的体现,这虽有违宾礼的整体演变趋势,却契合徽宗君臣对"宾"的整体认知。《中兴礼书》的修定基本延续北宋中期的修礼原则,在宾礼内容上不记朝参之礼,是对《政和五礼新仪》的修正。

　　宾礼仪式中蕴含着制度设计者的政治情感与诉求,是政治现实在礼仪方面的反映。宋代宾礼在设计与行用中皆体现出一定的层级性,是一种层级分明的复合型礼仪。受地缘及相关文化观念的影响,西夏与高丽始终是宋在礼仪方面较为重视的蕃国。宋对辽宾礼在一些具体礼仪环节与礼仪动作上的设计，揭示了北宋对辽心态的变化，是北宋因应区域关系格局变化做出的特殊设计，也是北宋重内政轻外事的体现，使宾礼具备了更多向内强调皇权威严的意味。宋代宾礼也是因时、因事不断调适的礼仪，在整体上呈现出礼仪书写与政治实践的错位。南宋对金宾礼的形成过程是宋不断向金妥协的缩影，而其之后的礼仪书写则是宋金所处形势发生转变的反映，也是南宋努力消解这一段向金妥协历史的体现。其在礼仪书写上不言具有事上性质的受书礼，而只以事辽旧例、近例指称，显示出南宋君臣谋求与金对等的诉求。

时人夷夏观念与区域内地缘关系的演变是影响宾礼书写与行用的重要因素。基于区域局势的变化，加之汉文化的持续传播，区域内各政权在观念认知上出现某些相同或相似的内容，这些同质化的观念意识，因双方在区域关系格局中地位的演变，往往促使双方在使节往来中爆发激烈的矛盾与冲突，这种观念上的矛盾影响着宋代宾礼的细节调适；而基于政治、军事实力基础上的地缘关系的变化则影响着宋代宾礼的宏观格局。由于宋辽之间对等地位及金之于南宋上国地位的确立，作为政治外延的礼仪大体上是宋朝实际区域地位的体现。但是在宋人的观念中对辽、金的定位恰与辽、金对宋的认知相似，在多方互以"中国""正统"自居而视对方为夷狄的情况下，双方在宾礼上出现了变相"争长"的情况。这些意识的存在使宋待辽的对等之礼及对金的事上之礼得到"切实"执行。但宋在礼仪书写方面对具有"事上"性质的"受书"礼仪进行了隐匿与回护，并适时提出改变礼仪弱势的交涉，也是传统夷夏观念影响下的礼仪改作之举。由于辽、金皆自居"中国正统"，而否定宋的正统地位，在与宋的礼仪交涉中多保持强势，致使南北双方的历次交涉皆未能改变既有礼仪秩序。受地缘关系的影响，高丽与西夏在宋代宾礼中的地位出现交叉上升的趋势。

除上述内容外,尚有一些问题需要说明。

一、宾礼的"多中心化"及教化四夷作用的衰减是宾礼式微的根本原因

笔者认为10—13世纪宾礼的"多中心化"及教化四夷作用的衰减是宾礼式微的根本原因。古人谈宾礼时提及"先王出门如见大宾,使民如承大祭",故《周礼》一书有一言以及于祭祀,必有一言以及于宾客"①,体现出先秦时期宾礼在国家礼仪生活中的重要地位。但是中国文化中自古即有重内略外的传统②,于宾礼行用也是如此。③随着宾礼成为专待四夷之礼,其在礼仪体系中的重要性逐渐减弱。宋朝恢复"汉唐旧境"努力的失败,使赵宋君臣将注意力转向宋朝内部,"外患不足虑"的言论在赵宋君臣内部成为主流。加之宋代本身重内事轻外务的理政思路的影响,作为外使接待制度的宾礼在宋代礼仪生活中地位逐渐下行已成必然。

伴随上述趋势而来的是周边政权宾礼的建构与完善,且这些政权的宾礼与宋代宾礼的渊源相似或直接模仿宋礼,因此辽、宋、金宾礼中表现出类似的礼仪架构。④ 由此而言,辽、宋、金在宾礼上表现出同质化的趋势,这就导致10—13世纪的区域关系格局中在大部分

---

① (宋)郑伯谦:《太平经国书》卷5《宾祭》,《四库全书》文渊阁影印本,第92册,台湾商务印书馆,1986,第217页下栏。

② 参见(清)顾祖禹撰,贺次君、施和金点校:《读史方舆纪要》卷129《川渎异同六》,中华书局,2005,第5491页。顾氏提及其记述地理事物"其要服、蕃服及岛屿诸夷皆略而不书者,亦以见重内略外之意"。

③ 清人秦蕙田提出宾礼行用时"重内而略外",见(清)秦蕙田:《五礼通考》卷220《宾礼一》,《四库全书》文渊阁影印本,第141册,台湾商务印书馆,1986,第141页上栏。

④ 参见汤勤福:《宋金〈礼志〉比较研究》,《史学集刊》2018年第4期。

时段内形成两个或多个并立的礼仪中心,此即宾礼的"多中心化"。如果说唐廷的宾礼除了在礼仪层面的象征意义外,在政治上"对双边关系的实质并不具备'强制规定性'"①,那么宾礼的"多中心化"则进一步消解了中原王朝礼仪在政治上的约束力。"北朝"礼制的完善,加之日渐滋生的"中国""正统"意识,使其在礼仪行为上以自我为中心,即使是出使宋廷,亦常有突破之举,宋朝往往对其杀礼以维持本政权的"区域中心"地位,但这往往遭到"北朝"的对等反制。久而久之,宾礼在礼仪上的约束力也逐渐衰减。

礼仪的传播及仪式的展演有统治者借以教化蛮夷的作用,但多个政权共同提倡本政权的礼乐制度之优越,在礼仪的传布过程中本身就容易引起双方或多方在礼仪上的冲突,于辽、宋、金而言,这种情况并不稀见。这就直接导致宋代宾礼其实很难在政治上起到教化蛮夷的作用,甚至会被迫接受对方的礼仪传播。此时宋代宾礼的作用更多的转向内部,约束本政权臣僚在仪式中的礼仪行为,以维持所谓的皇家威仪,宾礼仪式逐渐成为外交制度上的"虚文"。

二、宋代宾礼呈现出"去政治化"与"政治化"相交融的趋势

王贞平指出唐代宾礼在行用过程中出现了"去政治化"的情况,唐在与四夷的交往中,往往在礼仪上凸显唐天子的权威,但夷狄政权的兴起,致使双方往来中对唐廷行用之宾礼做出利于本政权的解读,即唐在宾礼行用中对于蕃属政权的违礼之举、四夷对唐廷强调自身权威的礼仪形式及动作的解读逐渐"去政治化"。② 宾礼的"去政治化"使唐礼成为通行的礼仪准则,但这也造成了"宾礼'中国中心论'

---

① 王贞平:《唐代宾礼研究——亚洲视域中的外交信息传递》,中西书局,2017,第209页。

② 王贞平:《唐代宾礼研究——亚洲视域中的外交信息传递》,中西书局,2017,第5—9页。

的外在礼仪形式与其政治内涵"的脱节。① 李鸿宾认为唐代宾礼的"政治化"是指外国君主、使节对唐帝权威及宾礼所体现的以唐朝为中心的"世界秩序"的接受,而"去政治化"则是"否认和解构这样的'政治化'"。② 诚然,宾礼原本即有其"政治化"的一面,但其面临的更多的是双方在实际往来过程中,如何针对双方实际地位的差异,因应本政权之主观意图去消解不利于己的仪式内涵。而在研究宋代宾礼时,宾礼的"去政治化"是否也是通行的,则又需另作考量。

首先,两宋与高丽时期的宾礼建构最初即是因应宾礼原本的"政治化"倾向。宋代区域局势较之唐代出现了很大的变化,盛唐气象俨然不存,相较于唐礼在区域内的通行,宋礼并非被广泛接受的礼仪。对等或超越对等政权的存在,促使宋在礼仪建构时即已开始明辨政权等级,这种行为本身即是对其与诸政权交往的行为作出的政治上的区分。而与宋交往诸政权(尤其是蕃国)与宋交往的基础是接受宋廷的礼仪安排。唐代宾礼执行中出现的"争长"③问题在宋代几乎不见,预示着诸蕃国对宋礼的接受。由此而言,宋代宾礼初始即是"政治化"的。

其次,社会学与政治学的相关研究认为当前在处理少数民族问题时应当尽量的依据中国古代将"少数族群'文化化'"的思路,而尽量地去做"去政治化"的处理,而其提及的所谓"文化化"的思路,即是依据中国传统中将接受中国文化的少数族群视为华夏的理念。④ 上

---

① 参见王贞平:《唐代宾礼研究——亚洲视域中的外交信息传递》,中西书局,2017,序言第6—7页。
② 李鸿宾:《礼典规约下多重视角的互动——王贞平教授〈唐代宾礼研究〉书后》,《国学学刊》2019年第2期。
③ 参见朱莉丽:《从唐日外交态势看天宝争长之可能性》,《安徽史学》2005年第4期。
④ 参见马戎:《理解民族关系的新思路——少数族群问题的"去政治化"》,《北京大学学报》(哲学社会科学版)2004年第6期。

述观点所据之理念与本文的论述颇有渊源。10—13世纪诸政权并立时期,各政权在"夷夏""中国""正统"等观念上的交融与冲突似乎契合政治学上的"文化化"的阐释。但是不能忽视的是,文化交融只是开端,各方自称"中国"、"正统"而否定对方"正统"所产生的的争端、冲突,促使双方在礼仪交涉中做出利己的考量,这种利己并非单方面的消解对方非礼之举背后的政治意涵,而多是通过要求对方提高本方待遇或者降低对方礼遇规格来达成。这种情况很难被认为是"文化化"或"去政治化"的取向,双方重视的仍是强化宾礼仪式中的"政治化"表达,尤以宋金之间礼仪往来最为突出。这或许正如部分研究者提到的,"在旧的礼制不断'去政治化'的同时,具有'政治化'的新礼制又得以产生。"①

最后,不可否认,宋代宾礼仪文在某种程度上有"去政治化"的倾向,但是宋人似乎并未过多地对宾礼做"去政治化"的解读,其在对辽宾礼行用中,关于礼仪争端问题,如无损国体之请,事事许之;对金要求宋帝亲自受书一事亦被迫答应,正是将宾礼作为一种"政治化"的表达,是双方政治关系的真实体现。在实际的礼仪行用中,宋金皆清楚受书礼代表的政治意涵,故宋人试图改变受书礼,而金人却着力维持。双方在受书礼方面的锱铢必较皆是强调宾礼仪式的政治意涵,这至少表明在实际的宾礼行用中,"去政治化"并非主流。

又宋人在书写之礼上对相关礼仪环节及动作的隐匿,名义上是为了消解其所带来的不利于宋的表达,是对宾礼做"去政治化"表达的行为。但是这一行为是基于承认宾礼所具备的"政治化"的意涵而出现的。故从本质上说,宋代宾礼演变整体上呈现出"去政治化"与"政治化"相交融的趋势。

---

① 李效杰、王永平:《唐代宾礼与亚洲格局——读〈唐代宾礼研究:亚洲视域中的外交信息传递〉》,收录于杜文玉主编《唐史论丛》第31辑,三秦出版社,2020,第398页。

三、宋代宾礼是统治者政治情感的表达

过往的研究多将注意力集中于礼仪作为制度的沿革历史,或者关注相关礼仪仪式的行用与展开,但礼仪制定者、参与者、观礼者的诉求似乎被忽略了。大卫·科泽认为"人们在政治仪式中的情感参与是政治仪式力量的关键源泉之一"。① 同理,宋代宾礼的仪文与仪式也凝结着时人的制度设计,蕴含着制度设计者群体的政治情感的表达。宋代宾礼既为今人展现了礼仪作为制度的严肃性,又在这种严肃性之外呈现了作为历史主体的人的情绪表达。

宋初因五代"礼文仪注多草创,不能备一代之典"②,而要修成一部可为后世借鉴的通礼,遂以《大唐开元礼》为蓝本,修定《开宝通礼》。这或许显示了宋初统治者在立国后通过礼仪的建构以展示宋立国的合法性,同时是对其立国功业的强调。宋真宗时期新修宾礼仪文,因政权等级进行区别对待,强调与辽对等的基础上,在礼仪环节设置与礼仪动作、使节序班位次等方面进行相应的设计,以显示辽在礼仪地位上弱于宋,凸显了宋真宗君臣对于一元天下中心地位丧失的愤懑;之后辽使提出异议被宋人果断拒绝,是礼仪参与者内心不满的宣泄。宋真宗一边视辽为北朝,一边以"朽壤、鼠壤、粪壤"视之,正是这种情感的表达。徽宗朝对宾礼的修定,增入朝参之礼等,既是其效法三代的表现,也是对其自身营造的"盛世"的颂扬。作为实际礼仪参与者的宋朝诸臣,在士大夫意识逐渐激扬的情况下,自然乐见臣僚地位在形式上的提高,仪式中蕴含的个人政治诉求与情感不言自明。至于南宋时对受书礼在礼仪书写上的回护,则更是时人强烈

---

① (美)大卫·科泽著,王海洲译:《仪式、政治与权力》,江苏人民出版社,2015,第210页。

② 参见(元)脱脱等:《宋史》卷98《礼志一》,中华书局,1977,第2421页。

的夷夏观念与日益促狭的政治现实激烈冲突的产物。

　　以上内容提示我们不能将宾礼单纯地作为一种政治制度或是相关仪文的集合，还应从中发现制度设计者的情感表达，了解制度设计者的主观意图，探讨其要向礼仪参与者以及观礼者传达怎样的讯息，把握礼仪与政治、政权间关系发展的联系，这正是本文的研究主旨所在。

参考文献

一、古籍类①

[1](周)卜子夏.子夏易传[M]//四库全书:第7册.文渊阁影印本.台北:台湾商务印书馆,1986.

[2](汉)班固撰,(唐)颜师古注.汉书[M].北京:中华书局,1962.

[3](汉)戴德撰,(北周)卢辩注.大戴礼记[M].丛书集成初编.上海:商务印书馆,1937.

[4](汉)京房撰,(三国吴)陆绩注.京氏易传[M]//四库全书:第808册.文渊阁影印本.台北:台湾商务印书馆,1986.

[5](汉)毛亨传,(汉)郑玄笺,(唐)孔颖达疏.毛诗正义[M]//(清)阮元校刻.十三经注疏.北京:中华书局,1980.

[6](汉)司马迁撰,(南朝宋)裴骃集解,(唐)司马贞索引,(唐)张守节正义.史记[M].北京:中华书局,2014.

[7](汉)赵岐注,(宋)孙奭疏.孟子注疏[M]//(清)阮元校刻.十三经注疏.北京:中华书局,1980.

[8](汉)郑玄注,(唐)孔颖达疏.礼记正义[M]//(清)阮元校刻.

---

① 文献排序首按作者国别(先中后外),次按朝代,再以作者姓氏拼音顺序排列,以下各部分同此。

十三经注疏.北京:中华书局,1980.

[9](汉)郑玄注,(唐)贾公彦疏.仪礼注疏[M]//(清)阮元校刻.十三经注疏.北京:中华书局,1980.

[10](汉)郑玄注,(唐)贾公彦疏.周礼注疏[M]//(清)阮元校刻.十三经注疏.北京:中华书局,1980.

[11](晋)陈寿撰,(南朝宋)裴松之注,陈乃乾校点.三国志[M].北京:中华书局,1959.

[12](晋)范宁集解,(唐)陆德明音义.春秋穀梁传注疏[M]//(清)阮元校刻.十三经注疏.北京:中华书局,1980.

[13](晋)杜预注,(唐)孔颖达疏.春秋左传正义[M]//(清)阮元校刻.十三经注疏.北京:中华书局,1980.

[14](晋)杜预撰,(唐)陆德明音义.春秋经传集解[M].四部丛刊初编本.

[15](南朝宋)范晔撰,(唐)李贤等注.后汉书[M].北京:中华书局,1965.

[16](南朝梁)沈约.宋书[M].北京:中华书局,1974.

[17](南朝梁)萧统编,(唐)李善注.文选[M].上海:上海古籍出版社,1986.

[18](唐)杜甫撰,萧涤非主编.杜甫全集校注[M].北京:人民文学出版社,2013.

[19](唐)杜佑撰,王文锦、王永兴、刘俊文等点校.通典[M].北京:中华书局,1988.

[20](唐)房玄龄等.晋书[M].北京:中华书局,1974.

[21](唐)韩愈撰,马其昶校注.韩昌黎文集校注[M].上海:上海古籍出版社,1986.

[22](唐)李百药.北齐书[M].北京:中华书局,1972.

[23](唐)李鼎祚著,陈德述整理.周易集解[M].成都:巴蜀书社,1991.

[24](唐)李商隐著,刘学锴,余恕诚校注.李商隐文编年校注[M].北京:中华书局,2002.

[25](唐)吕岩.吕子易说[M].四库未收书辑刊:第3辑第1册.北京:北京出版社,2000.

[26](唐)史征.周易口诀义[M].丛书集成初编.北京:中华书局,1985.

[27](唐)魏征,(唐)令狐德棻.隋书[M].北京:中华书局,1973.

[28](唐)徐坚等.初学记[M].北京:中华书局,1962.

[29](唐)萧嵩等奉敕撰.大唐开元礼[M].北京:民族出版社,2000.

[30](后晋)刘昫等.旧唐书[M].北京:中华书局,1975.

[31](宋)包拯撰,杨国宜校注.包拯集校注[M].合肥:黄山书社,1999.

[32](宋)蔡戡.定斋集[M]//四库全书:第1157册.文渊阁影印本.台北:台湾商务印书馆,1986.

[33](宋)蔡絛撰,冯惠民校.铁围山丛谈[M].北京:中华书局,1983.

[34](宋)蔡襄.端明集[M]//四库全书:第1090册.文渊阁影印本.台北:商务印书馆,1986.

[35](宋)陈仁子.文选补遗[M]//四库全书:第1360册.文渊阁影印本.台北:商务印书馆,1986.

[36](宋)陈师道.后山集[M]//四库全书:第1114册.文渊阁影印本.台北:商务印书馆,1986.

[37](宋)陈世崇撰,孔凡礼点校.随隐漫录[M].北京:中华书局,2010.

[38](宋)陈抟,(宋)邵雍.河洛真数[M].续修四库全书:第1061册.上海:上海古籍出版社,2002.

[39](宋)陈旸.乐书[M]//四库全书:第211册.文渊阁影印本.

台北:台湾商务印书馆,1986.

[40](宋)程颢,(宋)程颐著,王孝鱼点校.二程集[M].北京:中华书局,2004.

[41](宋)董楷.周易传义附录[M]//四库全书:第20册.文渊阁影印本.台北:台湾商务印书馆,1986.

[42](宋)范仲淹撰,李勇先,王蓉贵点校.范仲淹全集[M].成都:四川大学出版社,2002.

[43](宋)范祖禹撰,(宋)吕祖谦注.唐鉴[M]//四库全书:第685册.文渊阁影印本.台北:台湾商务印书馆,1986.

[44](宋)方实孙.淙山读周易[M]//四库全书:第19册.文渊阁影印本.台北:台湾商务印书馆,1986.

[45](宋)方闻一编.大易粹言[M]//四库全书:第15册.文渊阁影印本.台北:台湾商务印书馆,1986.

[46](宋)费衮撰,金圆点校.梁溪漫志[M].上海:上海古籍出版社,1985.

[47](宋)耿南仲撰.周易新讲义[M]//四库全书:第9册.文渊阁影印本.台北:台湾商务印书馆,1986.

[48](宋)郭雍.郭氏传家易说[M].丛书集成初编.北京:中华书局,1985.

[49](宋)龚原.周易新讲义[M].宛委别藏本.南京:江苏古籍出版社,1988.

[50](宋)韩元吉.南涧甲乙稿[M].丛书集成初编.北京:中华书局,1985.

[51](宋)洪皓撰,张剑光,刘丽整理.松漠纪闻[M]//朱易安、傅璇琮等主编.全宋笔记:第三编第7册.郑州:大象出版社,2008.

[52](宋)洪适.盘洲文集[M].宋集珍本丛刊:第45册.北京:线装书局,2004.

[53](宋)洪咨夔.平斋文集[M].四部丛刊续编:第429册.上海:

商务印书馆,1934.

[54](宋)胡瑗撰,(宋)倪天隐述.周易口义[M]//四库全书:第8册.文渊阁影印本.台北:台湾商务印书馆,1986.

[55](宋)胡寅.致堂读史管见[M].宛委别藏本.台北:台湾商务印书馆,1981.

[56](宋)黄庶.伐檀集[M]//四库全书:第1092册.文渊阁影印本.台北:商务印书馆,1986.

[57](宋)黄震著,张伟,何忠礼主编.黄震全集[M].杭州:浙江大学出版社,2013.

[58](宋)金盈之撰,胡绍文整理.醉翁谈录[M]//上海师范大学古籍整理所编.全宋笔记:第十编第11册.郑州:大象出版社,2018.

[59](宋)孔平仲撰,池洁整理.珩璜新论[M]//朱易安、傅璇琮等主编.全宋笔记:第二编第5册.郑州:大象出版社,2006.

[60](宋)黎靖德辑,王星贤点校.朱子语类[M].北京:中华书局,1986.

[61](宋)李昉等.太平御览[M].北京:中华书局,1960.

[62](宋)李光.读易详说[M]//四库全书:第10册.文渊阁影印本.台北:台湾商务印书馆,1986.

[63](宋)李过.西溪易说[M]//四库全书:第17册.文渊阁影印本.台北:台湾商务印书馆,1986.

[64](宋)李杞.用易详解[M]//四库全书:第19册.文渊阁影印本.台北:台湾商务印书馆,1986.

[65](宋)李焘.续资治通鉴长编[M].北京:中华书局,2004.

[66](宋)李心传编撰,胡坤点校.建炎以来系年要录[M].北京:中华书局,2013.

[67](宋)李攸.宋朝事实[M].北京:中华书局,1955.

[68](宋)林栗.周易经传集解[M]//四库全书:第12册.文渊阁影印本.台北:台湾商务印书馆,1986.

[69](宋)廖刚.高峰文集[M]//四库全书:第1142册.文渊阁影印本.台北:商务印书馆,1986.

[70](宋)吕祖谦.吕祖谦全集[M].杭州:浙江古籍出版社,2008.

[71](宋)吕祖谦编,齐治平点校.宋文鉴[M].北京:中华书局,1992.

[72](宋)陆九渊著,钟哲点校.陆九渊集[M].北京:中华书局,1980.

[73](宋)陆游撰,胡阿祥,胡箫白点校.南唐书[M]//见(宋)马令,陆游.南唐书两种.南京:南京出版社,2010.

[74](宋)陆游撰,孔凡礼点校.家世旧闻[M].北京:中华书局,1993.

[75](宋)罗大经撰,王瑞来点校.鹤林玉露[M].北京:中华书局,1983.

[76](宋)马端临.文献通考[M].北京:中华书局,2011.

[77](宋)欧阳修等编.太常因革礼[M].宛委别藏本.南京:江苏古籍出版社,1988.

[78](宋)欧阳修,(宋)宋祁.新唐书[M].北京:中华书局,1975.

[79](宋)欧阳修撰,(宋)徐无党注.新五代史[M].北京:中华书局,2016.

[80](宋)庞元英撰,金圆整理.文昌杂录[M]//朱易安,傅璇琮等主编.全宋笔记.第二编第4册.郑州:大象出版社,2006.

[81](宋)钱若水修,范学辉校注.太宗皇帝实录[M].北京:中华书局,2012.

[82](宋)石介著,陈植锷点校.徂徕石先生文集[M].北京:中华书局,1984.

[83](宋)司马光撰,邓广铭,张希清点校.涑水记闻[M].北京:中华书局,2017.

[84](宋)司马光撰,李文泽,霞绍晖校点.司马光集[M].成都:四

川大学出版社,2010.

[85](宋)司马光编著,(元)胡三省音注.资治通鉴[M].北京:中华书局,1956.

[86](宋)宋敏求撰,诚刚点校.春明退朝录[M].北京:中华书局,1980.

[87](宋)苏轼.书传[M]//四库全书:第54册.文渊阁影印本.台北:台湾商务印书馆,1986.

[88](宋)苏轼撰,孔凡礼点校.苏轼文集[M].北京:中华书局,1986.

[89](宋)苏颂著,王同策,管成学,颜中其等点校.苏魏公文集[M].北京:中华书局,1989.

[90](宋)苏洵撰,曾枣庄,金成礼笺注.嘉祐集笺注[M].上海:上海古籍出版社,1993.

[91](宋)苏辙著,曾枣庄,马德富校点.栾城集[M].上海:上海古籍出版社,1987.

[92](宋)孙逢吉撰.职官分纪[M]//四库全书:第923册.文渊阁影印本.台北:台湾商务印书馆,1986.

[93](宋)田况撰,储玲玲整理.儒林公议[M]//朱易安、傅璇琮等主编.全宋笔记:第一编第5册.郑州:大象出版社,2003.

[94](宋)田锡撰,罗国威校点.咸平集[M].成都:巴蜀书社,2008.

[95](宋)汪藻.浮溪集[M].丛书集成初编.上海:商务印书馆,1936.

[96](宋)王明清撰,中华书局上海编辑所编.挥麈录[M].北京:中华书局,1961.

[97](宋)王辟之撰,吕友仁点校.渑水燕谈录[M].北京:中华书局,1981.

[98](宋)王称撰,孙言诚,崔国光点校.东都事略[M].济南:齐鲁

书社,2000.

[99](宋)王溥.五代会要[M].上海:上海古籍出版社,1978.

[100](宋)王钦若等编纂,周勋初等校订.册府元龟[M].南京:凤凰出版社,2006.

[101](宋)王应麟.玉海[M].南京:江苏古籍出版社,1987.

[102](宋)王应麟撰,孙通海整理.困学纪闻[M]//上海师范大学古籍整理所编.全宋笔记:第七编第9册.郑州:大象出版社,2015.

[103](宋)王栐撰,诚刚点校.燕翼贻谋录[M].北京:中华书局,1981.

[104](宋)王与之.周礼订义[M]//四库全书:第93册.文渊阁影印本.台北:商务印书馆,1986.

[105](宋)王之道.相山集[M].宋集珍本丛刊:第40册,北京:线装书局,2004.

[106](宋)魏了翁.鹤山先生大全文集[M].四部丛刊初编本。

[107](宋)魏了翁.春秋左传要义[M]//四库全书:第153册.文渊阁影印本.台北:台湾商务印书馆,1986.

[108](宋)谢维新.古今合璧事类备要[M]//四库全书:第940册.文渊阁影印本.台北:台湾商务印书馆,1986.

[109](宋)徐兢撰,虞云国、孙旭整理.宣和奉使高丽图经[M]//朱易安、傅璇琮等主编.全宋笔记.第三编第8册.郑州:大象出版社,2008.

[110](宋)徐梦莘.三朝北盟会编[M].上海:上海古籍出版社,1987.

[111](宋)许应龙.东涧集[M].宋集珍本丛刊:第73册,北京:线装书局,2004.

[112](宋)杨万里撰,何淑洁点校.诚斋易传[M].北京:九州出版社,2008.

[113](宋)杨仲良编.续资治通鉴长编纪事本末[M].北京:北京

图书馆出版社,2003.

[114](宋)叶隆礼撰,贾敬颜,林荣贵点校.契丹国志[M].北京:中华书局,2014.

[115](宋)叶梦得撰,(宋)宇文绍奕考异,侯忠义点校.石林燕语[M].北京:中华书局,1984.

[116](宋)叶宗鲁纂修,(清)徐松辑.中兴礼书续编[M].续修四库全书:第823册.上海:上海古籍出版社,2002.

[117](宋)佚名撰,程郁、瞿晓凤整理.宣和乙巳奉使金国行程录[M]//上海师范大学古籍整理所编.全宋笔记.第四编第8册,郑州:大象出版社,2008.

[118](宋)俞琰.周易集説[M]//四库全书:第21册.文渊阁影印本.台北:台湾商务印书馆,1986.

[119](宋)宇文懋昭撰.崔文印校正.大金国志[M].北京:中华书局,1986.

[120](宋)曾巩.元丰类稿[M].四库全书:第1098册,文渊阁影印本.台北:台湾商务印书馆,1986.

[121](宋)张根.吴园周易解[M].丛书集成初编.北京:中华书局,1985.

[122](宋)张浚.紫岩易传[M]//四库全书:第10册.文渊阁影印本.台北:台湾商务印书馆,1986.

[123](宋)章如愚.山堂考索[M]//四库全书:第937册.文渊阁影印本.台北:台湾商务印书馆,1986.

[124](宋)张载著,章锡琛点校.张载集[M].北京:中华书局,1978.

[125](宋)赵汝楳.周易辑闻[M]//四库全书:第19册.文渊阁影印本.台北:台湾商务印书馆,1986.

[126](宋)赵汝适撰,杨博文校释.诸蕃志[M].北京:中华书局,1996.

[127](宋)赵汝愚编.宋朝诸臣奏议[M].上海:上海古籍出版社,1999.

[128](宋)赵以夫.易通[M]//四库全书:第17册.文渊阁影印本.台北:台湾商务印书馆,1986.

[129](宋)郑伯谦.太平经国书[M]//四库全书:第92册.文渊阁影印本.台北:商务印书馆,1986.

[130](宋)郑刚中.周易窥余[M]//四库全书:第11册.文渊阁影印本.台北:台湾商务印书馆,1986.

[131](宋)郑居中等撰.政和五礼新仪(上册)[M]//汪潇晨点校.中华礼藏·礼制卷·总制之属:第三册.杭州:浙江大学出版社,2017.

[132](宋)郑居中等撰.政和五礼新仪(下册)[M]//汪潇晨,周佳点校.中华礼藏·礼制卷·总制之属:第四册.杭州:浙江大学出版社,2017.

[133](宋)郑兴裔.郑忠肃奏议[M]//四库全书:第1140册.文渊阁影印本.台北:商务印书馆,1986.

[134](宋)周去非撰,查清华整理.岭外代答[M].上海师范大学古籍整理所编.全宋笔记:第六编第3册.郑州:大象出版社,2013.

[135](宋)朱熹著,朱杰人,严佐之,刘永翔主编.朱子全书[M].上海:上海古籍出版社;合肥:安徽教育出版社,2002.

[136](宋)朱震.汉上易传[M].北京:九州出版社,2012.

[137](宋)宗泽.宗泽集[M].杭州:浙江古籍出版社,1984.

[138](金)官修.大金德运图说[M]//四库全书:第648册.文渊阁影印本.台北:台湾商务印书馆,1986.

[139](金)佚名编;金少英校补,李庆善整理.大金吊伐录[M].北京:中华书局,2001.

[140](金)张玮撰,任文彪点校.大金集礼[M].杭州:浙江大学出版社,2019.

[141](金)赵秉文.滏水集[M]//四库全书:第1190册.文渊阁影

印本.台北:台湾商务印书馆,1986.

[142](元)方加选评,李庆甲集评校点.瀛奎律髓汇评[M].上海:上海古籍出版社,1986.

[143](元)毛应龙.周官集传[M]//四库全书:第95册.文渊阁影印本.台北:商务印书馆,1986.

[144](元)脱脱等.金史[M].北京:中华书局,1975.

[145](元)脱脱等.辽史[M].北京:中华书局,1974.

[146](元)脱脱等.宋史[M].北京:中华书局,1977.

[147](元)佚名,汪圣铎点校.宋史全文[M].北京:中华书局,2016.

[148](明)沈德符.万历野获编[M].北京:中华书局,1959.

[149](明)宋濂.元史[M].北京:中华书局,1976.

[150](明)佚名.朝鲜史略[M]//四库全书:第466册.文渊阁影印本.台北:台湾商务印书馆,1986.

[151](清)董诰等编.全唐文[M].北京:中华书局,1983.

[152](清)顾祖禹撰,贺次君、施和金点校.读史方舆纪要[M].北京:中华书局,2005.

[153](清)黄以周著,詹亚园点校.礼书通故[M]//见氏著、詹亚园、韩伟表主编.黄以周全集.上海:上海古籍出版社,2014.

[154](清)李光坡著,陈忠义点校.周礼述注[M].北京:商务印书馆,2019.

[155](清)皮锡瑞.经学通论[M].北京:中华书局,1982.

[156](清)皮锡瑞著,王丰先整理.驳五经异义疏证[M].北京:中华书局,2014.

[157](清)乾隆官修.钦定仪礼义疏[M]//四库全书:第106册.文渊阁影印本.台北:商务印书馆,1986.

[158](清)秦蕙田.五礼通考[M]//四库全书:第141册.文渊阁影印本.台北:商务印书馆,1986.

[159](清)王夫之著,船山全书编辑委员会编校.船山全书[M].长沙:岳麓书社,2011.

[160](清)王夫之著,舒士彦点校.宋论[M].北京:中华书局,1964.

[161](清)徐松辑.中兴礼书[M].续修四库全书,第822册,上海:上海古籍出版社,2002.

[162](清)徐松辑,刘琳、刁忠民、舒大刚等校点.宋会要辑稿[M].上海:上海古籍出版社,2014.

[163](清)永瑢、纪昀等.四库全书总目·史部[M]//四库全书:第2册.文渊阁影印本.台北:商务印书馆,1986.

[164](清)赵翼著,王树民校正.廿二史札记[M].北京:中华书局,1984.

[165]赵永春辑注.奉使辽金行程录[M].北京:商务印书馆,2017.

[166](日)成寻著,王丽萍校点.新校参天台五台山记[M].上海:上海古籍出版社,2009.

[167](高丽)李奎报.东国李相国集[M]//韩国文集丛刊:第1—2集.

[168](朝鲜李朝)洪汝河.汇纂丽史[M]//朝鲜汉文史籍丛刊:第一辑.成都:巴蜀书社,2014.

[169](朝鲜李朝)金宗瑞等.高丽史节要[M]//朝鲜汉文史籍丛刊:第三辑.成都:巴蜀书社,2017.

[170](朝鲜李朝)郑麟趾等.高丽史[M].北京:人民出版社,重庆:西南师范大学出版社,2014.

[171](韩)金渭显编著.高丽史中中韩关系史料汇编[M].台北:食货出版社,1983.

二、专著

[1]陈述.契丹政治史稿[M].北京:人民出版社,1986.

[2]陈戍国.中国礼制史·宋辽金夏卷[M].长沙:湖南教育出版社,2001.

[3]陈桐生.七十子后学散文研究[M].广州:暨南大学出版社,2011.

[4]邓小南.祖宗之法:北宋前期政治述略[M].北京:生活·读书·新知三联书店,2014.

[5]方诚峰.北宋晚期的政治体制与政治文化[M].北京:北京大学出版社,2015.

[6]冯家昇.冯家昇论著辑粹[M].北京:中华书局,1987.

[7]付百臣主编.中朝历代朝贡制度研究[M].长春:吉林人民出版社,2008.

[8]傅乐焕.辽史丛考[M].北京:中华书局,1984.

[9]高明士.天下秩序与文化圈的探索:以东亚古代的政治和教育为中心[M].上海:上海古籍出版社,2008.

[10]葛兆光.宅兹中国:重建有关"中国"的历史论述[M].北京:中华书局,2011.

[11]顾涛.汉唐礼制因革谱[M].上海:上海书店出版社,2018.

[12]郭学信.宋代士大夫群体意识研究[M].北京:中国社会科学出版社,2017.

[13]胡戟.中华文化通志·礼仪志[M].上海:上海人民出版社,1998.

[14]黄纯艳.高丽史史籍概要[M].兰州:甘肃人民出版社,2007.

[15]黄纯艳.宋代朝贡体系研究[M].北京:商务印书馆,2014.

[16]黄宽重.南宋史研究集[M].台北:新文丰出版公司,1985.

[17]黄枝连.东亚的礼义世界——中国封建王朝与朝鲜半岛关

系形态论[M]//天朝礼治体系研究(中).北京:中国人民大学出版社,1994.

[18]黄枝连.亚洲的华夏秩序:中国与亚洲国家的关系形态论[M]//天朝礼治秩序研究(上).北京:中国人民大学出版社,1992.

[19]蒋非非等.中韩关系史(古代卷)[M].北京:社会科学文献出版社,1998.

[20]李昌宪.宋朝官品令及合班之制复原研究[M].上海:上海古籍出版社,2013.

[21]李焯然.中心与边缘:东亚文明的互动与传播[M].桂林:广西师范大学出版社,2015.

[22]李华瑞.宋夏关系史[M].保定:河北人民出版社,1998.

[23]李辉.宋金交聘制度研究1127-1234[M].上海:上海古籍出版社,2014.

[24]李无未.中国历代宾礼[M].北京:北京图书馆出版社,1998.

[25]李无未.周代朝聘制度研究[M].长春:吉林人民出版社,2005.

[26]李云泉.朝贡制度史论——中国古代对外关系体制研究[M].北京:新华出版社,2004.

[27]梁满仓.魏晋南北朝五礼制度考论[M].北京:社会科学文献出版社,2009.

[28]林义光.诗经通解[M].上海:中西书局,2012.

[29]刘静贞.皇帝和他们的权力——北宋前期[M].台北:稻乡出版社,1996.

[30]柳诒徵.中国文化史[M].上海:东方出版中心,1988.

[31]聂崇岐.宋史丛考[M].北京:中华书局,1980.

[32]彭林.中国礼学在古代朝鲜的播迁[M].北京:北京大学出版社,2005.

[33]饶宗颐.中国史学上之正统论[M].北京:中华书局,2015.

[34]任维德等.当代中国民族发展的政治分析[M].呼和浩特:内蒙古大学出版社,2016.

[35]汤勤福、王志跃.宋史礼志辨证[M].上海:上海三联书店,2012.

[36]钱澄之.田间诗学[M].合肥:黄山书社,2005.

[37]唐纪宇.程颐《周易程氏传》研究[M].北京:人民出版社,2016.

[38]陶晋生.对等:辽宋金时期外交的问题[M].台北:"中央"研究院历史语言研究所,2013.

[39]陶晋生.宋辽关系史研究[M].北京:中华书局,2008.

[40]田志光.北宋宰辅政务决策与运作研究[M].北京:人民出版社,2013.

[41]王慧杰.宋朝遣辽使臣群体研究[M].北京:社会科学文献出版社,2016.

[42]王民信.王民信高丽史研究论文集[M].台北:台大出版中心,2010.

[43]王霞.宋朝与高丽往来人员研究[M].北京:中国社会科学出版社,2018.

[44]王小甫主编.盛唐时代与东北亚政局[M].上海:上海辞书出版社,2003.

[45]王贞平.唐代宾礼研究——亚洲视域中的外交信息传递[M].上海:中西书局,2017.

[46]王志跃.宋代礼制研究[M].北京:人民出版社,2017.

[47]魏志江.中韩关系史研究[M].广州:中山大学出版社,2006.

[48]吴天墀.西夏史稿[M].成都:四川人民出版社,1983.

[49]吴晓萍.宋代外交制度研究[M].合肥:安徽人民出版社,2006.

[50]谢诒徵.宋之外交[M].上海:大东书局,1935.

[51]熊鸣琴.金人"中国"观研究[M].上海:上海古籍出版社,2014.

[52]杨浣.辽夏关系史[M].北京:人民出版社,2010.

[53]杨渭生等.两宋文化史研究[M].杭州:杭州大学出版社,1998.

[54]杨渭生.宋丽关系史研究[M].杭州:杭州大学出版社,1997.

[55]姚从吾.辽金元史讲义[M].台北:正中书局,1973.

[56]张亮采.补辽使交聘表[M].北京:中华书局,1958.

[57]张文昌.制礼以教天下:唐宋礼书与国家社会[M].台北:"国立"台湾大学出版中心,2012.

[58]张希清主编.澶渊之盟新论[M].上海:上海人民出版社,2007.

[59]赵冬梅.文武之间:北宋武选官研究[M].北京:北京大学出版社,2010.

[60]赵永春.金宋关系史[M].北京:人民出版社,2005.

[61]郑学檬等编.唐文化研究论文集[M].上海:上海人民出版社,1994.

[62]朱坚真主编.中国海洋安全体系研究[M].北京:海洋出版社,2015.

[63](韩)卢启铉.高丽外交史[M].紫荆,金荣国,译.延边:延边大学出版社,2002.

[64](韩)全海宗.中韩关系史论集[M].全善姬,译.北京:中国社会科学出版社,1997.

[65](美)大卫·科泽著.仪式、政治与权力[M].王海洲,译.南京:江苏人民出版社,2015.

[66](美)费正清编.中国的世界秩序:传统中国的对外关系[M].杜继东,译.北京:中国社会科学出版社,2010.

[67](美)斯皮克曼.和平地理学[M].刘愈之,译.北京:商务印书

馆,1965.

[68](日)沟口雄三,(日)小岛毅主编.中国的思维世界[M].孙歌,等,译.南京:江苏人民出版社,2006.

[69](日)藤善真澄.参天台五台山记研究(藤善真澄,"参天台五臺山記の研究")[M].吹田:关西大学出版部,2006.

[70](瑞士)谭凯著.肇造区夏:宋代中国与东亚国际秩序的建立[M].殷守甫,译.北京:社会科学文献出版社,2020.

三、期刊、集刊

[1]安春丽.试论金代礼制的渊源、特点和历史作用[M]//干志耿,王可宾主编.辽金史论集:第8辑.长春:吉林文史出版社,1994.252－264.

[2]包伟民.理论与方法:近三十年宋史研究的回顾与反思[J].史学月刊,2012(5):20－29.

[3]曹家齐.宋朝对外国使客的接待制度——以〈参天台五台山记〉为中心之考察[J].中国史研究,2011(3):109－124.

[4]曹中屏.高丽发动争夺曷懒甸的战争与丽金关系[M]//收录于北京大学韩国学研究中心编.韩国学论文集:第17辑.沈阳:辽宁民族出版社,2009:62－68.

[5]陈俊达.试论高丽人的"辽朝观"[M]//姜锡东主编.宋史研究论丛:第20辑.北京:科学出版社,2017:349－357.

[6]陈俊达.试论高丽人的"中国观"[J].通化师范学院学报(人文社会科学),2014(2):349－357.

[7]陈俊达.高丽使辽使者类型及其派遣考论[J].西北民族大学学报(哲学社会科学版),2016(5):79－86.

[8]陈俊达.辽朝与高丽使者往来分期探赜——兼论东亚封贡体系确立的时间[J].西北民族大学学报(哲学社会科学版),2017(4):99－107.。

[9]陈俊达,杨军.高丽赴辽使者群体研究[J].黑龙江社会科学,2016(5):162-167.

[10]陈文龙.论唐宋时期的"赐绯紫"[M]//北京大学历史学系编.北大史学.第17辑.北京:北京大学出版社,2012:31-56.

[11]陈扬炯.宋代入台的日本僧人[J].五台山研究,1986(5):39-43.

[12]段宇.辽宋之争:论真宗朝意识形态层面的角力——兼论宋代的秦朝观之转变[J].杭州师范大学学报(社会科学版),2017(1):84-90.

[13]范有芳.宋孝宗为改变不平等"受书礼"的斗争[J].松辽学刊,1997(1):15-18+79.

[14]冯茂民.《诗经·小雅·鹿鸣》诗旨考辨[J].晋阳学刊,2018(2):54-58.

[15]顾吉辰.宋——西夏交聘考[J].固原师专学报(社会科学版),1986(3):1-9.

[16]郭康松.辽朝夷夏观的演变[J].中国史研究,2001(2):89-95.

[17]胡明颖,王晓龙.宋代地方政府公务迎送制度考论——以迎送外使为中心[J].重庆交通大学学报(社会科学版),2018(5):29-35.

[18]黄纯艳.北宋东亚多国体系下的外交博弈——以外交谈判为中心[J].中国边疆史地研究,2017(1):29-42.

[19]黄纯艳.朝贡体系与宋朝国家安全[J].暨南学报(哲学社会科学版),2018(2):120-132.

[20]黄纯艳.南宋朝贡体系的构成与运行[J].上海师范大学学报(哲学社会科学版),2011(5):128-136.

[21]黄纯艳.中国古代朝贡体系研究的回顾与前瞻[J].中国史研究动态,2013(1):55-65.

[22]黄凤岐.宋辽交聘及其有关制度[J].社会科学辑刊,1985(2):96—99.

[23]纪昌兰.宋代外交往来中的押伴[J].中州学刊,2018(1):119—125.

[24]贾玉英.宋辽交聘制度之管窥[M]//张希清,等主编.澶渊之盟新论.上海:上海人民出版社,2007:388—399.

[25]李斌城.唐代上朝礼仪初探[M]//郑学檬等编.唐文化研究论文集.上海:上海人民出版社,1994:122—127.

[26]李鸿宾.礼典规约下多重视角的互动——王贞平教授《唐代宾礼研究》书后[J].国学学刊,2019(2):117—125.

[27]李华瑞.20世纪中日"唐宋变革"观研究述评[J].史学理论研究,2003(4):87—95.

[28]李军.徐松《中兴礼书》及《中兴礼书续编》论略——南宋国家典礼及礼书编纂的珍贵资料[J].辽东学院学报》(社会科学版),2016(1):45—49.

[29]李鹏.大辽与北汉联盟关系探析[J].内蒙古社会科学,2013(1):45—48.

[30]李若晖."忠臣尽心":《鹿鸣》传笺歧解与经义建构[J].哲学动态,2018(5):36—44.

[31]李效杰,王永平.唐代宾礼与亚洲格局——读《唐代宾礼研究:亚洲视域中的外交信息传递》[M]//杜文玉主编.唐史论丛:第31辑.西安:三秦出版社,2020:392—404.

[32]梁满仓.论魏晋南北朝时期的五礼制度化[J].中国史研究,2001(4):27—52.

[33]刘浦江.德运之争与辽金王朝的正统性问题[J].中国社会科学,2004(2):189—208.

[34]刘扬忠.辽朝"中国"化的历史进程及其文学书写[M]//吉林大学中国文化研究所主编.华夏文化论坛:第2辑.长春:吉林大学

出版社,2007:73-84.

[35]刘扬忠.论金代文学中所表现的"中国"意识和华夏正统观念[J].吉林大学社会科学学报,2005(5):73-84.

[36]柳立言.何谓"唐宋变革"? [J].中华文史论丛,2006(1):125-171.

[37]柳立言.宋代的社会流动与法律文化:中产之家的法律[M]//荣新江主编.唐研究:第11卷.北京:北京大学出版社,2005:117-158.

[38]楼劲.关于《开宝通礼》若干问题的考察[M]//编委会编.中国社会科学院历史研究所学刊:第4集.北京:商务印书馆,2007:411-438.

[39]楼劲.宋初礼制沿革及其与唐制的关系[J].中国史研究,2008(2):57-76.

[40]罗祎楠.模式及其变迁——史学史视野中的唐宋变革问题[J].中国文化研究,2003(2):18-31.

[41]马戎.理解民族关系的新思路——少数族群问题的"去政治化"[J].北京大学学报(哲学社会科学版),2004(6):122-133.

[42]苗书梅,刘秀荣.宋朝外交使节管理制度初论[M]//张希清,等主编.澶渊之盟新论.上海:上海人民出版社,2007:400-411.

[43]穆鸿利.关于宋金关系的研究与反思——从《宋金关系史研究》一书引发的思考[J].社会科学战线,2002(1):165-169.

[44]任石.北宋元丰以前日常朝参制度考略[J].文史,2016(3):159-184.

[45]任石.宋代文官的冠服等级——兼谈公服制度中侍从身份的凸显[J].文史,2019(4):197-216+238.

[46]孙建民,顾宏义.宋朝高丽交聘考[J].信阳师范学院学报(哲学社会科学版),1997(1):51-56.

[47]汤勤福.宋金《礼志》比较研究[J].史学集刊,2018(4):

65—80.

[48]王灿.北宋"正统""夷夏""中国"诸观念问题新探——以士大夫言论为中心[J].北京社会科学,2018(2):48—59.

[49]王刚.北宋政治中的官员失仪[J].兰台世界,2012(27):74—75.

[50]王美华.《太常因革礼》与北宋中期的礼书编纂[J].古籍整理研究,2014(1):19—24.

[51]王铭.唐代东北亚国家的"华夷"观念复制[J].国际政治科学,2014(3):33—85.

[52]王万志.辽夏封贡关系探析[J].史学集刊,2017(5):53—64.

[53]王欣欣,吕洪伟.近二十年大陆地区宋辽关系研究述评[J].黑龙江民族丛刊,2013(4):78—83.

[54]王艳.宋代的章服赏赐[J].史学月刊,2012(5):53—62.

[55]王友胜,侯娟娟.苏轼对宋丽关系的基本态度及其原因分析[M]//吉林大学中国文化研究所主编.华夏文化论坛.长春:吉林大学出版社,2015:81—89.

[56]王永平.曹魏苛禁宗室政策之考论[J].许昌师专学报,2001(3):44—51.

[57]韦兵.完整的历史经验:天下的"夷狄之维"[J].学术月刊,2013(6):153—158+164.

[58]魏志江.辽宋丽三国关系与东亚国际秩序[M]//复旦大学韩国研究中心编.韩国研究论丛:第4辑.上海:上海人民出版社,1998:310—325.

[59]魏志江,潘清.女真与高丽曷懒甸之战考略[J].中山大学学报(社会科学版),2001(5):112—120.

[60]吴丽娱.营造盛世:《大唐开元礼》的撰作缘起[J].中国史研究,2005(3):73—94.

[61]吴淑敏."隆兴和议"后的宋金"受书仪"之争[J].北京社会科

学,2019(4):60-70.

[62]吴羽.论中晚唐国家礼书编撰的新动向对宋代的影响——《元和曲台新礼》《中兴礼书》为中心[J].学术研究,2008(6):102-107.

[63]吴羽.唐宋国家礼仪的习学与演练研究——以朝仪与亲郊的习仪为例[J].首都师范大学学报(社会科学版),2017(2):6-14.

[64]吴羽.《政和五礼新仪》编撰考论[J].学术研究,2013(6):119-126+160.

[65]熊鸣琴.超越"夷夏":北宋"中国"观初探[J].中州学刊,2013(4):

[66]熊鸣琴.金人"中国"观特质新论[J].江西社会科学,2014(8):149-153.

[67]徐美莉.中国古代的客礼[J].孔子研究,2008(4):95-102.

[68]徐义华.略论中国早期国家的血缘与地缘关系[J].中原文化研究,2020(1):23-29.

[69]杨华.论《开元礼》对郑玄和王肃礼学的择从[J].中国史研究,2003(1):53-67.

[70]杨浣.从交聘仪注之争看西夏的政治地位[M]//杜建录主编.西夏学:第6辑,上海:上海古籍出版社.2010:123-130.

[71]杨军.东亚封贡体系确立的时间——以辽金与高丽的关系为中心[J].贵州社会科学,2008(5):117-124.

[72]杨俊峰.赐封与劝忠——两宋之际的旌忠庙[J].历史人类学学刊,2012(2):33-62.

[73]虞云国.试论十至十三世纪中国境内诸政权的互动[J].中华文史论丛,2005(79):245-266.

[74]袁志鹏.澶渊之盟研究述论[J].衡水学院学报,2010(3):67-70.

[75]张敬坤.宋、金交聘中的宋朝赐宴及宴仪探析[M]//武汉大

学历史学院主编.珞珈史苑:2018年卷.武汉:武汉大学出版社,2018:114－132.

[76]张平,纪兴.论礼崩乐坏与礼学的形成[J].燕山大学学报(哲学社会科学版),2002(2):15－19.

[77]张其凡."皇帝与士大夫共治天下"试析——北宋政治架构探微[J].暨南学报(哲学社会科学版),2001(6):114－123.

[78]赵永春.从复数"中国"到单数"中国"——试论统一多民族中国及其疆域的形成[J].中国边疆史地研究,2011(3):9－21.

[79]赵永春.契丹自称"炎黄子孙"考论[J].西南大学学报(社会科学版),2012(6):137－142.

[80]赵永春.试论"澶渊之盟"对宋辽关系的影响[J].社会科学辑刊,2008(2):131－138.

[81]赵永春.试论金人的"中国观"[J].中国边疆史地研究,2009(4):1－12.

[82]赵永春.宋金关于交聘礼仪的斗争[J].昭乌达蒙族师专学报,1996(3):57－65.

[83]赵永春.宋金关于"受书礼"的斗争[J].民族研究,1993(6):81－88.

[84]赵永春,马溢澳.金人自称"中国"的阶段性特点及其发展进程[J].黑龙江社会科学,2017(2):137－143.

[85]赵永春,王观.10—13世纪民族政权对峙时期的"中国"认同[J].陕西师范大学学报(哲学社会科学版),2018(1):21－32.

[86]郑滋斌.《诗经·鹿鸣》本义研究[M]//中国诗经学会编.第四届诗经国际学术研讨会论文集.北京:学苑出版社,2000:766－778.

[87]周春健.《小雅·鹿鸣》与《诗经》中的燕飨诗[J].黔南民族师范学院学报,2018(3):23－33.

[88]朱莉丽.从唐日外交态势看天宝争长之可能性[J].安徽史学,2005(4):11－15.

[89]朱溢.北宋宾礼的建立及其变迁——以礼仪制定原则的讨论为重点[J].学术月刊,2014(4):124-136.

[90]朱溢.北宋外交机构的形成与演变——以官僚体制和周边局势的变动为线索[J].史学月刊,2013(12):33-42.

[91]朱溢.唐至北宋时期宾礼的礼仪空间[J].成大历史学报,2014(47):195-241.

[92]朱溢.中古中国宾礼的构造及其演进——从《政和五礼新仪》的宾礼制定谈起[J].中华文史论丛,2015(2):99-137+394.

[93](韩)金成奎.宋代朝贡机构的编制及其特点(金成奎,"宋代における朝貢機構の編制とその性格"[J].史观,2002(146)

[94](韩)金成奎.宋代东亚区域内宾礼的形成与特点(金成奎,"宋代 東아시아에서 賓禮의 成立과 그 性格")[J].东洋史学研究,2000(72).

[95](日)渡边信一郎.元会的建构——中国古代帝国的朝政与礼仪[M]//(日)沟口雄三,(日)小岛毅主编.中国的思维世界.孙歌等,译.南京:江苏人民出版社,2006:363-409.

[96](日)土肥祐子.南宋时期的占城朝贡——以〈中兴礼书〉中所见朝贡物品及回赐为中心(土肥祐子,"南宋期の占城の朝貢——〈中興礼書〉にみる朝貢品と回賜")[J].史草,2003(44).

四、学位论文

[1]曹流.契丹与五代十国政治关系诸问题[D].北京:北京大学,2010.

[2]曹显征.辽宋交聘制度研究[D].北京:中央民族大学,2006.

[3]曹渊启.宋金初期交聘研究(1117-1127)[D].大连:辽宁师范大学,2018.

[4]陈俊达.高丽遣使辽朝研究[D].长春:吉林大学,2016.

[5]陈少丰.宋代海外诸国朝贡使团入华之研究[D].福州:福建

师范大学,2013.

[6]邓昌友.宋朝与越南关系研究[D].广州:暨南大学,2006.

[7]杜芝明.宋朝边疆地理思想研究[D].重庆:西南大学,2011.

[8]高同同.宋朝与高丽聘问研究[D].广州:暨南大学,2017.

[9]金禹彤.高丽礼制研究[D].延吉:延边大学,2010.

[10]靳梦妮.历史真实与文本书写——以宋人著述所见南唐国名演变为例[D].武汉:华中科技大学,2017.

[11]兰甲云.《周易》古礼研究[D].长沙:湖南大学,2007.

[12]李丽艳.唐代宾礼研究——以《大唐开元礼》为研究视角[D].沈阳:辽宁大学,2015.

[13]李同乐.北宋士大夫的政治理想和实践[D].上海:华东师范大学,2010.

[14]林国亮.高丽与宋辽金关系比较研究——以政治外交为中心[D].延吉:延边大学,2011.

[15]马旭俊.金夏关系研究[D].长春:吉林大学,2017.

[16]倪洪.宋金海上联盟时期东亚政治格局演变研究[D].上海:上海师范大学,2016.

[17]单长城.宋代构建夷夏关系的理念与现实[D].济南:山东师范大学,2018.

[18]尚平.南宋马政研究[D].北京:首都师范大学,2009.

[19]舒蓉.上古宾礼研究[D].青岛:青岛大学,2006.

[20]孙晓玲.宋代朝贡制度研究[D].济南:山东师范大学,2015.

[21]陶莎.辽朝对高丽政策研究[D].长春:吉林大学,2016.

[22]陶玉坤.辽宋关系研究[D].呼和浩特:内蒙古大学,2005.

[23]王大鹏.宋金交聘礼仪研究[D].沈阳:辽宁大学,2013.

[24]王凯.辽朝礼制研究[D].长春:吉林大学,2017.

[25]闫姝涵.宋丽书籍交流探析[D].延吉:延边大学,2017.

[26]杨阳.唐代宾礼研究[D].西安:陕西师范大学,2014.

[27]尹承.《太常因革礼》研究[D].济南:山东大学,2015.

[28]于爱华.南宋地缘政治关系研究[D].昆明:云南大学,2010.

[29]赵丽媛.十一世纪中下叶宋丽关系研究[D].西安:陕西师范大学,2013.

[30]郑福祥.两宋之交(1100—1164年)宋丽关系研究[D].西安:陕西师范大学,2014.

[31]周立志.南宋与金交聘研究[D].保定:河北大学,2010.

[32]周立志.宋朝外交运作研究[D].保定:河北大学,2013.

[33](日)神田勇挥.论金朝朝贡册封体制的衰亡[D].长春:吉林大学,2012.

后　记

　　这本小书的雏形成于博士学位论文写作期间,是笔者学位论文的主要部分。是书以宋代宾礼为主要研究对象,却与自己五年前对《高丽史》礼志部分的阅读密不可分。此前很长一段时间,学界流行以域外视角审视中国历史,高丽在宾礼仪文与实际宾礼行用间的差异促使自己开始对宋代宾礼进行思考,因此就有了这本书稿和学位论文的出现。

　　萌生以宋代宾礼为主要研究对象的想法时,本以为宾礼在五礼中是比较好入手的,但随着材料积累愈多,忧虑也愈深,并逐渐转变为对自己学识无法驾驭这个选题的惶恐。先秦时期的文献阅读与整理是论文写作的薄弱环节,在写作过程中时常战战兢兢,唯恐出现问题;宾礼牵涉到方方面面的内容,又怕自己仅就一点展开讨论,不能抓住宾礼的内核。在文章外审过程中,专家指出了里面存在的诸多问题,也印证了自己的担心。感谢各位匿名评审专家的建议,使本书在后期的修改完善过程中能够有的放矢。也感谢河南大学出版社的诸位编辑老师,不辞辛苦地校对拙文,使拙文能够最终成稿。限于自身学识,目前有些问题可能自己仍未意识到,敬请方家教正。

　　求学与文章写作离不开师友的帮助与家人的支持。恩师罗家祥先生在本文开题、写作与修改过程中给予了及时指导,使文章能够如期完成。求学期间,通过老师的言传身教,自己对为学与为人都有了更深的理解。历史研究所的各位老师和同窗为我在校学习等多方面提供了诸多帮助,至今回望,点点滴滴,犹在眼前。求学之路诸多坎坷,感谢父母、兄、嫂及我的爱人对我的宽容与理解。文稿付梓之际,又传佳讯,我的小家庭也即将迎来新的成员,一切都在向好处发展,生活终将走出坎坷。

  谨以此书献给这个即将到来的小精灵以及所有为我提供过支持与帮助的人。

许玉龙
2021 年 12 月 1 日